甘肃省一流学科建设项目资助成果

教育部人文社会科学重点研究基地西北师范大学西北少数民族教育发展研究中心资助成果

2012年度教育部人文社科青年项目"多民族文化背景下师生互动的比较研究"（12YJC850029）

西师教育论丛

主编 万明钢

多民族文化背景下的课堂师生互动研究

张 海 著

Duominzu Wenhua Beijingxia De
Ketang Shisheng Hudong Yanjiu

中国社会科学出版社

图书在版编目(CIP)数据

多民族文化背景下的课堂师生互动研究/张海著 .—北京：中国社会科学出版社，2019.6
ISBN 978-7-5203-4481-4

Ⅰ.①多⋯　Ⅱ.①张⋯　Ⅲ.①少数民族教育—课堂教学—教学研究—中国　Ⅳ.①G759.2

中国版本图书馆 CIP 数据核字(2019)第 101178 号

出版人	赵剑英
责任编辑	周晓慧
责任校对	无　介
责任印制	戴　宽

出　版	中国社会科学出版社
社　址	北京鼓楼西大街甲 158 号
邮　编	100720
网　址	http://www.csspw.cn
发行部	010-84083685
门市部	010-84029450
经　销	新华书店及其他书店
印　刷	北京明恒达印务有限公司
装　订	廊坊市广阳区广增装订厂
版　次	2019 年 6 月第 1 版
印　次	2019 年 6 月第 1 次印刷
开　本	710×1000　1/16
印　张	17
插　页	2
字　数	229 千字
定　价	76.00 元

凡购买中国社会科学出版社图书，如有质量问题请与本社营销中心联系调换
电话：010-84083683
版权所有　侵权必究

总　序

　　正如学校的发展一样，办学历史越久，文化底蕴越厚重。同样，一门学科的发展水平，离不开对优良学术传统的坚守、继承与发展。西北师范大学教育学的发展，也正经历着这样的一条发展之路。回溯历史，西北师范大学前身为国立北平师范大学，发端于1902年建立的京师大学堂师范馆，1912年改为"国立北京高等师范学校"，1923年改为"国立北平师范大学"。1937年"七七"事变后，国立北平师范大学与同时西迁的国立北平大学、北洋工学院共同组成西北联合大学，国立北平师范大学整体改组为西北联合大学下设的教育学院，后改为师范学院。1939年西北联合大学师范学院独立设置，改称国立西北师范学院，1941年迁往兰州。从此，西北师范大学的教育学人扎根于陇原大地，躬耕默拓，薪火相传，为国家培育英才。

　　教育学科是西北师范大学教育学院的传统优势学科，具有悠久的历史和较强的实力。1960年就开始招收研究生，这为20年后的1981年获批国家第一批博士点打下了坚实的基础。当时，西北师范学院教育系的师资来自五湖四海，综合实力很强，有在全国师范教育界影响很大的著名八大教授：胡国钰、刘问岫、李秉德、南国农、萧树滋、王文新、王明昭、杨少松，他们中很多人曾留学海外，很多人迁居兰州，宁把他乡做故乡，扎根于西北这片贫瘠的黄土高原，甘于清贫、淡泊名利、默默奉献，把事业至上、自强不息、爱岗敬业的精神，熔铸在西北师范大学教育学科发展的文化传统之中，对西部教育事业的发展作出了重要贡献。"随风潜入夜，润物细无声。"先生之风，山高水长。为西北师范大学早期教育学科的卓越发展作出重大贡献的先生们，他们身体力行、典型示范，对后辈学者们潜心学术，继承学问产生了重要的、潜移默化的影响，体现了西北师范大学的教育学人扎根本土、潜心学术、面向全国、放眼世界，站在学科发展前沿，培养培训优秀师资，服务地方经济社会发展的教育胸怀与本色。

西北师范大学教育学科历经历史沧桑的洗礼发展走到今天，已形成了相对稳定而有特色的研究领域。尤其是在国家统筹推进世界一流大学和一流学科建设的大背景下，西北师范大学的教育学作为甘肃省《统筹推进高水平大学和一流学科建设实施方案》规划的一流学科建设项目，迎来了学科再繁荣与大发展的历史良机。为此，作为甘肃省一流学科建设项目成果、西北师范大学课程与教学论国家重点（培育）学科建设成果、教育部人文社会科学重点研究基地西北师范大学西北少数民族教育发展研究中心科研成果，我们编撰了"西师教育论丛"，汇聚近年来教育学院教师在课程与教学论、民族教育、农村教育、高等教育以及学前教育等方面的学术成果。这些成果大多数是在中青年学者的博士学位论文，科研项目以及扎根教学实践的基础上进一步凝练的结晶。他们深入民族地区和农村地区的村落、学校，深入大学与中小学的课堂实践，通过详查细看，对语文、数学、英语、物理、化学、研究性学习等学科课程教育教学的问题研究，对教育基本理论问题的思考，对教育发展前沿问题的探索……这些成果是不断构建和完善高水平的现代教育科学理论体系，大力提高教育科学理论研究水平和教育科学实践创新能力，进一步发挥教育理论研究高地、教育人才培养重镇、教育政策咨询智库作用的一定体现，更是教育学学科继承与发展的重要过程。

总　序

筚路蓝缕，以启山林。目前付梓出版的这些著作不仅是教师自我专业成长的一个集中体现，也是西北师范大学教育学院教育学科发展与建设的新起点。当然，需要澄明的是，"西师教育论丛"仅仅是西北师范大学教育学研究者们在某一领域的阶段性成果，是研究者个人对教育问题的见解与思考，其必然存在一定的不足，还期待同行多提宝贵意见，以促进我们的学科建设和发展。

万明钢

2017年9月

目　录

第一章　引论 ……………………………………………………（1）
　一　研究缘起 …………………………………………………（1）
　　（一）多民族的文化背景 …………………………………（2）
　　（二）多元文化课程 ………………………………………（4）
　　（三）课堂教学的特殊性 …………………………………（5）
　二　研究目的 …………………………………………………（7）
　三　研究意义 …………………………………………………（7）
　　（一）理论意义 ……………………………………………（7）
　　（二）实践意义 ……………………………………………（8）

第二章　文献综述 ………………………………………………（9）
　一　师生互动与课堂教学 ……………………………………（9）
　二　师生互动的结构类型 ……………………………………（15）
　三　影响师生互动的因素 ……………………………………（17）
　　（一）学生因素 ……………………………………………（18）
　　（二）教师因素 ……………………………………………（20）
　　（三）课堂环境 ……………………………………………（24）
　四　师生互动的研究方法 ……………………………………（26）
　　（一）量化研究方法的应用 ………………………………（26）
　　（二）质性研究方法的应用 ………………………………（38）
　五　已有研究成果存在的不足 ………………………………（39）

（一）师生互动的概念及理论建构有待完善 ………… (39)
　　（二）缺少具体文化情境下的实证研究 …………… (40)

第三章　概念界定及理论基础 ………………………… (42)
　一　概念界定 ……………………………………………… (42)
　　（一）互动 ……………………………………………… (42)
　　（二）师生互动 ………………………………………… (43)
　　（三）课堂与课堂教学 ………………………………… (44)
　二　理论基础 ……………………………………………… (47)
　　（一）符号互动论 ……………………………………… (47)
　　（二）社会认知发展理论 ……………………………… (50)
　　（三）多元文化教育和跨文化心理研究的相关理论 …… (52)
　　（四）Wubbels等人的师生互动理论 ………………… (58)

第四章　研究设计与实施 ………………………………… (64)
　一　究思路与框架 ………………………………………… (64)
　　（一）研究内容 ………………………………………… (64)
　　（二）研究假设 ………………………………………… (64)
　　（三）研究框架 ………………………………………… (65)
　　（四）技术路线 ………………………………………… (66)
　二　研究方法 ……………………………………………… (67)
　　（一）量化研究方法 …………………………………… (67)
　　（二）质性研究方法 …………………………………… (67)
　三　研究工具 ……………………………………………… (73)
　　（一）学生问卷 ………………………………………… (75)
　　（二）教师问卷 ………………………………………… (78)
　四　研究实施 ……………………………………………… (82)
　　（一）样本分布 ………………………………………… (82)
　　（二）样本描述 ………………………………………… (86)

五 研究过程···(88)

第五章 问卷调查分析···(90)
一 学生知觉到的师生互动特征·····························(90)
　　（一）学生被试和信度、效度·······························(90)
　　（二）结果分析···(92)
　　（三）数据分析小结··(113)
二 教师的互动特征···(118)
　　（一）教师被试和信度、效度·····························(118)
　　（二）结果分析···(122)
　　（三）数据分析小结··(145)

第六章 各民族教师的互动行为的个案比较···············(149)
一 回族教师个案研究··(149)
　　（一）LJ 老师的互动特征·································(151)
　　（二）LJ 老师的课堂教学观察与分析··················(155)
　　（三）教学改革对 E 中学师生互动的影响············(175)
　　（四）清真寺经堂教育和阿语学校的师生互动·······(179)
二 藏族教师个案研究··(186)
　　（一）ZZ 老师的互动特征································(187)
　　（二）ZZ 老师的课堂教学观察与分析··················(188)
　　（三）传统佛教寺庙教学中的师生互动················(194)
　　（四）民族文化对藏族师生互动的影响················(196)
三 维吾尔族教师个案研究····································(199)
　　（一）维吾尔语课和汉语课师生互动比较············(201)
　　（二）ETB（汉语教师）和 HET（维吾尔语教师）的
　　　　　个案比较··(205)
四 民族文化对维吾尔族师生互动行为的影响············(213)
　　（一）学科对教师互动行为的影响······················(213)

（二）师生互动行为的影响因素 …………………… （213）
　　（三）民族文化对维吾尔族师生互动的影响 ………… （214）
五　汉族教师个案研究 …………………………………… （215）
　　（一）MY老师的互动特征 ……………………………… （216）
　　（二）MY老师的课堂教学观察与分析 ………………… （217）
　　（三）民族文化对汉族互动行为的影响 ………………… （221）

第七章　各民族师生互动特征的讨论 …………………… （222）
一　个案教师比较 ………………………………………… （222）
　　（一）个案教师的基本情况比较 ………………………… （222）
　　（二）个案教师的互动行为比较 ………………………… （223）
　　（三）个案研究与调查研究的关系比较 ………………… （226）
二　各民族教师互动行为的共同特征 …………………… （228）
　　（一）各民族教师的互动类型基本相似 ………………… （228）
　　（二）各民族学生评价与教师自评均有较大差异 ……… （230）
三　各民族教师互动行为的差异 ………………………… （232）
　　（一）汉族与少数民族地区课堂的差异 ………………… （232）
　　（二）少数民族地区课堂的差异 ………………………… （236）

第八章　结论与展望 ………………………………………… （242）
一　研究结论 ……………………………………………… （242）
　　（一）各民族师生互动特征 ……………………………… （242）
　　（二）各民族师生互动的共同特征 ……………………… （243）
　　（三）民族文化对各民族师生互动特征的影响 ………… （244）
二　研究展望 ……………………………………………… （244）
　　（一）研究试图创新之处 ………………………………… （244）
　　（二）研究存在的不足 …………………………………… （245）
　　（三）进一步研究的方向 ………………………………… （247）

参考文献 ……………………………………………………… （249）

第一章 引论

一 研究缘起

区域发展的关键在于人口整体素质的提高,而提高人口素质的关键取决于教育发展。虽然近年来我国政府颁布、实施了许多教育扶持政策和措施,使西北民族地区教育发展取得了显著成果。但与我国其他地区相比,西北民族地区的人口素质仍然普遍较低,教育发展仍然相对落后。① 国家大量投入与民族地区实际教育的低收益让我们不得不思考西北民族教育长期以来得不到有效发展的根本原因。

从教育自身的特点来看,民族地区教育一直以来忽视了教育自身特殊性的一面。在理论研究层面,很多时候会将外来教育思想和理论直接移植于中国土壤,或将汉族教育的政策、制度、方法简单地运用到少数民族地区。有研究者认为,"我国的民族教育表现出的一系列问题主要是照搬内地模式而导致的结果","在教学上,作为民族教育最有特色的民族教学理论尚属空白",民族中小学的"课程设置也与内地几乎一样"②。还有学者强调:"在有着浓厚宗教信仰的民族地区推行普通学校教育时,不能对其宗教文化背景视

---

① 《人口素质低仍困扰西北地区发展》,新华社,http://news.xinhuanet.com/news-center/2005-08/07/content_ 3321013. htm. 2005-8-7。

② 王鉴、万明钢:《多元文化教育比较研究》,民族出版社2006年版,第2页。

而不见。"① 在实践层面,大量的民族教育研究集中于体制、政策等宏观层面,而对于学校发展和课堂教学的具体问题却关注甚少。

学校教育是教育发展的着力点,课程与教学研究是学校教育的核心问题。民族地区的课程与教学问题因为涉及民族的、历史的、文化的、宗教的、自然的和社会的诸多因素,所以具有一系列不同于普通地区的特征。具体来看,西北民族地区学校教育的特殊性主要表现在以下三方面。

(一) 多民族的文化背景

西北地区聚居着汉、回、藏、维吾尔、哈萨克、裕固、保安、撒拉、蒙古、锡伯、柯尔克孜等46个民族。在长期的历史发展进程中,各民族创造了悠久、灿烂并且独具特色的民族文化。经过历史的选择与发展,西北民族地区目前存在着两大文化圈:"一个是以藏族、蒙古族等少数民族为代表的佛教文化圈,另一个是以回族、维吾尔族等少数民族为代表的伊斯兰文化圈。"② 这两大文化圈由于居住地域、语言文字、民族融合过程的不同而形成了多种具体的民族文化特征。西北各少数民族文化的形成往往受到多种文化的影响。历史上,藏传佛教融合了藏族原生宗教(苯教)的因素,维吾尔族信仰过佛教、祆教等多种宗教,汉族文化受到了佛教文化的一定影响,而回族文化也受到汉族文化的很大影响。

回族主要聚居于宁夏回族自治区,以及甘肃、青海、新疆的部分地区。据2005年全国人口1%抽样调查数据,四省(区)的回族人口占回族总人口的比例分别为21.29%、10.72%、8.35%和7.97%,占全国回族总人口的比例合计为48.33%。③ 回族信仰伊

---

① 哈经雄:《宗教与民族教育》,中国民族宗教网,http://www.mzb.com.cn/html/report/13311 – 1. htm. 2006 – 9 – 6。

② 王鉴:《西北民族地区多元文化与教育问题研究》,《当代教育与文化》2009年第1期。

③ 武锋、万莉莉:《1982—2005年回族人口分布变动研究》,《西北人口》2009年第5期。

斯兰教，其传统文化中的宗教色彩浓厚。回族的通用语为汉语，日常生活使用汉字，在部分宗教活动中使用阿拉伯语和波斯语。

藏族主要聚居在西藏自治区全境及青海、甘肃、四川、云南的部分地区。青海和甘肃是西北地区藏族人口分布较多的省份。据2000年第五次人口普查，青海藏族人口约108.7万，甘肃省藏族人口约44.3万，约占同期藏族总人口的28%。[1] 藏族信仰藏传佛教，它是由大乘佛教吸收了苯教的某些仪式和内容后逐渐形成的。青海、甘肃的大部分藏族人口信仰宗喀巴创建的格鲁派（俗称"黄教"）。藏族有自己的语言和文字，藏语属汉藏语系藏缅语族藏语支。

维吾尔族主要聚居于新疆维吾尔自治区。据2000年第五次人口普查数据，维吾尔族总人口约为840万，其新疆境内人口数占其国内民族人口总数的99.4%[2]，接近新疆总人口的一半。维吾尔族在古代信仰过萨满教、摩尼教和佛教，现在信仰伊斯兰教。维吾尔族使用维吾尔语，它是阿尔泰语系突厥语族的一支，书面文字采用阿拉伯字母拼写，在部分计算机网络环境下输入时使用拉丁字母进行转写。

虽然同样生活在西北地区，但这三个民族的文化背景各不相同，人与人的交往方式也存在许多差异。回族多生活在各民族混居的地带，他们在与人交往时表现得谦和、有礼貌、讲究礼节。回族人在见面时一般用握手表示问候，在正式场合忌用左手递送物品。藏族人长期生活在高寒、交通不便的青藏高原，他们与人交往时热情、直爽。藏族最隆重的礼节是献"哈达"。维吾尔族人生活在交通相对不便的绿洲地带，他们在与人交往时表现得热情、诚恳，重视礼貌。维吾尔族人见面时习惯把手按在胸部中央，把身体前倾30度或握手，并连声说"您好"。

---

[1] 郭志仪、毛慧晓：《中国五大藏区人口变动与迁移》，《人口与经济》2009年第1期。

[2] 李晓霞：《新疆民族混合家庭户的分布》，《西北人口》2009年第4期。

"了解一个民族,必须了解她的文化;尊重一个民族,必须尊重她的文化;发展一个民族,必须发展她的文化。"[①] 对西北地区回族、藏族和维吾尔族文化背景下的师生互动行为进行研究,有助于理解多民族文化背景与学校教学的关系,更有助于提高少数民族地区教育发展的质量,增强少数民族的民族自豪感与自信心,促进民族团结和共同繁荣。当然,汉族与各少数民族历来共同生活在我国西北广袤的土地上,研究这三个少数民族文化背景下的教育现象还应该关注汉族对其产生的影响。

(二) 多元文化课程

历史上,西北各少数民族的文化仅通过民族传统教育的单一形式传承。藏族教育主要在佛教寺庙内进行,回族、维吾尔族的教育主要在清真寺内展开。20世纪中期以来,随着现代学校教育在西北民族地区的逐渐普及,现代课程将大量外来文化带入了民族地区,这使得民族传统教育对学生发展的影响不断减小,以主流文化为代表的外来影响逐渐增多。为此,我国根据各少数民族"大杂居、小聚居"的居住特点,依据同一民族文化认同的民族心理特点和民族地区地方课程的特殊性,提出了符合我国民族地区的地方课程开发模式,即"国家专门机构统一协作、多省区联合开发、不同层次民族自治区共同使用"[②]。进入新课程以来,在国家实行三级课程管理体制的影响下,随着对"保护文化多样性""继承和发扬传统文化"的重视,一些地区逐步将民族传统文化的内容回归学校教育课程。这些融合民族文化的措施,对提高课程的适切程度起到了一定的促进作用。但总体上,民族传统文化除在民族地区宗教机构与大学相关专业传承之外,在学校教育,尤其是基础教育中所占的份额越来越小。这种民族文化逐渐式微的民族教育势必会影响学

[①] 《国家民委副主任:促进少数民族文化保护与发展》,新华网,http://news.xinhuanet.com/politics/2006-09/21/content_5119944.htm. 2006-9-21。

[②] 王鉴:《我国民族地区地方课程开发研究》,《教育研究》2006年第4期。

生的发展和对民族文化的保护与传承。

可以看出，西北民族地区传统与现代两种民族教育类型并存，学校教育中普通学科课程与涉及多民族多元文化的课程并存，这使得西北少数民族教育始终具有鲜明的民族文化特征。那么，在现有的多元文化课程背景下，学校教育中最为关键的课堂教学是什么状况？是否与这种课程现状相适应？现有研究对这种具体情境下的课程与教学现状关注很少。

（三）课堂教学的特殊性

虽然从普通教育学原理来看，我国少数民族教育在教育功能、教育投入、教育管理、教学组织等许多方面表现出一定的特殊性，[①]但从决定少数民族教育质量的视角看，最突出的特殊性应该体现在课程与教学方面。因为课程是实现教育目的的工具和手段，而课堂教学的质量和效率最直接和集中地反映了教育目的、培养目标与价值取向。当前，在新课程渐趋完善和课程改革全面深入推进的背景下，探讨民族地区课堂教学的特殊性成为当务之急。

1. 双语教学的特殊性

在我国多民族、多语言文字的国情下，提高民族教育质量，培养少数民族社会经济、文化、教育发展所需人才的根本措施就是实施双语教育。[②] 双语教育最主要的途径是双语教学。一般认为，双语教学是指少数民族语文和主体民族语文相结合的语文教学形式。[③] 我国民族地区普遍实行的双语教学，根据不同民族具体情况的发展形成了多种模式。

课堂是双语教学的最主要场域，发生在课堂上的师生互动行为

[①] 黄明光：《试论我国民族教育特殊性的表现》，《广西师范大学学报》（哲学社会科学版）1999年第1期。

[②] 王嘉毅、吕国光：《西北少数民族基础教育发展现状与对策研究》，民族出版社2006年版，第132页。

[③] 戴庆厦、董艳：《中国少数民族双语教育的历史沿革》，《民族教育研究》1996年第4期。

是影响双语教学有效性的关键变量。双语教学主要涉及语言科学、认知科学和民族文化三个方面。双语教学的实质是师生双方在不同民族文化之间进行不断转换，所以双语教学的问题归根结底是文化影响了人们的互动行为。那么，在双语教学情境下，母语学习和汉语学习情境具体存在哪些相似与不同呢？如何更有针对性地从课堂教学的角度提高双语教学的质量？现有研究对这些问题的讨论大多是通过逻辑思维主观推断而来的，缺乏有力的实证研究支持。

2. 课堂文化的特殊性

文化包含了人类生活的方方面面，人与人的互动行为总是发生于一定的社会文化背景下。社会互动理论指出："人类必然会对身边事物赋予某种意义并以此做出相应行为。"[①] 在同一文化背景下，人际互动按照彼此共同的文化模式进行。在不同文化背景下，人们对同一事物所赋予的意义可能不同，进而使人与人的互动表现出许多不同特征。

在跨文化交流情境下，"不同文化背景的差异会导致沟通方式、过程、结果的差异"[②]。很多研究也表明，各民族在特定的自然环境基础上所形成的独有的生活方式、文化传统、风俗习惯、价值观念、伦理道德、宗教信仰，以及某些约定俗成的在本民族通行的规则、规范等，是各民族人格形成差异的主要原因。[③]

在教学情境下的师生互动是人际互动的一种特殊形式，这样的互动依照特定的社会文化规则运行，并受到外在文化因素的显著影响。因此，在不同文化背景下的师生互动行为也必然存在差异，这些差异决定了各民族课堂教学具有特殊性的一面。明确这些特殊性可以促进教师改进教学方式，帮助学生选择最佳的学习方式。因

---

① 谢立中主编：《西方社会学名著提要》，余云楚编译，江西人民出版社1999年版，第306页。
② 彭凯平、王依兰：《跨文化沟通心理学》，北京师范大学出版社2009年版，第4页。
③ 万明钢、赵国军、王昕亮：《我国少数民族发展与教育心理研究述评》，《西北师大学报》（社会科学版）2005年第1期。

此,课堂教学是促进民族地区学校教育发展的最主要研究场域。

二 研究目的

本书研究试图通过对各民族师生互动进行调查、分析,了解藏族、回族、维吾尔族及汉族师生互动的共同特征和差异及各自的特点。与此同时,本书将以四个民族的四位教师为个案,通过课堂观察、教师访谈、学生访谈等方法,具体分析各民族文化对师生互动的影响。

了解这些差异及其文化因素的影响,将有助于丰富少数民族教育"特殊性"方面的理论,更有助于为少数民族课堂教学改革提供对策和建议,由此从整体上推动西北少数民族地区教学改革,推进新课程的有效实施,切实促进西北少数民族教育和西北民族地区经济社会的可持续发展。

三 研究意义

(一) 理论意义

首先,有助于完善课堂教学研究的相关理论成果。课堂是一个特殊的小型社会,课堂上的互动现象是课堂教学最基本和最重要的活动,是决定教学效果的关键因素。本书研究将通过分析师生互动的现状和影响因素,揭示各民族课堂教学的基本面貌,并在此基础上完善师生互动的相关理论。

其次,进一步丰富关于少数民族教育的研究成果。本书研究采用多个国际上较为成熟的学生量表和教师量表,揭示在独特的民族文化情境下,回族、藏族、维吾尔族等少数民族地区学生的心理和行为发展方面的普遍性和特殊性。通过调查所获得的翔实数据,可以为今后开展相关研究(如建立常模等)提供数据参考和支撑。

最后,完善了少数民族教育调查的研究工具。本书研究不仅翻译、完善了有关师生互动的中文测量工具，还将问卷翻译为维吾尔语量表，选取较大样本进行了测量，并依照心理测验的一般要求，对问卷进行了多次修订，所形成的最终量表具有较高的信度和效度，可以被广泛应用于少数民族教育领域的调查、研究。

（二）实践意义

第一，不同民族文化影响下的师生互动必然存在差异，这些差异决定了各民族课堂教学具有特殊性的一面。通过与汉族的比较来研究这些特殊性，将促进民族教师"因地制宜"地优化教学方式，帮助民族学生更新学习方式，对提高课堂教学质量具有现实指导意义。

第二，回族、藏族、维吾尔族是西北地区人口较多的三个少数民族，研究这三个民族的课堂教学现状，有助于提高西北民族地区学校的教育质量，促进西北民族地区的教育公平，助力区域人力资源的有效开发。

第三，在实证基础上，系统地探讨民族地区课堂教学中师生互动的现状，将有助于为民族地区教学督导和教师培训工作提供参考依据和理论支持。

第二章 文献综述

一 师生互动与课堂教学

课堂是教学活动发生的最常见、最重要的场所。教学是教师和学生以课程为媒介的互动。

在教学理论的发展进程中，教师与学生的互动在教学活动中始终占据重要的位置。古代的许多教育著述都体现了这一思想。古希腊的苏格拉底采用"产婆术"，以师生问答的形式逐步引导学生思考从而得出正确的结论，这正是今天启发式教学的源泉。我国古代最早的教育学著作《学记》渗透了师生互动有利于教师发展的思想。"知不足然后能自反，知困然后能自强也。故曰：教学相长也。"意即通过教学，学生知道自己学业的不足，才能反过来严格要求自己，教师感到困惑然后才能不倦地钻研，因此，教与学是相互促进的，教师教育别人的同时也增长了自己的学问。《学记》还提出了对师生问答互动的一些建议，如"善待问者如撞钟，叩之以小者则小鸣，叩之以大者则大鸣，待其从容，然后尽其声。不善答问者反此。……力不能问，然后语之，语之而不知，虽舍之可也"。我国著名的思想家、教育家孔子在与学生言语互动的过程中，对不同弟子采用不同的话语，被认为是师生互动最成功的例子。[①]

[①] 詹栋梁：《教育伦理学导论》，台北五南图书出版股份有限公司1997年版，第267页。

20世纪,以杜威为代表的儿童中心主义认为,人的发展只有通过人们在社会中的互动才能得到延续。学校是一个特殊的社会环境,学校应该增进儿童与社会的互动。所以,杜威主张"教育即生活",提倡"从做中学"和以儿童为中心的师生关系。① 苏联教育家苏霍姆林斯基认为:"学习——这并不是把知识从教师的头脑里移注到学生的头脑里,而首先是教师跟学生之间的活生生的人的相互关系。"② 詹姆斯·麦克莱伦认为,教育哲学就是"对人类理性在教育实践中所采取的独特形式的探究——也就是说,是对人类理性在产生了教与学的特别行动的互动中所采取的独特形式的探究"③。泰勒就组织学习经验提出了一条原则,即通过增大学生所认识的、与之相互动的人群范围,来拓展课程与教学的"相互依赖性"概念。④ 德国的"批判—交往教学论学派"把教学过程视为一种交往过程,认为教学交往的最高目标是"解放",即使学生从社会的、技术的、自然的及他人的压制中解脱出来,获得自由。⑤

20世纪后期以来,教学理论经历了由"教师中心"转向"学生中心",再到"教师和学生共同发展"的转变。与此同时,人类对现代生活中种种问题和弊端的反思,将教育学研究引入了后现代的视野,非线性和偶然性的生活世界促使教育领域必须不断地变革。在充满复杂性的教育教学现象中,变革已经成为教师必须面对的选择。正如迈克尔·富兰所说,教育工作者必须把自己视作变革的动

---

① 杜威:《民主主义与教育》,王承绪译,人民教育出版社2001年版,第30页。
② 苏霍姆林斯基:《给教师的建议》,杜殿坤译,教育科学出版社2006年版,第407页。
③ [美]詹姆斯·麦克莱伦:《教育哲学》,宋少云、陈平译,生活·读书·新知三联书店1988年版,第6页。
④ [美]泰勒:《课程与教学的基本原理》(英汉对照版),罗康、张阅译,中国轻工业出版社2008年版,第86页。
⑤ 岳伟、王坤庆:《主体间性:当代主体教育的价值追求》,《华东师范大学学报》(教育科学版)2004年第2期。

力,"让变革成为一种生活方式"①。在课程领域,后现代主义学者认为,课程具有开放性、不确定性和内在自发性等特点。其代表人物多尔指出:"在课程新概念之巅,将出现一种教育秩序的新感觉,以及师生之间的新关系。"他将设想的后现代课程标准概括为"4R",即丰富性、回归性、关联性、严密性,并认为构造主义的课程是通过参与者的行为和交互方式而生成的。②另一位后现代主义学者弗莉娜提出了"柔和的目光""多维视野"和"心灵之眸"理论,指出应将关注点放在学生与教师的体验和经历上,看到"学生不再是物,而是与教师、同学、科目有着千丝万缕的联系"③。可以看出,教师与学生的交互作用依然是后现代课程的核心。

新一轮的全球教育改革浪潮尤为重视师生互动对学生成长的重要意义。建构主义理论认为,学习不应该是学生被动接受知识的过程,而是学习者主动建构自己知识经验的过程。因为知识是在互动过程中建构的,尤其是在与一个比自己更有知识的人的互动过程中建构的。所以,教学也就是通过师生互动来帮助学生生成知识的过程。

21世纪初,我国大力推进的基础教育课程改革,明确支持课堂教学中的师生互动。教育部2001年颁布的《基础教育课程改革纲要〈试行〉》指出,"教师在教学过程中应与学生积极互动、共同发展","逐步实现教学内容呈现方式、学生的学习方式、教师的教学方式和师生互动方式的变革"④。叶澜在新基础教育实验中主张"互动生成",让课堂焕发出生命的活力。她认为,要改变传

---

① [加] 迈克尔·富兰:《变革的力量——深度变革》,中央教育科学研究所、加拿大多伦多国际学院组织翻译,教育科学出版社2004年版,第9—10页。
② [美] 小威廉姆斯·E.多尔:《后现代主义课程观》,王红宇译,教育科学出版社2002年版,第4页。
③ 张文军:《后现代课程研究的新航线》,《浙江大学学报》(人文社会科学版) 2008年第3期。
④ 钟启泉、崔允漷、张华:《为了中华民族的复兴 为了每位学生的发展 基础教育课程改革纲要〈试行〉解读》,华东师范大学出版社2001年版,第7—8页。

统课堂教学状态,"必须超出和突破(但不是完全否定)'教学特殊认识论'的传统框架,从高一个层次——生命的层次,用动态生成的观念,重新全面地认识课堂教学,构建新的课堂教学观"[①]。钟启泉引入日本学者的观点,认为基于新的教学认识论,"当代的教学研究必须关注社会互动作用的分析"[②],而"课程"是教育者与受教育者之间所生成的有意识的文化活动,这是一个需要行动、对话和合作,回荡着多元声音的生机勃勃的领域。可以预见,传统的严格意义上的教师教和学生学,将不断让位于师生互教互学,彼此形成一个真正的"学习共同体"[③]。现代意义上"教学相长"的含义已经不再局限于教师自己,而是开始用来指称教师与学生在教学过程中的良性互动与相互影响。[④]

从以上对教学理论发展脉络的梳理中可以清晰地发现师生互动研究的思想缘起及其重要价值。以下根据师生互动研究的主要文献,从四个方面对相关研究内容和主要结论进行详细评析。需要指出的是,我国学者对师生互动的研究始于"师生关系",并且随着对师生关系研究的深入,师生互动的概念才破茧而出。从主要期刊发表的文献来看,20世纪90年代中期以前以"师生关系"研究为主,后期则逐渐以"师生互动"居多。[⑤] 也正因为如此,本书在文献分析中会涉及一些讨论师生关系的文献。另外,国外有的学者所使用的"classroom interaction"这一术语(即课堂教学互动),与本研究含义基本相似。

Allwright 认为:"互动是课堂教学的最基本事实,因为在课堂

[①] 叶澜:《让课堂焕发出生命活力》,《教育研究》1997年第9期。
[②] 钟启泉:《"有效教学"研究的价值》,《教育研究》2007年第6期。
[③] 钟启泉、崔允漷、张华:《为了中华民族的复兴 为了每位学生的发展 基础教育课程改革纲要〈试行〉解读》,华东师范大学出版社2001年版,第273页。
[④] 夏正江:《迈向课堂学习共同体:内涵、依据与行动策略》,《全球教育展望》2008年第11期。
[⑤] 胡桂锬、罗琴、王绪朗:《关于师生互动状况的研究综述》,《上海教育科研》2006年第10期。

上发生的每一件事都经过人与人的交互过程。"① 钟启泉也指出，"学校的课堂教学活动是师生互动和共同发展的过程。"② 课堂教学中的互动主要发生在教师与学生之间、学生与学生之间。但"教师与学生之间的互动是课堂教学中最主要的人际互动"，这是因为"课堂教学的大部分时间和大部分内容都表现为教师与学生之间的互动，课堂教学的各项任务也是主要通过教师与学生之间的互动来完成的"③。有学者在我国开展第八次课改前所做的调查中发现，课堂教学中师生互动的比例高达90%，占总互动时间的93.2%。④可以肯定地说，师生互动是课堂教学中最为重要的因素。

课堂教学只有教师与学生两个角色分工，二者的互动构成了课堂教学的主体，而教师角色的形成正是来自于师生互动过程。吴康宁认为，教师主要通过教育过程，通过与学生之间的互动，才逐步认识并体悟到什么是教师，怎样才算是一个合格教师，从而最终胜任教师这一社会角色。⑤ 也有研究指出，在师生互动过程中，彼此之间的印象是在许多主客观因素的制约或影响下"瞬间"完成的。⑥ 不过，总体来看，课堂教学过程就是师生双方主体间的"我—你"关系，是一种互相对话、包容和共享的互动关系。⑦ 当然，师生双方的这种主体地位及作用始终处于一种变化状态，不应该过多地强调教师在互动中的主导作用，而忽视学生的主动性。

师生互动对课堂教学的影响还体现在学生学业成绩方面。许多

---

① R. Allwright, 1984, "The Importance of Interaction in Classroom Language Learning," *Applied Linguistics* 5：156 – 71. 转引自祖晓梅《汉语课堂的师生互动模式与第二语言习得》，《语言教学与研究》2009 年第 1 期。

② 钟启泉：《"有效教学"研究的价值》，《教育研究》2007 年第 6 期。

③ 吴康宁：《课堂教学社会学》，南京师范大学出版社 1999 年版，第 195—196 页。

④ 刘云杉等：《学生课堂言语交往的社会学研究》，《南京师范大学学报》（社会科学版）1995 年第 4 期。

⑤ 吴康宁：《学生仅仅是受教育者吗？——兼谈师生关系观的转换》，《教育研究》2003 年第 4 期。

⑥ 王耀廷：《谈师生互动过程的"晕轮效果"》，《河南师范大学社会科学学报》1991 年第 1 期。

⑦ 李瑾瑜：《关于师生关系本质的认识》，《教育评论》1998 年第 4 期。

研究表明，师生关系对学生的学业兴趣、课堂参与和学业成绩等都有很大影响。[①] 教师的互动行为和学生的学业成绩有正向关系[②]，教师的正向影响力越大，学生的学习成绩就越好，如在合作友好型教师的指导下，学生的学业成绩也比较高。[③] 还有学者指出，师生互动差异极有可能会加剧学生学业成绩的分化，导致学业成绩好的更好或保持着好，成绩差的始终差甚至更差。[④]

对课堂教学情境下师生互动问题的讨论也较多。许多研究者认为，当前课堂上的师生互动还只是一种表面的、形式上的互动，在互动的对象、空间、内容、方式以及评价等方面存在不对等现象。因此，有学者依据后现代主义教学理论提出，教师不应该剥夺学生的个体地位，不应该垄断师生交往的过程，不应该排斥互动中情感的作用，不要限制师生互动的时空，不应该限定师生互动的结果。[⑤] 还有学者结合建构主义，在高校教学中进行了问题讨论、分组活动、角色扮演、小课题作业等学生积极参与的教学实践。[⑥]

此外，第二语言习得领域对师生互动研究非常重视。这可能与第二语言的习得主要通过听说训练有关，因为"语言产生于互动，语言规则源于言语互动的实践"[⑦]。祖晓梅认为："课堂互动提供了学生最大程度参与语言交际的机会，互动中师生问答、意义协商和反馈提高了学生语言输入和输出的数量和质量，促进了第二语言能

[①] 阴山燕、张大均、余林：《我国中学师生关系研究述评》，《宁波大学学报》（教育科学版）2008年第2期。

[②] 孙启武：《教师互动行为研究述评》，《上海教育科研》2002年第9期。

[③] 陆根书、杨兆芳：《学习环境与学生发展研究述评》，《比较教育研究》2008年第7期。

[④] 李红：《课堂教学中师生互动差异性分析》，《唐山师范学院学报》2003年第4期。

[⑤] 王丽：《后现代主义课程观的特点及其对建构师生互动关系的启示》，《当代教育科学》2005年第5期。

[⑥] 文萍：《基于建构主义的师生互动教学实践》，《广西师范大学学报》（哲学社会科学版）2003年第3期。

[⑦] 徐大明、王玲：《城市语言调查》，《浙江大学学报》（社会科学版）2010年第6期。

力的发展。"① 还有学者根据外语教学的特点指出,教师给出的等待时间多在0—3秒,而5—8秒的时间更有利于学生组织语言。②

二 师生互动的结构类型

研究师生互动就要对师生互动的要素结构进行清晰界定。言语互动和非言语互动是最简单和易于区别的两种分类方法。前者主要指语言方面的交流,后者指除了语言之外的交流,如眼神、目光、手势、姿势和其他动作等。言语互动是人类最重要的互动行为,也是课堂上师生互动的最主要方式。有研究发现,"教师提问,学生被动回答"是课堂言语互动行为的主要类型,占课堂言语互动行为的93.8%,而学生主动向教师提问,提出异议以及其他类型的互动比例非常小。③

也有学者依据互动对象的不同来划分互动类型。英国学者高尔顿(M. Galton)将课堂教学活动分为"有互动"和"无互动"两类,并将教师的"有互动"具体分为"与学生群体互动""与学生小组互动"和"与学生个体互动"三种,将学生的"有互动"具体分为"与教师互动"和"与其他同学互动"两种。我国学者吴康宁等人也根据教师行为对象将互动划分为师个互动、师班互动、师组互动三种课堂互动类型。其研究表明,我国小学教师课堂活动时间构成情况是教师与学生个体互动时间占45.4%,教师与学生小组互动时间占0.2%,教师与全班学生互动时间占54.4%。④

还有国外研究者按照社会学、组织行为学的理论划分师生互动

---

① 祖晓梅:《汉语课堂的师生互动模式与第二语言习得》,《语言教学与研究》2009年第1期。
② 廖坤慧:《教师提问策略对课堂师生互动的影响》,硕士学位论文,四川大学,2006年。
③ 刘云杉等:《学生课堂言语交往的社会学研究》,《南京师范大学学报》(社会科学版)1995年第4期。
④ 吴康宁:《教育社会学》,人民教育出版社1998年版,第341页。

类型。英国学者艾雪黎（B. J. Ashley）根据社会学家帕森斯社会体系的观点，将课堂师生互动分为教师中心式、学生中心式和知识中心式三种。① 利比特与怀特（R. Lippitt & R. K. White）按照领导者使用权威的程度，将其划分为权威型、放任型和民主型三种，并发现在民主型的领导方式下，学生情感融洽，表现出团结合作、自主向上的精神。②

此外，一些学者还从其他角度对师生互动进行了划分。古德和布罗菲按照互动内容，把课堂上师生之间的互动分为学习的互动、纪律行为的互动和除学习、纪律之外的常规互动。③ 有学者认为："互动需求是互动结构形成的内在动力，互动媒介是互动结构形成的外在工具，互动水平是互动结构形成的结果显现。"以师生的角色扮演为主线，分别与互动需求、互动媒介、互动水平三个因素组合为三个层面（内在动力、实现工具、结果显现），分别划分了若干种师生互动的结构类型。④ 有学者依据社会心理学理论，提出了师生交往的社会心理结构模型——"三侧面三层面的三棱柱体"⑤。还有学者"采用系统工程分析方法，以教师、学生和教材三要素构建出教学活动的一个三维坐标体系，形成了师生课堂互动模型"⑥。

教师在教学过程中扮演着重要角色，所以教师的互动行为对教学的影响更为重要。为此，Wubbels 等学者参照 Leavy 的人际互动模型，将教师行为分为影响力（支配/服从型）、亲密型（合作/对抗型）两个基本维度，具体包括领导、友好/帮助、理解、学生自

---

① 转引自亢晓梅《师生课堂互动行为类型理论比较研究》，《比较教育研究》2001年第4期。
② 吴康宁：《课堂教学社会学》，南京师范大学出版社2000年版，第162页。
③ 转引自孙启武《教师互动行为研究述评》，《上海教育科研》2002年第9期。
④ 马维娜：《大学师生互动结构类型的社会学分析》，《江苏高教》1999年第3期。
⑤ 陈枚：《师生交往矛盾的心理学分析》，《教育理论与实践》1992年第1期。
⑥ 王家瑾：《从教与学的互动看优化教学的设计与实践》，《教育研究》1997年第1期。

主、犹豫、不满、惩戒、严格八种行为。

在上述分类方法中，根据语言行为和互动对象进行分类是最直观和易于操作的方法。Wubbels 等人的分类方法是目前最为详细的分类，在国外学术研究中应用非常广泛，而其他学者的观点仅在少量研究中有一定影响力。

三 影响师生互动的因素

影响教学的因素几乎都会对师生互动产生作用。Rod Ellis 根据互动过程，将影响课堂互动的相关因素概括为"大纲（syllabus）、方法（method）、氛围（atmosphere）、输入（input）、输出机会（practice opportunities）、接纳（receptivity）"六个部分。① 古德和布罗菲依据学生获得的互动机会的不同，认为学生的成绩好坏、性别、种族和个性影响着师生互动，他们还指出，学习科目也可能影响教师对待男生和女生的方式。② 在国内，有研究者将影响课堂师生互动的因素分为背景因素、观念因素、特质因素和任务因素四类，认为班级心理气氛、教师观、教师性别、学科因素是直接影响课堂师生互动的微观因素。③

也有学者通过讨论师生互动中所存在的问题，探索影响师生互动的因素。如有研究认为，课堂师生互动不平等现象的主要外在原因有社会不良风气导致教师照顾个别学生，对教师评价的标准单一化，班级授课制本身的制约，班级规模与座位编排的局限。而教师

---

① 转引自祖晓梅《汉语课堂的师生互动模式与第二语言习得》，《语言教学与研究》2009 年第 1 期。

② ［美］古德、布罗菲：《透视课堂》，陶志琼等译，中国轻工业出版社 2002 年版，第 39—42 页。

③ 佐斌：《师生互动论——课堂师生互动的心理学研究》，华中师范大学出版社 2002 年版，第 157—160 页。

个人素质主要有教师教学能力不足、教师的感情偏好等。①

经比较可以发现，上述归纳的影响因素确实存在，针对具体问题有一定的解释力，但这些因素本身并不处在同一个层面上，不便于研究者选择具体的立足点和研究视角。在此，本书从以下三方面对影响师生互动的因素进行归纳和概括。

（一）学生因素

学生的学业成绩对师生互动的影响明显。如在互动对象的选择上，教师往往给学习成绩好的学生更多的互动机会。② 在与成绩比较好的学生互动时，教师更倾向于采取民主的、肯定的、充分考虑学生个性的方式，并且表现出很大的耐心；在与成绩比较差的学生互动时，教师更倾向于采取专制的、否定的、控制的方式，并且较少给这些学生充分的思考时间和充分表达的机会。③ 教师一般还倾向于让学业失败者回答判断性、描述性较强的简单问题，而让学业成功者回答论证性较强的复杂问题。④ 还有研究表明："在师生口头言语互动中，教师会伴有自发的感情流露，有积极的（如赞扬、勉励等），有消极的（如批评、威胁等），还有中性的（如非褒非贬的含糊言语等），对高分组学生，教师带有肯定性情感的言语非常显著地高于低分组学生，对低分组学生，教师带有否定性情感的言语则很显著地高于高分组学生。"⑤

学生的家庭地位影响了师生互动过程。有学者认为："在中上阶层子女就读的学校，教师重视培养学生的怀疑精神和批判精神，而在劳工子弟就读的学校，则被强调严厉的纪律、恪守时间、尊重

---

① 侯立元、高光：《课堂师生互动不平等现象的成因与对策》，《教育学术月刊》2009 年第 10 期。
② 程晓樵等：《教师课堂交往行为的对象差异研究》，《教育评论》1995 年第 2 期。
③ 沈贵鹏等：《初中课堂口头言语互动研究》，《教育理论与实践》1994 年第 1 期。
④ 王芳：《课堂师生互动差异的理性思考》，《江西教育科研》2003 年第 2 期。
⑤ 沈贵鹏：《师生互动的隐性心理教育价值》，《现代教育论丛》2003 年第 5 期。

权威、忍受单调重复的劳动。"① 也有人指出，家长"送礼"等不良风气影响了教师的互动选择。②

很多研究表明，性别因素影响着师生互动。有学者对江苏省7个地区的14个班级进行课堂观察，发现教师交往对象在性别方面存在差异，在大部分交往类型中，教师与男生的人均交往次数多于女生。③ 有学者从性别平等的视角分析一所小学的师生互动，发现教师与男女学生的互动存在"自然焦点型"和"礼貌规避型"两种不同的模式。教师在课堂上倾向于给予男生更多的关注和提问，这种对待男女学生的行为差异表明，教师的性别观念存在偏斜和刻板的问题。④ 有国外学者（Furman, W., Buhrmester, D. & Govindara, G.）得出了相反的结论，发现女生与教师有更密切的师生关系。⑤ 我国台湾也有多项研究表明，师生互动存在着学生性别方面的差异。⑥ 不过，也有研究发现，师生互动意向、影响因素在年级、性别上无显著差异，但在是否任班干部上的差异显著。⑦

事实上，学生的先天素质和性格特征都是有差异的，完全一致地对待具有差异的学生是不公平的。有学者指出："再没有比以相同的态度去对待不相同的人更不平等的了。"⑧ 笔者以为，仅仅简

---

① 刘云杉：《师生互动中的权力关系》，《湖南师范大学教育科学学报》2008年第1期。

② 马杰：《中小学课堂师生互动不平等的成因及对策》，《现代教育科学》2009年第5期。

③ 程晓樵等：《教师课堂交往行为的对象差异研究》，《教育评论》1995年第2期。

④ 肖蕾：《从性别平等的视角看师生互动——基于开元小学的实地研究》，硕士学位论文，南京师范大学，2007年。

⑤ 转引自王耘、王晓华《小学生的师生关系特点与学生因素的关系研究》，《心理发展与教育》2002年第3期。

⑥ 孙旻仪、石文宜、王锺和：《学生背景及人格特质与师生互动关系之研究》，《辅导与谘商学报》2007年第2期。

⑦ 刘丽红、张云杰：《中学生师生互动意向及其影响因素研究》，《第十二届全国心理学学术大会论文摘要集》，2009年。

⑧ 联合国教科文组织：《教育——财富蕴藏其中》，联合国教科文组织总部中文科译，教育科学出版社1996年版，第191页。

单地评论这种互动差别及其原因是不够的,应该深入解读这种差异背后的逻辑和意义,并讨论各种互动行为在具体情境下的有效性,因为教师某些不同的互动行为或许在外人看来是不正确的,但它们的确合乎特定情境的需要。

(二) 教师因素

教师是师生互动的能动主体,是经过专业训练的相对成熟的个体,是师生互动中掌握主动权最多的一方。就师生互动中的权力关系而言,"教师既是规训的承担者,更是规训的承受者"①。教师对学生的爱与恶、鼓励与批评、言语与非言语行为等都是通过师生之间的课堂互动实现的。② 国外也是从教师教的角度入手研究有效教师的特征及其教学行为的。③ 从已有研究成果看,影响师生互动的教师因素主要有教师效能、教师的专业发展水平、教师专业承诺三个方面。

教师的效能是课堂教学的重要变量,是衡量师生互动有效与无效、高效与低效的重要因素。教师效能概念源于自我效能(self-efficacy),是由心理学家班杜拉正式提出并完善的。自我效能指人们对自己完成某项工作的可能性之判断。教师效能是教师对教育价值、对自己做好教育工作与积极影响儿童发展的教育能力的自我判断、信念与感受。④ 也有学者认为,教师效能是指教师在教学历程中所表现的一切有助于学生学习的行为。⑤

与此有关的研究主要有两个方面:一方面是教师特征对教师效

---

① 刘云杉:《师生互动中的权力关系》,《湖南师范大学教育科学学报》2008年第1期。
② 徐文闻、张国良、马治国:《课堂师生互动:将教师职业道德融入其中》,《辽宁师范大学学报》(社会科学版) 2007年第1期。
③ 姚利民:《国外有效教学研究述评》,《外国中小学教育》2005年第8期。
④ 庞丽娟等:《教师自我效能感:教师自主发展的重要内在动力机制》,《教师教育研究》2005年第7期。
⑤ 张春兴:《教育心理学》,浙江教育出版社2008年版,第465页。

能的影响，如性别、学历、年龄等。有研究表明，性别和学历因素对教师教学效能感不存在显著的影响，随着教龄的增加，教师的一般教育效能感呈下降趋势，而个人教学效能感表现出上升的倾向。[①]也有研究发现，教师的自我效能在性别、学校类型上的差异显著[②]，在教龄、性别、学历、年龄、职称等方面的差异均不显著。[③] 台湾地区有研究发现，性别、职务、婚姻状况、学校规模与教师教学效能有显著关联。[④] 另一方面是高自我效能与低自我效能教师的差异。"教育能力相近的教师，高自我效能感者比低自我效能感者能够更有效地解决问题。教师自我效能感对教师工作动机的产生及其强度发挥着核心的决定作用，不仅直接影响着教师教育行为，而且导引着教师知觉到自身的教育行为与结果。"[⑤] 具体来看，自我效能高的教师比自我效能低的教师在课堂时间的安排、课堂提问的认知水平、提问对象以及对学生的反馈方式方面都存在显著差异。[⑥] 高效能感与低效能感教师在与学生互动的模式上有所不同，特别是在与低成就学生的互动方面，高效能感教师表现更佳。[⑦] 在对学生学习成就的影响因素中，教师效能感超越了其他所有的因素，如班级规模、社会经济地位以及性别因素等。[⑧]

教师的专业发展是影响师生互动的另一个重要因素。卢乃桂等

[①] 俞国良、辛涛、申继亮：《教师教学效能感：结构与影响因素的研究》，《心理学报》1995年第2期。

[②] 朱晓斌、王静丽：《中学教师自我效能、集体效能和工作倦怠关系》，《宁波大学学报》（教育科学版）2009年第2期。

[③] 黄喜珊：《中文"教师效能感量表"的信、效度研究》，《心理发展与教育》2005年第1期。

[④] 梁玟烨：《台北县市国民中学教师专业权能教学承诺与教学效能关系之研究》，硕士学位论文，台北教育大学，2004年。

[⑤] 庞丽娟等：《教师自我效能感：教师自主发展的重要内在动力机制》，《教师教育研究》2005年第7期。

[⑥] 李晔：《教师效能感及其对教学行为的影响》，《教育研究与实验》2000年第1期。

[⑦] 韦毅嘉：《教育领域中自我效能感的研究现状与展望》，《安康师专学报》2006年第2期。

[⑧] 严玉萍：《试论有效教师的个性品质》，《教育探索》2008年第7期。

人认为，教师专业发展可以理解为教师不断成长、不断接受新知识、提高专业能力的过程，它包含教师在职业生涯中提升其工作的所有活动。[①] 有研究表明，教学信念、教师专业发展与教师互动性决策能力的提高有密切关系。[②]"教师对文本的解读深度、学生对文本的认同与体验、互动中教师对价值资源的捕捉与回应意识和能力等，都会对互动的品质与效果产生影响。"[③] 传统的以知识传授为核心任务的教学观，使得课堂师生互动过于倾向单向性，或者说是教师主动参与互动，而学生被动参与互动。教师对学生的正面评价易使学生获得认同感和信任感，从而更愿意与教师进行合作和交流；负评价易弱化学生的信心，使之产生不信任感或对抗情绪，构筑起心理防线，封闭甚至压抑自己的情感，从而阻碍师生互动。[④] 有些教师长期形成了习惯，在师生互动的选择上会"因学生的性别、成绩、地位、在班级中担任的职务等的不同而不同"[⑤]。此外，还有教师会因为学生家庭的社会地位不同，而表现出差异化的互动策略，这会对学生成长造成不良影响。所以，教师应不断加强师德修养，通过提高职业道德的水平促进互动质量的提高。[⑥]

教师的专业承诺对师生互动有不可忽视的影响。教师专业承诺（professional commitment）即教师职业承诺，因为教师是专业化程度比较高的职业，所以常用"教师专业承诺"这一术语。它指教师自身由于对所从事专业的自觉认同和情感依赖、对专业的投入和对

[①] 卢乃桂、钟亚妮：《国际视野中的教师专业发展》，《比较教育研究》2006年第2期。

[②] 占丰菊：《课堂教学中教师互动性决策的初步研究》，硕士学位论文，华东师范大学，2004年。教师的互动决策是指教师在给学生讲课、跟学生讨论问题和辅导学生时所做出的决策，是即时生成的。

[③] 杨小微：《教学互动与学生德性成长》，《教育科学研究》2006年第4期。

[④] 谢红仔：《情感互动是师生互动的实质》，《教育导刊》2003年第Z1期。

[⑤] 马吉宏：《论课堂师生互动的公平问题及其对策》，《内蒙古师范大学学报》（教育科学版）2007年第2期。

[⑥] 王芳：《课堂师生互动差异的理性思考》，《江西教育科研》2003年第2期。

社会规范的内化而产生的不愿变更专业的程度。① 国外有研究发现，教师的性别、种族，学生的学业成绩、社会经济地位，学校的社会经济地位和性质（如公立或私立），教师的工作条件等都会影响教师的专业承诺。② 不同专业承诺下的教师对师生互动的投入不同。龙立荣等编制的教师承诺量表在国内应用较多，教师的专业承诺与组织承诺并不相同，但存在一些联系。有人提出，教师组织承诺包含感情承诺、规范承诺、理想承诺和投入承诺四个维度。③ 有研究表明，职业承诺与工作投入关系之间呈正相关。④ 还有多项研究表明，不同性别、学历和教龄的中小学教师在职业承诺上存在显著差异，也有研究发现，教师承诺存在城乡差异。⑤ 国内尚无对专业承诺与师生互动二者关系的研究。

教师的专业发展、教师效能和专业承诺三者之间存在密切关系。有研究发现，中小学教师的职业承诺、教学效能对其职业倦怠有重要影响，⑥ 教师自我效能感的高低对教师的专业承诺有显著的影响，如果教师自我效能感较强，就会产生较高的专业承诺。⑦ 教师的专业发展也会促进教师承诺水平。⑧

---

① 龙立荣、方俐洛、凌文辁等：《职业承诺的理论与测量》，《心理学动态》2000年第4期。

② I. Park (2005), "Teacher Commitment and Its Effects on Student Achievement in American High Schools," *Educational Research and Evaluation*, 11: 464.

③ 宋爱红、蔡永红：《教师组织承诺结构的验证性因素分析》，《心理发展与教育》2005年第2期。

④ 王霞霞、张进辅：《国内外职业承诺研究述评》，《心理科学进展》2007年第3期。

⑤ 详见徐富明、朱从书《中小学教师职业承诺的现状与特点研究》，《教育探索》2005年第3期；刘世瑞《中小学教师职业承诺问卷的编制及适用研究》，学位论文，湖南师范大学，2005年；罗润生、申继亮《中学教师职业承诺的特点研究》，《宁波大学学报》（教育科学版）2001年第6期；梁玟烨《台北县市国民中学教师专业权能教学承诺与教学效能关系之研究》，硕士学位论文，台北教育大学，2004年。

⑥ 李义安、勇健：《中小学教师职业承诺、教学效能与职业倦怠的关系模型》，《中国临床心理学杂志》2010年第3期。

⑦ 庞丽娟等：《教师自我效能感：教师自主发展的重要内在动力机制》，《教师教育研究》2005年第7期。

⑧ I. Park (2005), "Teacher Commitment and Its Effects on Student Achievement in American High Schools," *Educational Research and Evaluation*, 11: 461–485.

此外，有很多研究发现，教师的性别对课堂师生互动有一定的影响。具有代表性的观点是：男教师在课堂上倾向于知识互动，女教师则倾向于情感互动；在情感互动中，女教师的正性情感多于男教师；在知识互动中，男教师的言语互动相对多于女教师，而女教师的非言语互动及互动双向性要多于男教师。①

（三）课堂环境

课堂环境对师生互动的影响来自两方面：一是课堂物理环境的影响，如教室空间、声音、光线等；二是班级文化氛围等社会心理环境的影响。

对于前者的研究主要是教室布置和班级人数对师生互动的影响。学生在教室中的位置不同，与老师之间的空间距离存在差异，必然造成师生互动的频率差别。赫特（T. Hurt）曾就秧田型、马蹄型和分组型三种空间构成对师生交往的影响进行研究，结果发现，在不同类型的空间构成下学生参与课堂互动的情况存在差别。② 国内有研究表明，教师与处于教室中部、前部的学生互动的频率明显高于处于教室后部的学生。③ 在我国大部分学校采用的"秧田型"分布格局下，前排和中间的学生有更多的机会吸引教师的目光，也容易处于教师的监督之下，他们获得教师表扬、鼓励的机会也更多，更容易产生自我激励、自我提高以及获得优异成绩的强烈动机。④ 根据亚当斯和比德尔（R. Adams, & B. Biddle）的观点，教室前排是课堂师生语言交流的"活跃地带"或"优势区域"⑤。在"矩形"和"环形"分布格局下，有些学生背对教师而坐，他们与教师的互动必然会减少，不过，这

---

① 佐斌：《师生互动论——课堂师生互动的心理学研究》，华中师范大学出版社2002年版，第153页。
② 李冲锋：《对话教学的环境创设》，《教育科学研究》2005年第8期。
③ 李德显：《师生互动分析》，《教育理论与实践》2004年第5期。
④ 王芳：《小学师生互动的差异性研究》，硕士学位论文，安徽师范大学，2003年。
⑤ 转引自范国睿《教育生态学》，人民教育出版社2000年版，第246页。

种安排却增加了课堂上学生之间的互动机会。

国外有研究表明,"班级规模与学习成绩之间关系密切。班级规模越大,学生的平均成绩便越差,班级规模越小,学习成绩越好。并且班级规模过大,限制了师生交往和学生参与课堂活动的机会,阻碍了课堂教学的个别化"①。江光荣的研究也发现,班级环境对于学生发展具有直接和重要的影响,同时班级环境又受到师生互动风格的极大影响。② 还有人指出,在以教学的年龄组织取代了以往不分年级的组织形式后,同龄学生的增加降低了单个学生在师生互动中的地位。③ 目前一些教师资源丰富的地区开展了小班化教学实验,一般以20—30人组成一个班级,随机或有差别地分成4—6个小组,每组4—5人,便于师生之间及学生之间的交流。

课堂的物理环境因素更多地与建筑、设备等工程控制因素有关,所以教育学和心理学对课堂环境的研究更多地集中在课堂的文化环境方面。国外的课堂环境(classroom environment 或 learning environment,也译为"学习环境")研究在20世纪六七十年代后逐渐受到重视,Herbert Walberg 和 Rudolf Moos 对这一领域的研究起到了巨大推动作用。④ 但早期的课堂环境研究集中于课堂上外显的行为研究,以后逐渐转向从社会心理学的角度进行分析。

澳大利亚科廷科技大学的 Fraser 在课堂环境研究方面著述颇丰。他开展了多项跨文化研究,在调查了多个国家的学生后发现,课堂学习环境对学生的学业成就具有显著影响。⑤ 他还开发了学生评价其学习环境的一系列问卷,如用于研究实验室环境设置的问卷(Science Laboratory Environment Inventory, SLEI)、大学生的大学课

---

① 转引自杨心德《中学课堂教学管理心理》,杭州大学出版社1993年版。
② 转引自孙启武《教师互动行为研究述评》,《上海教育科研》2002年第9期。
③ 康永久:《回归生活世界的教育学》,《教育研究》2008年第6期。
④ 转引自 J. Dorman (2002), "Classroom Environment Research: Progress and Possibilities," *Queensland Journal of Educational Research*, 18 (2): 112 – 140.
⑤ B. J. Fraser, S. K. Abell (2007) *Handbook of Research on Science Education*, Routledge, pp. 103 – 125.

堂环境问卷（College and University Classroom Environment Inventory, CUCEI），以及后文将要提到的 WIHIC 问卷等。

四 师生互动的研究方法

对课堂教学中师生互动现象的研究既有侧重量化分析的，也有以质性研究为主的。但近年来绝大多数研究受到了社会互动理论及其方法论的影响，越来越呈现出质性与量化研究相结合的特点。

（一）量化研究方法的应用

国外许多学者较为重视量化研究，研究工具以心理测量量表和课堂观察记录数据表比较多见。有关师生互动的研究工具，尤以 QTI 和 WIHIC 量表使用最多。这类量表一般采用 Likert 量表计分，报告内部一致性信度。

1. S－T 图

有一些研究采用更为简单的量化分析方法，例如 S－T 图的方法。[1] 此方法将教学过程大致分为学生行为（教师行为以外的所有行为）和教师行为（教师的讲授、板书、演示等行为）两个大类。按照教学时间的展开，以一定时间间隔对课堂教学过程进行记录，并绘制形成 S－T 图。S－T 图上的折点越多，表明师生之间的行为转换越频繁。还可以由 S－T 图进一步计算生成 Rt－Ch 图，即将教学过程转换为 Rt－Ch 图上的一个坐标点。根据点在图上的位置来判断课堂教学属于对话型、练习型、混合型或讲授型中的哪一种。

S－T 图能够简洁、直观地反映课堂互动状况，但因为获取的信息较为粗略，所以很难了解这种互动行为的具体意义。相

---

[1] 傅德荣、章慧敏：《教育信息处理》，北京师范大学出版社 2001 年版，第 94—102 页。

较而言，弗兰德斯互动分析系统能够记录和分析更多的课堂教学信息。

2. 弗兰德斯互动分析系统

目前，分析互动行为最具代表性的量化方法当属弗兰德斯互动分析系统。这一方法大大简化了课堂教学研究过程的复杂性，同时又提高了观察记录的科学性和准确性，成为近半个世纪以来最有影响力的一种课堂观察技术，被广泛应用于中小学以及幼儿园的课堂教学研究。

（1）弗兰德斯互动分析的编码

其核心是描述课堂互动行为的编码系统（见表2-1），它非常便于研究者识别、归类和记录课堂语言行为。弗兰德斯将教师的语言划分为具体的七类行为，将学生的语言归为主动和被动两类，还有一类是没有言语互动或者无效的互动。这10种具体的行为被赋予数字1—10作为编码。1—10是填入数据记录表的数字，只是表示区别的符号，数字之间并没有等级关系。所以数字1—10也可以用其他的符号，如a、b、c等代替。

（2）弗兰德斯互动分析的过程

弗兰德斯互动分析过程主要分为课堂观察记录、构建分析矩阵、结果分析三个步骤。

在课堂观察阶段，采取时间抽样的方法对教师和学生的言语行为做出判定，依据编码系统记录相应编码，形成一个连续的数据记录表。研究者每间隔3秒钟记录一个最能描述教师和学生行为的相应编码。这些编码按照时间顺序被依次录入课堂观察记录表（见表2-2）。表2-2中的横行表示每隔3秒记录的一种行为，一横行可记录1分钟内的20个行为，竖列表示一个课时的时间，一般为40—50分钟。在进行课堂观察时，先记录第一横行，再记录第二横行，依次向下。一节课按照40—50分钟计算，大约会有800—1000个编码。

表 1-1　　　　　　　　　弗兰德斯互动分析的类别

		具 体 描 述
教师言语	间接作用	1. 接纳学生的感受：以一种毫不具有威胁的方式接纳并理解学生的感受。感受可能是积极的，也可能是消极的，包括对学生感受的预言和回忆
		2. 表扬或鼓励：表扬或鼓励学生的行为。这包括既缓解紧张气氛又不伤害另外一个学生的玩笑话、点头肯定、用"嗯嗯"或"继续说"表示赞同等
		3. 接受或采纳学生的观点：阐明或阐发学生的观点或建议
	直接作用	4. 提问：问一个关于内容或程序的问题，目的是让一个学生来回答
		5. 讲解、发表个人看法：列举事实或提出对内容或程序的看法，表达自己的观点，提出设问等
		6. 给予指示：希望学生遵从的指示、指令和命令
		7. 进行批评或维护权威性：声明，旨在转变学生行为，使之从不可接受的行为模式转变到可以接受的行为模式；大声训斥学生；说明教师为什么这样做的原因
学生言语		8. 学生被动回答：学生发言以回应教师。教师主动与之交流或是点名要学生回答问题
		9. 学生主动发言：如果"点名"只是为了表明下一个该谁发言的话，教师必须判定学生是否想发言。如果他想发言，就点他
		10. 沉寂或混乱：停顿、短暂的沉默或表述不清楚，在这些时候，交流活动无法被观察者所理解

资料来源：N. A. Flanders, "Intent, Action and Feedback: A Preparation for Teaching," *Journal of Teacher Education*, 14: 251-260, September, 1963.

表 2-2　　　　　　　　弗兰德斯课堂观察记录表

学校：_____　　　　时间：___月___日，___时___分至___时___分
班级：___年级___班　　　科目：_____　　　　记录人：_____

秒＼分钟	1	2	3	4	5	6	7	8	9	10	11	12	13	14	15	16	17	18	19	20
1																				
2																				
…																				
…																				
50																				

　　课堂观察者要在课前做好充分的准备工作。首先要熟练掌握每一个编码的数字代号及其所代表的具体行为，因为正式观察时没有足够的时间去参照编码表，必须很快确定数字代号并记录在纸上。为了方便记录，可以用"0"来代表"10"。其次，要严格把握3秒钟的时间间隔。可以借助秒表控制采样时间间隔。最后，还要熟悉一些常见的课堂言语行为，以便观察时快速做出判断。一般来说，教师讲解、发表个人看法的语言在课堂教学中出现最多。

　　师生言语记录的准确性对研究结果具有重要影响。如果条件允许，应该尽量采用录音或录像方式保存课堂教学片断，通过课后回放，仔细辨别言语行为差异，确定具体编码。为了减少工作量，所有的数据编码可以先由一人完成，另一人选择该课例的一部分进行第二次编码，如果两人编码的一致性较高则可以直接确定；如果编码的差异较大，应该共同对全过程进行重新编码，或者邀请更具经验的第三人进行编码。如果是一次性的现场听课，调查前应统一集中培训所有观察者，选择一些典型的课堂言语行为做练习，统一判定标准和尺度，避免编码出现较大差异。

　　在构建数据矩阵阶段，将数据记录表整理为 10×10 的矩阵。首先，将前后两个动作编码相连构成一个组合数据，一般称为"序

对"。例如师生语言行为的编码记录依次为 10、6、10、4、5、8、5、8、4、3，那么可以将每一个编码分别与前后的一个编码结成一对数据，即 10—6，6—10，10—4，4—5，5—8，8—5，5—8，8—4，4—3。如果观察记录表有 N 个编码值，那么矩阵里应该有 N－1 个序对。此例有 10 个编码，所以只形成了 9 个序对。其次，计算相同序对的个数，并填入矩阵表中的相应位置。相同序对出现的次数表示某一类行为出现的频次。例如，"10—6"的序对共有 22 个，"6—10"的序对共有 10 个，那么就在矩阵第 10 行、第 6 列的位置填入 22，在第 6 行、第 10 列的位置填入 10。同理，在第 10 行、第 4 列填入序对"10—4"的个数。以此类推。最后，将各行和各列的值分别相加得到总计值。由总计值可以进一步计算得出相应行为的时间。例如，将第 5 纵列（讲授）中的所有数值相加，总计值即教师所有的讲授时间。

在结果分析阶段，研究者按照一定的维度进行统计计算，分析得出教师与学生的言语互动特征。一般采用矩阵分析、比率分析和时间线分析（或曲线分析）三种方法。需要说明的是，比例分析也是利用矩阵表中的数据进行的，所以有人将前两者合称为矩阵分析。

第一，矩阵分析方法。矩阵中的一些单元格代表了教师某种特定的互动行为（见图 2－1）。弗兰德斯指出，A、B、C、D 四个区域表示相应列的值的总和，可以计算出师生言语互动的数量及其比例关系。[①] 矩阵对角线上的各个单元格的数据，表示某种行为连续的时间超过 3 秒，表明教师或学生在持续地做某事（也被称之为"稳态格"）。如在 5—5 稳态格内的数字表示教师连续讲授的时间。E 区域的 9 个单元格表示教师的积极行为，反映了教师与学生之间良好的互动情境（也称为"积极整合格"）。融洽连续的表扬和详细阐述学生的观点对促进师生互动非常重要。如果学生对知识的详

[①] N. A. Flanders, "Intent, Action and Feedback: A Preparation for Teaching," *Journal of Teacher Education*, 1963, 14 (3): 251–260.

细阐述能够构成一个整体，就更值得表扬。F区域的4个单元格反映了教师直接指导、给予批评或自我辩解。对于"6—7"和"7—6"的两种变化，学生能够敏感地觉察到，但他们可能不愿意按照教师的要求去做。如果6—6或7—7出现过多，则表明教师连续支配和管理着学生的行为。大量的"6—6"说明教师给予了学生冗长的指令。区域G和H表明，那一刻教师开始说话而学生停止说话。区域G表明教师用间接方式终止了学生的说话，区域H表明教师以直接影响的方式终止了学生说话。区域I表明师生在一问一答，通常"4—8"和"4—9"会出现很多。一般而言，很多教师都期望学生能回答出他们预先准备的问题。如果只有4—8或只有8—4，而且比例很高，表明教师的教学可能更像一种训练模式。区域J表明学生的冗长陈述，或者学生之间持续的交流。如果区域J的值不高，而区域C的值很高，表明学生有很多次短暂的回答。

	1	2	3	4	5	6	7	8	9	10
1										
2		区域E								
3										
4									区域I	
5										
6						区域F				
7										
8		区域G				区域H		区域J		
9										
10										
总计		区域A				区域B		区域C		区域D

图2-1 矩阵分析

资料来源：N. A. Flanders, "Intent, Action and Feedback: A Preparation for Teaching," *Journal of Teacher Education*, 1963, 14 (3): 251-260.

第二，比率分析。对矩阵表中的数据可以进行一些频数分析或计算某两项的数据比值。弗兰德斯曾介绍了十余种课堂结构分析的计算公式、意义及常模。[①] 在此，仅从课堂结构、课堂控制和特征序对等方面进行分析，其他比率的分析过程与此类似。

一是课堂结构分析。矩阵的第1—7列为教师言语动作，值的总和即教师所有行为的次数。8—9列为学生言语动作，两列的总和即学生所有行为的次数。第10列为沉寂或混乱状态。次数之和乘以3即相应行为在课堂教学中所占用的时间。因此，可以根据某一方的言语占课堂教学时间的比值来评价课堂教学结构。如果教师言语的比重较高，学生言语的比重较低，表明教师掌握着课堂教学的控制权，学生的参与可能不足。反之则表明，教师可能采用了平等交流的策略，学生的主动参与机会较多。在大多数课堂上教师语言活动的数量和时间要多于学生。

一些研究试图将某位教师的言语时间比重与常模做比较分析。但这种比较很可能存在较多问题。因为具体课堂教学中的言语行为充满了巨大差异，可比较的常模很难获得，即使获得了也往往只能适用于特定范围。对不同学科、不同章节的教学内容，不同教学风格教师的言语比值必然存在很大差异。例如，英语教师为了矫正发音会与学生频繁互动，而数学教师为了说明定理的适用条件会采用更多的讲授。对同一位语文教师来说，古文课要比现代文讲得更多。这种差异在小学与中学、中外不同文化之间、不同时代背景的课堂上可能会变得更大。

二是课堂控制分析。矩阵的第1—4列体现了教师言语的间接影响，5—7列反映了教师言语的直接影响。以教师所有言语为总值，分别计算间接影响和直接影响两组数值之和及其比值，可以反映教师言语对课堂的控制情况。

---

① N. A. Flanders, *Analyzing Teacher Behavior*, P. C. Addison – Wesley, 1970：100 – 107. 转引自郭慧龙、林建伸《Flanders互动分析系统辅助软件介绍》，《竹县文教》2005年第27期。

一般认为，间接教学有助于激发学生的动机，促进学生主动发言和积极参与。盖奇（Nate Gage）在对弗兰德斯的研究进行分析后认为，直接教学和间接教学的效果与年级有关：在小学阶段，直接教学更有利于学生取得学业成就，在小学阅读和数学教学中，直接教学能够使学生取得高分；在中学阶段，间接教学比直接教学更能促进学生学习能力的发展；在高中阶段，如果间接教学时间超过一半，教学效果就会明显提高；到了大学阶段，如果教授向学生提供更多的提问时间，允许学生相互之间提问，鼓励学生做课堂发言，就更能促进学生认知的发展。[①] 因此，有很多学者将间接语言的使用情况作为评价教师能力的一项重要指标。

三是特征序对分析。相似序对的频数和比例能够反映教师某些突出的教学行为特征。出现较多的序对代表了教师常有的一些教学行为，很多教师共有的序对也许说明了这些教师的共性特征。同一科教师经常出现相似序对，或许说明了这个科目教学的某些共同特点。例如在某课例中，序对（4，4）出现的频次为22次，序对（8，4）出现的频次为27次，序对（8，8）出现的频次为85次，序对（4，8）出现的频次最高为91次，说明此课例师生言语互动的"问与答模式"仍属于传统的问答模式，即教师提出问题之后学生紧接着回答的言语行为，其回答只针对教师刚刚提出的这个问题。其频次远远高于其他问答模式，说明师生言语互动的问答模式仍相对单一。[②]

第三，曲线分析。对课堂观察记录表或矩阵分析的一些结果可以进行曲线图形的分析，它能够更直观和形象地展示教学过程中的言语行为变化。除了直观之外，曲线图还有一大优势，可以考察连续多个编码的分布特点。如某位教师的曲线图连续出现"4-10-5-5-4-10-5-5"，表明他很可能是在不断地"自问

---

① 转引自肖锋《课堂语言行为互动分析——一种新型的课堂教学研究工具》，《辽宁师范大学学报》2000年第6期。

② 高巍：《课堂教学师生言语行为互动分析》，学位论文，华中师范大学，2007年。

自答"。在研究者绘制的曲线图上,"4-2-8-3-2-4"的模式最多,这表明这位教师与学生的互动形成了一种模式,即该教师在提问之后,鼓励学生大胆回答,学生回答之后,教师或者重复学生的答案,或者在学生回答的基础上发展学生的答案,表扬学生或继续提问。[1]

曲线图的绘制一般以横坐标为时间轴,每3秒为一个间隔单位,每20个单位表示一分钟。以纵坐标上标识弗兰德斯的10个编码,课堂观察记录表中的编码可以转换成坐标图。将图上相邻的各点相连,就可以形成一张师生互动行为随时间变化的曲线图。也可以对上述编码进行再次整合,例如将其归为教师语言和学生语言两类绘制成曲线图。

目前,许多研究者一般采用 Excel、SPSS 等数据处理软件绘制弗兰德斯互动曲线图。一些机构专门开发了具有高级统计分析功能的软件,可以进行典型模式的搜索。如果5(讲解)→4(提问)→8(学生回答)→2(赞赏)→5(讲解)是一种典型模式,计算机能够对整个曲线进行搜索,把符合典型模式的曲线段用红色标出,这样我们就可以清楚地发现在整个教学过程中,什么时候出现了典型模式,持续的时间有多长,出现了多少次等信息。[2]

(3) 弗兰德斯互动分析的特点

较之其他课堂研究方法,弗兰德斯互动分析系统的突出优势体现在三个方面。一是较好地融合了质性研究与量化研究的方法,提高了研究方法的有效性。弗兰德斯把课堂教学中复杂的互动现象依照行为主体分为教师言语和学生言语,并运用编码形式转换成相对简单的数学问题,清晰地揭示了课堂教学中师生言语行为的主要特征。很多学者一般将弗兰德斯互动分析归为量化方法,但事实上其

---

[1] 王冬兰、郭猛、严燕华:《弗兰德斯互动分析系统在幼儿园集体教学中的应用》,《学前教育研究》2009年第8期。

[2] 肖锋:《课堂语言行为互动分析——一种新型的课堂教学研究工具》,《辽宁师范大学学报》2000年第6期。

编码系统是经过完全的长期质性研究所得出的结果。也就是说，统计分析的前提正是观察者质性研究的结果。正是因为这两类研究方法的互补，才使得研究结果能够有效概括课堂教学中的常见行为，能够反映课堂教学的基本面貌和重要特征。二是详细规定了研究程序和分析方法，操作简单方便。弗兰德斯制定的编码概括性较强，相对简明和容易理解，适合在短时间内收集、归类和分析大量语言信息。不论专业研究者还是普通教师，均能在较短的时间内掌握这种方法。明确、规范的研究程序减少了后期统计分析的差错。虽然由数据记录表提取"序对"的过程工作量大，稍显繁杂，但这一工作都可以由计算机软件代替。有的软件甚至只需要研究者输入观察得到的编码，即可报告出分析结果。三是非常便于一线教师开展教学反思。它提供的分析结果既能够有效评价课堂教学现状，发现教师在教学中所存在的问题，也能为教师改进教学提供具体可行的建议。教师可以借助录音设备或摄像机，独立分析、研究自己的课堂教学情况，看看是否讲得太多，学生的主动参与程度如何，哪些教学问题频繁出现了，等等。由于有着严格的分析框架和具体标准，弗兰德斯互动分析也为学校校本教研提供了一个方便的研究工具和共同的对话平台。

弗兰德斯互动分析系统从20世纪60年代提出至今已有半个世纪，在长期的实践中，它"也许并不一定是最有效的，但它或许是最有名的。它得到了广泛应用，并影响了其他许多课堂观察分类体系的设计"[①]。不过，作为一种研究方法，它也不可避免地存在着一定的局限性，这主要表现在以下四个方面。

第一，忽视了非言语信息的重要价值。在20世纪中期实证主义、行为主义思潮影响下的教育改革十分重视课堂教学中那些可观察到的行为。在这些行为中，师生的语言对话无疑是最重要的分析

---

① ［英］戴维·霍普金斯：《教师课堂研究指南》，杨晓琼译，华东师范大学出版社2009年版，第89页。

指标。弗兰德斯聚焦于师生的言语互动，缩小了课堂研究的对象和范围，针对性和诊断性更强，更便于研究和实施，但忽视了丰富多彩的非言语信息的重要价值，仅根据语言行为做出互动分析结论则未免失之偏颇。从人本主义思潮以及诠释学、现象学的视角看，课堂是一个充满复杂性的文化场域，IRE 结构（教师主导性的提问和提示—学生回答—教师做出反应、评价）的言语互动背后可能存在着基于师生特定背景的事实或情境。如果只统计外显的语言数据，忽略言语行为背后的文化意义则可能会得出错误的研究结论。例如，在很多情境下，教师的眼神、手势等肢体动作的变化凝聚了更多的教学智慧和独特意蕴，对提高教学效果具有不可替代的作用。在分析某些人文内容较多的课程时，这一分析方法显得过于机械，难以发掘学生情感态度等方面的体验。

第二，编码录入环节容易出现误差。尽管弗兰德斯设计的 10 个编码相对容易区分，但在实际操作中，要在一节课上连续每隔 3 秒钟做出一个准确判断并记录下来并不容易。这不仅要求研究者必须熟练掌握编码，准确抓住时间节点，而且注意力必须高度集中。这对于所有研究者来说都有一定的困难，对于研究新手而言会更显复杂。

第三，编码类别的划分存在一些不足。一方面，有的类别涵盖内容宽泛，区分度不够。例如，提问是体现教师教学能力的重要指标，针对事实类知识的提问、观点表述性的提问，与课程内容无关的提问等均在一定程度上反映了教师的不同教学能力，但 FIAS 将提问都简单地归为第 4 类编码，忽略了提问所反映的重要信息。第 8 类和第 9 类关于学生的类目过于笼统，学生之间互动的重要价值没有受到应有的重视。在非正式的课堂上更难判定第 8 类和第 9 类行为。例如实验课、探究性学习课堂，可能很多学生忙于实验，或者学生小组之间相互讨论，多位同学同时发言等。第 10 类行为有可能是因教师的管理能力较低而引起的课堂秩序混乱，也可能是教师因过于专制或严厉而引起的学生沉默，或者是教师布置了学习任务，学生都在阅读、做练习题而出现的无声。另一方面，弗兰德斯编码系统缺少对技术辅助教学的关注。例如，某些科目的教师会利用板书或多媒体演示，但现有编码都将此计入第10类行为，这显然不妥。目前，现代教育技术被广泛应用于课堂教学，应该重视这一类语言行为的归类和编码问题。

第四，编码和矩阵数据虽然可以发现教师教学中的言语行为特点，但难以回溯当时教师所说的具体话语。因此，当前许多研究会同时录音或录像，以便与编码数据一一对应。

针对弗兰德斯分析方法所存在的不足，许多学者通过改变现有编码系统，增加和强化质性方法的途径，改进和发展了这种课堂研究方法。如教育技术学提出的师生互动 S‑T 图[①]、教师活动轨迹图、古德和布罗菲开发的互动分析表[②]、Wubbles 开发的教师互动问卷（QTI）[③]，以及许多质性的研究方法等。近年来，我国学者也不断尝试改进弗兰德斯互动分析方法。有研究者增加了能够反映技术与师生互动的维度，将 10 个编码系统改进为 17 个编码系统（ITIAS），包括教师言语、学生言语、沉寂和技术四个基本维度。[④] 有学者指出，弗兰德斯分析之所以采用 3 秒取样，是因为它是课堂现场记录的即时分析方法，无法进行更精确的分析，"但使用课堂视频分析后，可以对每个教师和学生的行为状态进行精确的时间计量和统计，能够更为精确地体现教师的教学意图的变化和课堂教学结构的持续发展变化"[⑤]。还有学者认为："课堂教学是生动的、丰

[①] 傅德荣、章慧敏：《教育信息处理》，北京师范大学出版社 2001 年版，第 94—100 页。

[②] ［美］T. L. Good, J. E. Brophy：《透视课堂》，陶志琼译，中国轻工业出版社 2009 年版，第 29 页。

[③] T. Wubbels, M. Brekelmans, "Two Decades of Research on Teacher—Student Relationships in Class," *International Journal of Educational Research*, 2005, 43 (1): 6–24.

[④] 顾小清、王炜：《支持教师专业发展的课堂分析技术新探索》，《中国电化教育》2004 年第 7 期。

[⑤] 张海、王以宁、何克抗：《基于课堂视频分析对信息技术深层整合教学结构的研究》，《中国电化教育》2010 年第 11 期。

富的，具有情感、情境和现场建构生成意义的，这些方面的原始材料，不是编码的技术结构所能记录，而是通过对现场的真实描述、对当事人的访谈获得的。"①

（二）质性研究方法的应用

质的研究方法是目前备受重视的课堂教学研究方法。陈向明在《质的研究方法与社会科学研究》一书中引介的各种质性方法对我国教育教学研究产生了重要而深远的影响。目前，有关这类研究方法的介绍更多地体现在一些国外学者的著作中。高尔顿在《英国的镜子》（*British Mirror*）一书中就收集了源于英国的 41 种课堂观察体系。② 古德和布罗菲在《透视课堂》（*Looking in Classrooms*）一书中详细介绍了常用的课堂观察方法和步骤。为了分析学生之间某种行为的差异，他们还开发了"布罗菲—古德双向互动系统"（Brophy-Good Dyadic Interaction System）。③ 许多国外学者重视社会和文化因素对课堂学习环境的显著影响，提倡采用文化敏感性的数据收集方法，如深度访谈、叙事研究和课堂观察等。④ 佐藤学采用直观的、描述的质性研究方法（如微型叙事法、教学案例研究、参与观察法）开展了许多行动研究。在国内，有学者受人类学和民族学研究方法的启迪，提出了"课堂志"的研究方法，指出研究者要全面深入研究对象及其活动，通过直面研究对象，或探究其发展规律，或进行合理的解释与说明，将自己的发现和体验用一种较微观的整

---

① 宁虹、武金红：《建立数量结构与意义理解的联系——弗兰德斯互动分析技术的改进运用》，《教育研究》2003 年第 5 期。
② 转引自［英］戴维·霍普金斯《教师课堂研究指南》，杨晓琼译，华东师范大学出版社 2009 年版，第 89 页。
③ ［美］古德、布罗菲：《透视课堂》，陶志琼等译，中国轻工业出版社 2002 年版，第 81—84 页。
④ J. M. Aldridge, & B. J. Fraser (2000), "A Cross-cultural Study of Classroom Learning Environments in Australia and Taiwan," *Learning Environment Research*: *An International Journal*, 3: 101 – 134.

体描述方法进行描述、归纳和分析。① 杨小微主张："以'教学互动'为单位分析教学活动过程，以便观察教学价值资源及受教育者个体意义如何在互动中生成。"②

总体来说，以弗兰德斯分析系统为代表的量化研究方法便于从整体上分析师生互动行为，揭示不同课堂教学的显著差异，而以观察为主的质的方法能抓住细节差别，若再辅以深入的访谈则更有助于理解教师行为背后的文化意义。这正如国外学者所说："要对人类经验做出真正有意义的解释，就必须将自己彻底地投入他要解释和理解的现象中去。"③ 质性研究正是一种深入挖掘事件背后的意义的方法，它有利于研究者发现和解释课堂发展、运行的逻辑。

五 已有研究成果存在的不足

通过对上述文献的简要回顾，可以发现师生互动研究在两方面存在着严重的不足。

（一）师生互动的概念及理论建构有待完善

概念术语的规范、接受和使用是一门学科发展成熟的重要标志之一。从与师生互动相关的论文来看，涉及很多看起来相似的概念，如师生互动、师生关系、师生交往、教学互动、课堂互动、教学交往以及教师互动等。事实上，这些概念并不处于同一个层面，也未组成一个严密的逻辑体系，而且相关研究对这些概念的区分也不清晰。

就现有研究来看，"互动"与"交往"的概念相似，师生互动和师生交往、教学互动和教学交往并没有太大的差别，很多时候可

---

① 王鉴：《课堂研究概论》，人民教育出版社2007年版，第190—193页。
② 杨小微：《教学互动与学生德性成长》，《教育科学研究》2006年第4期。
③ ［美］诺曼·K.邓金：《解释性交往行动主义：个人经历的叙事、倾听与理解》，周勇译，重庆大学出版社2004年版，第52页。

以相提并论。课堂互动、教学互动是对课堂教学的整体层面而言的，它包括师生互动和学生之间互动两类行为，不应该和"师生互动"混用。"教师互动"应用较少，从已有被多次引用的源文献来看①，该术语来自翻译，主要是指师生互动中的教师行为。若仅从术语使用的规范来说，这一术语应该被更正。因为教师作为单个主体，是难以互动的。在本书研究中，仅在涉及 QTI 问卷的已有研究时使用这一术语。

"师生关系"和"师生互动"有明显区别。师生互动更多地指在课堂教学中，以教学为中心的活动，而师生关系的涵盖面更为宽泛，是学校中最为普遍和主要的人际关系。正如有学者指出的，师生互动是一个动态过程，而师生关系是一个静态的范畴。② 我国台湾学者也认为，正是师生互动的缺乏，造成了现代师生关系的不良。③ 从社会学视角来看，师生关系是特定社会中的个体与其他个体之间相互作用而结成的人际关系中的一种。在教育的视角下，它也是教育者和受教育者之间就教育目的和任务而结成的人际关系。④ 因此，师生关系是在师生互动过程中建立起来的。⑤

这些基本概念术语的不恰当使用也表明，对师生互动的研究自身还处于一个理论建构和完善的过程中。

（二）缺少具体文化情境下的实证研究

现有研究理论创新较少，而实证研究亦显得不足。一方面，关于师生互动的结构类型、影响因素的理论研究相对完善，但大部分

---

① 辛自强、林崇德：《教师互动问卷中文版的初步修订及应用》，《心理科学》2000 年第 4 期。

② 佐斌：《师生互动论——课堂师生互动的心理学研究》，华中师范大学出版社 2002 年版，第 70 页。

③ 詹栋梁：《教育伦理学导论》，台湾五南图书出版股份有限公司 1997 年版，第 268 页。

④ 丛立新：《平等与主导：师生关系的两个视角》，《教育学报》2005 年第 1 期。

⑤ 阴山燕、张大均、余林：《我国中学师生关系研究述评》，《宁波大学学报》（教育科学版）2008 年第 2 期。

研究以抽象认识论基础上的理论研究为主，是一种"书斋式"的研究。如关于师生互动的策略研究大多是感性认识，缺乏完整的理论阐述，尚未形成较完善的师生互动策略体系，对于如何提高课堂师生互动效果缺乏实践指导意义。①另一方面，一些观点被反复引用，很多研究采用了10多年前的数据和结论。也因为缺少基于实证的理论研究，现有研究提出的措施或策略很有限，其经验的可复制性、可移植性和适应性较窄。

此外，很多研究指出了师生互动中所存在的各种问题，但对问题的讨论只触及了可见的表面现象，尚未能够挖掘出问题背后的深层原因。例如，大部分研究往往将问题简单地归因于教师和学生两者，并未指出文化因素和沟通风格对于师生互动是否有影响。韦伯认为："社会科学的意图在于对社会行动进行诠释性的注解，从而对社会行动的过程和结果予以因果性的解释。"②要对人的行为做出合理解释，必须从其所生活的文化环境中寻找原因。

不同民族文化深刻地影响着本民族学校教育的方方面面，更是对课堂教学产生了广泛而深刻的影响。我国台湾学者的研究表明，文化因素对教与学的过程造成了很大影响。③还有学者比较了我国台湾和澳大利亚学生在同学亲和、教师支持、学生参与、探究、工作取向、合作、平等等维度的感受，结果表明，两地学生所感受到的教室环境存在不同。当下，学者们对汉族学校课堂教学中的师生互动研究较多，而对少数民族教育情境下的师生互动研究非常少见。在 CNKI 等主要文献库和相关著作中未能查询到对回族、藏族和维吾尔族师生互动（或师生交往）进行具体分析的文献。

---

① 刘尧、戴海燕：《课堂师生互动研究述评》，《教育科学研究》2010年第6期。
② [德]马克斯·韦伯：《社会学的基本概念》，顾忠华译，广西师范大学出版社 2005年版，第19页。
③ 高博铨：《教学论：理念与实施》，台北五南图书出版股份有限公司 2007年版，第139页。

第三章　概念界定及理论基础

一　概念界定

（一）互动

"互动"在自然科学研究中，指一切存在物体之间的相互作用与影响。在英文中，单词"interaction"表示互动，其中"inter-"表示"在一起，交互"之义，"act"有"行动、扮演"之义，action 表示行动、活动。"interaction"意即相互作用的活动。在人文社会科学领域，社会学对"互动"概念的研究较多。互动指人与人之间的心理交互作用或行为的相互影响，是一个人的行为引起另一个人的行为或改变其价值观的任何过程。[①] 通过对人与人之间互动的研究，社会学家提出了经典的社会互动理论——"符号互动论"（Symbolic Interactionism），认为互动是社会构成的基础。社会互动理论对社会构成及其运行机制的解释受到教育学界的普遍重视，"互动"也逐步被应用于教育学领域。《教育大词典》对互动概念的解释是："人与人或群体与群体也包含个人与自己之间的交互动作或反应过程。各种社会现象之间莫不互动。"[②]

由上述界定可以看出，"互动"简言之就是相互作用，彼此影响。考虑到个人自己的互动发生在个体心理内部，而本书的研究重

[①] 章人英：《社会学词典》，上海辞书出版社1992年版，第151页。
[②] 顾明远：《教育大词典》，上海教育出版社1990年版，第442页。

点只关注个人与个人、个人与群体两种类型的相互作用,所以,这里认为互动就是个人与他人、个人与群体相互影响的过程。

(二)师生互动

在教学论视野中,很多学者对"教学"概念的探索渗透了"师生互动"思想。例如李秉德提出:"教学是教师教与学生学相统一的过程。"① 王策三认为:"所谓教学,乃是教师教、学生学的统一活动。"② 顾明远认为:"教学是以课程内容为中介的师生双方教和学的共同活动。"③ 施良方和崔允漷认为:"教学是指教师引起、维持或促进学生学习的所有行为。"④ 钟启泉在探讨教学过程时也指出:"教与学的关系是沟通中的相互作用关系。"⑤

由这些论述可见,教学是一个过程,这个过程存在着教师和学生两个活动主体,并且两个主体之间发生了"相统一""引起""维持""促进""共同""沟通""相互"等行为。这些行为是一种相互的作用和影响,是发生于教师和学生之间的互动行为。所以有学者认为,对教学的理解,"就是将它定义为一个教师与学生积极互动、合作建构的过程"⑥。若从本质属性方面来看,教学作为两个不同质主体的思想和行为相互影响的双边共同活动,其基本属性就是相互的。

目前文献中对师生互动的定义主要来自三位学者。王耀廷认为,师生互动就是"师生之间在教育、教学活动以及课外接触中交

---

① 李秉德:《教学论》,人民教育出版社1991年版,第2页。
② 王策三:《教学论稿》,人民教育出版社1985年版,第89、91页。
③ 顾明远:《教育大词典》,上海教育出版社1990年版,第178页。
④ 施良方、崔允漷:《教学理论:课堂教学的原理、策略与研究》,上海华东师范大学出版社1999年版,第13页。
⑤ 钟启泉:《对话与文本:教学规范转型》,《教育研究》2001年第3期。
⑥ 裴淼:《从社会文化学视角探析课堂师生互动中的鹰架》,《教育研究与实验》2006年第6期。

互作用、交互影响的方式和过程。"① 叶子和庞丽娟认为："作为一种特殊的人际互动，师生互动是指在师生之间发生的各种形式、性质和各种程度的相互作用和影响。"② 佐斌认为，这一概念有广义和狭义之分，前者指教师和学生间的一切相互作用和影响，而后者仅指发生在教育教学情境下的相互影响。

由比较可见，不同学者对师生互动的定义基本一致，所不同的是有的学者认为，师生互动应包括所有的教师和学生存在的教育场景，而有的则更强调课堂教学情境。笔者认为，师生互动是学校最主要和最重要的活动，对学生发展的影响也是最为直接和有效的，但每位教师和绝大部分学生的互动主要发生在课堂教学中，因此应该界定师生互动为教师和学生在课堂教学情境下的相互作用和影响。

（三）课堂与课堂教学

课堂是学校组成的细胞，教学是学校各项工作的中心任务，课堂教学是学校教育的主要脉络与核心。"这是因为学校教育与教学质量，学生学习质量与发展水平，在非常大的程度上都取决于学校的每一位教师的每一堂课的教学实际效果。"③ 钟启泉指出，教育改革的核心环节是课程改革，课程改革的核心环节是课堂教学改革。④ 王鉴认为："课堂教学是教育活动的集中表现形式……教学论应该将研究重点放在课堂中的教学现象方面。"⑤

"课堂"最基本的含义是进行各种教学活动的场所。在现代教育制度中，由于学校教育和班级授课制的普及，教室成为学校教学的

---

① 王耀廷：《谈师生互动过程的"晕轮效果"》，《河南师范大学学报》（哲学社会科学版）1991年第1期。
② 叶子、庞丽娟：《试论师生互动模式形成的基本过程》，《教育研究》2009年第2期。
③ 谢利民：《论有效课堂教学的教师素质》，《课程·教材·教法》2009年第5期。
④ 钟启泉：《"有效教学"研究的价值》，《教育研究》2007年第6期。
⑤ 王鉴：《课堂研究概论》，人民教育出版社2007年版，第94页。

主要场所，所以在大多数情况下对"课堂"的理解就是教室。在英文中，"课堂"的表达是"classroom"，它由"class"（班级）和"room"（房间）连接构成，所以"classroom"的原意也被理解为"教室"。

郑金洲认为，课堂是学校中"最为平常、最为常见、最为细小的细胞，它是师生双方交往、互动的舞台，是引导学生发展的主要场所，也是探究知识的场所，是教师教育智慧充分展示的所在"[1]。吴康宁指出，课堂是学生系统学习"法定文化"的一个基本场所，而课堂教学是学校教育的主要形式和学校所有工作的重心。[2] 佐藤学认为："学校教育是一个学习共同体。"王鉴认为，关于课堂的理解最好提倡"学习型共同体"的观点，因为它具有"共同体"的特征。[3] 正如英国思想家齐格蒙特·鲍曼所指出的："在共同体中，我们能够相互依靠对方。"[4] 有学者对各家观点进行了整理（见表3-1）。

从教学论研究的学术角度来看，课堂不应只被理解为教室，而应该从课堂存在的本身及其发挥的功能角度来认识。早期的课堂只是传授知识的场所，可以在田间野外。后来，当没有条件进行直观的亲身学习时，人们开始学习文字记载的间接知识，场所并不特别重要。但当知识的量增加到无法全部用文字或书本传授时，选择最好的方式和最优的效率成为课堂要解决的问题。于是，依赖于固定场所，由经过训练的专门人员按照教材进行教学的学校教育便应运而生。"当知识和方法仍然不能从根本上解决人的培养中的困惑时，关于情感、态度与价值观的因素也介入了课堂教学。"[5] 这种变化历程使课堂的功能由单一的知识传递转变为"促进人的全面发展"。

---

[1] 郑金洲：《重构课堂》，《华东师范大学学报》2001年第9期。
[2] 吴康宁：《课堂教学社会学》，南京师范大学出版社2000年版，第1—2页。
[3] 王鉴：《课堂研究概论》，人民教育出版社2007年版，第60页。
[4] 齐格蒙特·鲍曼：《共同体——在一个不确定的世界中寻找安全》，欧阳景根译，江苏人民出版社2003年版，第2、5页。
[5] 王鉴：《课堂研究概论》，人民教育出版社2007年版，第57页。

表 3-1　　　　　　　　国内外学者对课堂的认识

	观点一	观点二	观点三	观点四
传统课堂观	教室/班级	知识传授的场所	人才培养的专门场所	
生命课堂观		知识传授的场所	人发展的场所	
田千兴等	社会实践活动			
沃勒等	生态系统			
佐藤学	原始共同体社会	群体性社会	学习共同体	
郑金洲	师生交往、互动的舞台	引导学生发展的场所	探究知识的场所	展现教师智慧的场所
陈时见等	物理空间	特殊的社会舞台	系统整体	
吴小鸥等	场环境			
夏纪梅等	场评价			
吴康宁等	社会活动场	教育活动场		
王鉴等	学习型共同体			

资料来源：李泽林《普通高中课堂变革研究》，博士学位论文，西北师范大学，2010年。

课堂的基本功能和存在理由就是教学，所以课堂和课堂教学是相融合的。对课堂概念的不同理解体现了不同学者对课堂教学内涵的不同认识，也反映了他们关注课堂的独特视角。概念本身的界定难以求得共解。但结合本书研究，就师生互动发生的场所来看，有课堂内和课堂外之别。在课堂外，师生互动发生的时间、地点不受限制，内容丰富多彩，形式变化多样，教师对不同学生发展的作用差异巨大，受到来自外界的不可控的影响因素非常多。而在课堂内，教师作为教学过程的主导，他们与学生的互动行为是课堂教学中最为重要的互动现象。所以，教师与学生发生的影响彼此的所有活动及其过程本身都属于师生互动的范畴。可以说，师生互动正是由于课堂教学而生，没有了师生互动，师与生各自独立，教与学相互分离，学校也就没有存在的意义了。

所以，本书主要探讨发生在学校教室中的师生互动，特别是在"上课"教学过程中的师生互动。因此，本书定义"课堂教学"为发生在教室中的师生共同参与的教学活动，"师生互动"即课堂教学中教师和学生的彼此作用与影响。此外，有一些影响师生互动的文化因素是形成于课堂之外的，所以笔者也将适时地深入个案研究对象的日常生活中去。

二 理论基础

总体来看，有关师生互动研究的理论基础主要来自社会学、心理学和人类学三个方面。关于互动的研究最早源于社会学领域。将师生互动的研究从理论层面加以系统完善的，正是在社会学的互动学说被引入教育学领域之后。因此，研究师生互动有必要先了解社会互动论。

（一）符号互动论

符号互动论（Symbolic Interactionism）也被译为"形象互动论""象征互动论"，它是当前社会学界最有影响力的理论之一，被"广泛应用于理解、认知、社会越轨、两性命名符号、校园互动及家庭人际互动（包括移民背景的社会适应性）等社会问题"[1]。一般认为，该理论的形成受到杜威（John Dewey）、托马斯（W. L. Thomas）、库利（C. H. Cooley）、米德（G. H. Mead）等学者的深刻影响。1937年，布鲁默（H. Blumer）提出了"符号互动论"这一术语，并对这一理论做了系统归纳。[2] 后来，戈夫曼（Erving Goffman）、哈贝马斯（Jurgen Habermas）、埃利亚斯等相继

---

[1] 毛晓光：《20世纪符号互动论的新视野探析》，《国外社会科学》2001年第3期。
[2] ［英］布鲁恩·特纳主编：《社会理论指南》，李康译，上海人民出版社2003年版，第237页。

发展了符号互动论。

符号互动论的理论思想非一家之言，而是反映在一系列学者的论著中。其基本观点可以简述为，人使用各种各样的符号（例如语言、姿态、社会组织等载体）赋予事物以特殊的意义，人与人之间通过这些符号进行沟通和互动，从而构成了各种社会关系，乃至社会本身。如米德认为，自我与"他人"的互动是社会的本质，社会正是自我与"他人"互动的产物。①

符号互动论强调行动者对自身意义的认知、建构和行动等都取决于同他人的互动。"从本质上讲，互动论关注的就是人们如何一起做事。"② 米德认为，人类社会组织基础的原则要求"他人在自我中出现，他人参与自我，通过他人而达到自我意识"。又指出："利用这一姿态做这种交流的人采取其他个体的态度并在其他个体身上引起这样的态度。"③ "行动者是通过掌握他人的角色，以这些角色看自己，并对他们做出反应，才能与之进行社会互动。"④ 库利的"镜中我"和"社会我"的观点认为："我们在镜中看我们的脸、身材和衣服，因为我们的兴趣在于这些形象是属于我们的。我们根据这些形象是否符合我们的愿望而产生满意或不满意的心情。同样，我们在想象中得知别人对我们的外表、风度、目的、行动、性格、朋友等等的想法，并受这些想法的影响。"⑤ 布鲁默在《符号互动论：观点与方法》（1969）一书中提出了互动理论的三个前提：第一，人类必然会对身边事物赋予某种意义并以此做出相应行为；第二，这些事物的意义衍生自人与人之间的互动过程；第三，

---

① 侯俊生：《西方社会学理论教程》，南开大学出版社2006年版，第219—221页。"他人"是指"被概括了的他人"，是直接地实施、影响着自我的实体。
② [英]布鲁恩·特纳主编：《社会理论指南》，李康译，上海人民出版社2003年版，第236页。
③ [美]乔治·H.米德：《心灵、自我与社会》，赵月瑟译，上海译文出版社1992年版，第223—224页。
④ 谢立中：《西方社会学名著提要》，江西人民出版社1999年版，第306页。
⑤ 刘芳：《谈课堂教学的"情境定义"：一种符号互动论的分析》，《外国中小学教育》2002年第3期。

个人在面对事物时会加以演绎并因此改变这些事物的意义。① 戈夫曼采用"戏剧表演"的比拟认为，社会是每个人都扮演一定角色的大舞台，人们通过言语和身体动作等，使他人产生行动者所期望的形象。②

在符号互动论者看来，冲突产生的原因是缺乏有效的互动。"社会问题诸如种族主义、种族冲突及各种暴力倾向，都可以不同程度地归因于相互之间缺乏互动、沟通及合作意向。"③ 因为互动不够，导致相互隔离，难以培育和发展共同文化，当互动一方的行为不符合另一方的期望时，冲突的可能性便增大了。④ 为此，哈贝马斯提出了"交往（沟通）共同体"概念，认为"交往活动的参与者通过这种共同的生活世界来理解和表达存在于客观世界、社会世界和主观世界中的事物"⑤。

符号互动论的研究方法论兼容定量与定性，注重人类行为的情境。布鲁默并不反对科学方法，但他认为："社会学家唯一能做的便是设身处地地接触现实世界中的成员，观察并研究他们的互动过程，从而掌握社会现实的某些片段。"⑥ 符号互动论者"由于具体的研究目的和研究者自身条件的不同，偏向于定性或定量是必然的"⑦。

课堂是一个特殊和复杂的小社会。它"表达一定的社会意义，是由各种符号所组成的符号环境，学校生活或课堂生活的过程，实际上是教师与学生之间，以符号为媒介的社会互动过程"⑧。在课

---

① 谢立中：《西方社会学名著提要》，江西人民出版社1999年版，第306页。
② 同上。
③ 毛晓光：《20世纪符号互动论的新视野探析》，《国外社会科学》2001年第3期。
④ 石艳：《隐性冲突：一种重要的师生互动形式》，《湖南师范大学教育科学学报》2004年第2期。
⑤ 南腊梅：《基于哈贝马斯交往行动理论的教学交往关系重建》，《当代教育与文化》2009年第5期。
⑥ 谢立中：《西方社会学名著提要》，江西人民出版社1999年版，第306页。
⑦ 侯俊生：《西方社会学理论教程》，南开大学出版社2001年版，第234页。
⑧ 詹栋梁：《教育社会学》，五南图书出版股份有限公司2003年版，第121页。

堂上，教师和学生通过言语、姿态等符号进行互动，而这些符号恰恰基于他们对对方和自身角色的认识。美国社会学家埃尔文·布肯认为，在未来，随着计算机网络的普及，教师和学生的角色将发生很大变化，学生对于某个教师的依赖性可降到最低程度，以网络为界面的全球互动信息共享系统将给予师生全新的互动模式及互动观念。[1] 课堂上也存在因缺乏互动而引起的师生冲突，但主要表现为隐性冲突（如消极对抗等）。[2] 可以说，师生互动构成了课堂教学的主要面貌。

符号互动论不仅为本书研究提供了一种认识课堂的理论视角，其方法论也有助于研究课堂教学的构成及其持续的过程，特别是理解和描述教师与学生的互动行为及其背后的作用机制。在本书研究中，笔者将应用此理论，从学生赋予教师的角色、教师对自己角色的认识两方面来理解师生互动行为。

（二）社会认知发展理论

心理学的发展对教育学有着深刻而重要的影响。在课堂教学研究中，教育心理学和社会心理学为教学研究提供了一系列重要的理论支撑。社会认知发展理论认为，个体学习的过程也是其参与社会认知的过程。美国心理学家班杜拉（A. Bandura）和俄国心理学家维果茨基（Vygotsky）的学说同时关注课堂教学的社会性和学生认知发展的具体情境，成为这一理论的主要代表。

班杜拉的理论也被称为"社会学习理论"。他认为，人类的许多学习都是认知性的，而观察是学习的一个主要来源。儿童通过观察他们生活中重要人物的行为而习得了社会行为。他建立了个体、

---

[1] Irving H. Buchen, 2000, "A New Role for Teachers and Students," in *The Futurist*, pp. 33–41. 转引自刘芳《20世纪符号互动论的新视野探析》，《国外社会科学》2001年第3期。

[2] 石艳：《隐性冲突：一种重要的师生互动形式》，《湖南师范大学教育科学学报》2004年第2期。

行为和环境三种因素相互作用的模型,并称之为自我调节,而知识的学习就是自我调节的过程。① 在课堂学习中,学生会不断关注教师的行为,并随着对教师行为的判断而改变他们的行为,互动的另一方教师亦如此。例如,罗森塔尔效应就显示出教师对学生的期望会明显影响学生参与学习过程的投入。

维果茨基认为,"高级心理机能是通过社会互动得以逐渐发展的",并且"任何高级的心理机能首先存在于社会层面,随后才作为心理过程出现在个人层面"。语言交流对这种互动极为重要,例如,"儿童最初的言语体验就是与其他人发生互动的一种手段"②。简单来看,知识是在互动过程中建构的,尤其是在与一个比自己更有知识的人互动的过程中建构的。他还提出了"最近发展区"概念,即"实际的发展水平与潜在的发展水平之间的差距。前者由儿童独立解决问题的能力而定,后者则是指在成人的指导下或是与能力较强的同伴合作时,儿童能够解决问题的能力"③。如果假定学生能够独立完成任务的发展水平为 A,在外界(成人或同伴)的帮助下能完成更高任务的潜力水平为 B,那么 A 与 B 之间的差距(B－A)就是最近发展区。在学生的最近发展区内,任务的难度恰好是学习者自己无法独立完成的,只有借助教师与学生的良好互动才可能完成。最近发展区是通过互动过程而动态变化的,即便只是一节课的教学过程,也会不断产生新的学习任务,形成新的发展区。所以,师生有效互动是促进学生认知不断发展的最佳推动力。

社会认知理论对本书研究的价值在于,学生的社会认知能力是通过师生互动行为提升的,而提升社会认知能力的关键在于促进个体社会化水平。研究不同民族学生在学习认知过程中的互动差异,

---

① 陈琦、刘儒德:《当代教育心理》,北京师范大学出版社 1997 年版,第 75 页。
② [美] 托马斯·费兹科、约翰·麦克卢尔:《教育心理学——课堂决策的整合之路》,吴庆麟等译,上海人民出版社 2008 年版,第 150 页。
③ [苏] 维果茨基:《教育论著选》,余震球译,人民教育出版社 2005 年版,第 121 页。

将有助于促进他们的个体社会化水平。

(三) 多元文化教育和跨文化心理研究的相关理论

近代以来,人类学和心理学学科的发展充满了各种互动联系。① 人类学对"他者"文化的关注促进了多元文化主义的萌发,② 而多元文化理论促进了跨文化心理学的发展。③ 有学者认为,多元文化主义的提出就是要将其作为一种教育思想和方法。④ 在多元文化主义影响下,教育学者发展了多元文化教育的理念,⑤ 而多元文化教育和跨文化心理学严格来说并不是一门学科,而是一种在多元文化思想范畴内生长的理论和方法论,前者的出炉更多地受到人类学思想的直接影响。

1. 人类学影响下的多元文化教育及其研究方法

在人的成长过程中,文化不仅是一种生存方式,也是一种思维方式。本尼迪克特指出:"真正把人们维系在一起的是他们的文化,即他们所共同具有的观念和准则。"⑥ 社会人类学的创建者泰勒给文化下了最为经典的定义:"文化……究其宽泛的民族学意义来讲,是一个复杂的整体,它包括知识、信仰、艺术、道德、法律、风俗,以及作为社会成员的人所获得的其他任何能力和习惯。"格尔茨则一语揭示了文化研究和一般科学研究的显著区别:"所谓文化就是这样一些由人自己编织的意义之网,因此,对文化的分析不是

---

① 韩忠太、张秀芬:《学科互动:心理学与文化人类学》,《云南社会科学》2002年第3期。
② 马威:《多元文化促使人类学研究转向》,《中国社会科学报》第133期。
③ 叶浩生:《多元文化论与跨文化心理学的发展》,《心理科学进展》2004年第1期。
④ 王希:《多元文化主义的起源、实践与局限性》,《美国研究》2000年第2期。
⑤ 万明钢:《从"差异"走向"承认"的多元文化教育》,《教育研究》2008年第11期。
⑥ [美]露丝·本尼迪克特:《文化模式》,王炜等译,生活·读书·新知三联书店1988年版,第18页。

一种寻求规律的实验科学,而是一种探求意义的解释科学。"① 对文化的强烈关注,成为人类学的重要生长点。

米德在其自传《黑莓的冬天》（*Blackberry Winter*）中,将人类学看作一种亲密的人际交往。② 本尼迪克特认为,人类学在社会科学中的显著标志在于,"它还包括对我们自己的社会之外的别的社会进行严肃的研究"③。

在教育领域,相似的教育理念和过程在一种文化中可能被看作再正常不过的,然而在另一种文化的研究者看来,可能充满了疑问和不解。所以,研究少数民族的课堂教学也必然需要人类学的理论。而师生互动作为发生在课堂上的人际交往,更需要用人类学的视角去思索其中所蕴含的意味。

文化包含了教育,教育也是文化传承的手段。对不同文化环境中教育问题的关注产生了教育人类学这门交叉学科。不同文化中的教育特征是教育人类学的一个重要研究主题,而田野工作是备受教育人类学家重视的研究方法。④ 近年来,许多跨文化研究都和教育人类学家的工作密不可分。

在人类学思想的影响下,对少数民族教育研究的不断丰富,形成了多元文化教育的研究范畴。多元文化教育是"西方多民族国家为在多民族的、多种文化并存的国家社会背景下,允许和保障各民族文化共同平等发展,以丰富整合国家文化的教育"⑤。尽管西方国家的少数族群问题与我国少数民族问题还存在较大差异,但其理论基础和研究方法较为成熟,其发展案例的可复制性、可移植性和

---

① ［美］克利福德·格尔茨:《文化的解释》,韩莉译,译林出版社1999年版,第5页。
② 转引自［美］詹姆斯·皮科克《人类学透镜》,汪丽华译,北京大学出版社2009年版,第6页。
③ ［美］露丝·本尼迪克特:《文化模式》,王炜等译,生活·读书·新知三联书店1988年版,第4页。
④ 冯增俊、万明钢:《教育人类学》,人民教育出版社2005年版,第21、14、27页。
⑤ 王鉴、万明钢:《多元文化教育比较研究》,民族出版社2006年版,第3页。

可持续性较强，对我国研究少数民族教育问题具有很强的借鉴意义。我国一直以来是多民族、多文化并存的国家，根据费孝通提出的"中华民族多元一体格局理论"，我国的多元文化教育应该是"多元一体的教育"。"多元"是指各民族的文化知识都要进入国家的课程之中，"一体"就是指融合了各少数民族文化的中国传统文化知识。[①] 张诗亚也指出："民族教育的根在民族文化，多元文化是我国民族教育的基本特征。"[②]

研究少数民族教育，必须考虑到不同的文化背景。而不同文化背景下的教育现象通常很难进行直接的比较，所以选择适当的比较方法至关重要。比较研究法是根据一定的标准对不同情况下的某类教育现象进行比较研究，以发现其规律和本质从而得出结论的方法，它既"是一种思维方法，也是一种具体的研究方法"[③]。对不同教育现象的比较研究促生了比较教育学。比较教育学深刻影响着多元文化教育的研究方法。

作为一个不属于研究对象文化背景的外来文化研究者，这种比较研究又是跨文化性质的。美国著名的民族教育家詹姆斯·A.班克斯（James A. Banks）在其他学者研究的基础上，提出了跨文化研究的四种类型（见表3-2）。

每一种研究者类型决定了其所采用的研究方法会有所差异。查尔斯·H.豪主张采用融合几种比较方法的折中抽样法（the eclectic approach）作为比较多元文化教育的主要方法。折中抽样法包括以下四个阶段：[④]

[①] 王鉴：《西北民族地区多元文化与教育问题研究》，《当代教育与文化》2009年第1期。

[②] 张诗亚：《多元文化与民族教育价值取向问题》，《西北师大学报》（社会科学版）2005年第6期。

[③] 李秉德：《教育科学研究方法》，人民教育出版社1991年版，第100页。

[④] 王鉴：《国外多元文化教育比较研究的新进展》，《外国教育研究》2004年第3期。

表3-2　　　　　　　　　　跨文化研究的类型

研究者类型	描述
本土内研究者	研究者个体认可并具备研究对象的社会和文化价值、观点、行为信念和知识。这些研究者被其研究对象的社会成员看作本土的、权威性的、合法的一员
本土外研究者	研究者个体虽然经历了本土社会和文化的社会化过程,但后来又受到外族社会和文化的深刻影响。这些研究者所拥有的价值、观点、行为、信念和知识与外族文化相一致,因此,他们被本土成员看作本土外的研究者
异文化内研究者	研究者个体是在他自己的社会文化中完成其社会化过程并具备它的价值、观点、行为、态度和知识。由于这些研究者的特殊经历,他们往往抛弃了原有的社会文化而认可研究对象的社会文化,因此他们被研究社会中的成员看作被接纳者
异文化外研究者	研究者个体是在与研究对象社会和文化不同的另一个社会和文化中完成其社会化的,由于他们不完全理解所研究对象的社会和文化价值、观点和知识,因而常常误解或错误地描述研究对象所在社会成员的行为

资料来源:王鉴、万明钢《多元文化教育比较研究》,民族出版社2006年版,第10—12页。

(1) 初始假设阶段(the stage of primitive hypothesis)

该阶段的特点是在对象 A 和对象 B 之间存在着一定的可比性,所以要尽可能简明扼要地界定其可比范围以便确定比较的相关领域。

(2) 初始调查阶段(the stage of initial surveys)。对上述界定的事件进行初步的教育术语描述,并运用经济学、政治学、社会学、生态学、文化人类学、宗教学、教育学等多学科的观点进行初步的评价,目的在于呈现两个可比对象之间的教育特征。

(3) 理论假设阶段(the stage of hypothesis)

通过上述两个阶段的工作可以加深对研究对象 A 和对象 B 之间

复杂关系的理解,在此基础上根据上述两个阶段所得出的特殊结果和研究者的个体兴趣进行理论假设的构建。

(4)调查研究和逻辑分析阶段(the stage of investigation and logical effects)

在理论假设之后通过调查研究来继续进行逻辑结果的演绎。这一阶段的工作包括严格的测量和相应系数的获得、描述性的或人类学的评价和获取与这两者相关的结论等。这一阶段的基本原则是研究者必须对变量进行严格的测量并运用与初始调查不同的材料去验证理论假设,由此得出的结论应与初始的假设进行比较。

根据班克斯的理论,笔者属于正在从"异文化外"步入"异文化内"的研究者,为了避免错误描述研究对象的情况,笔者除了尽可能多地了解相关民族文化外,还将增加量化研究内容,适当减少主观研究的比重。抽样将采用折中抽样法,调查工具采用国际上较为成熟的问卷调查。

2. 跨文化心理学及其研究方法

在教育学者对多元文化教育研究给出众多建议的同时,心理学者则从跨文化心理的角度研究这些教育现象。跨文化心理学脱胎于文化人类学和心理学[①],于20世纪60年代开始兴起,主要"比较研究两个或者多个文化背景中个体和群体心理发展变化的规律,从而找出哪些是适用于任何社会文化背景中的人类行为的普遍法则,哪些是仅适用于特殊文化背景中的人类行为的特殊法则"[②]。

跨文化心理学研究主张普遍性研究策略和特殊性研究策略并存。[③] 前者是将同样的方法、程序、概念和理论应用于不同的社会,通过比较,找出不同文化影响之下行为的共同性和差异性。而后者

[①] 尧国靖、黄希庭:《跨文化心理学的性质》,《西华师范大学学报》(哲学社会科学版)2006年第1期。

[②] 万明钢:《跨文化心理学的兴起和发展对我国心理研究的启示》,《西北师大学报》(社会科学版)1989年第4期。

[③] 叶浩生:《多元文化论与跨文化心理学的发展》,《心理科学进展》2004年第1期。

将文化看作人类行为的组成部分，因为文化是人类互动的结果，并非脱离人而存在的外在系统。跨文化心理学研究还越来越多地表现为交叉观察、心理实验、测验、追踪研究、文献分析等"经典"心理学方法和田野调查等文化人类学方法的相互融合，互为补充，逐渐形成综合性的研究途径。①

近年来，虽然跨文化心理学因其自身的不足而受到批判②，但这种研究的思想和方法仍然很有影响力。特别是史密斯、彭迈克和库查巴莎等学者提出的方法论指南得到了这一研究领域学者的广泛认可。所以在问卷调查和理论构建阶段，笔者主要依照他们的如下建议：③

第一，跨文化心理学家不应指望所有的相关研究都是用英文发表的。

第二，跨文化心理学家需要清楚地了解个体层面分析和文化层面分析之间的区别。

第三，如果希望探测跨文化差异，我们就要采用能够有效找出这些差异的测验。

第四，在进行跨文化研究时，必须小心地解释，以不对所得数据的有效性造成损害为前提。

第五，跨文化研究需要确保刺激材料和测量在每个地区都可以得到可比较的理解。

第六，研究者要有证据表明，其测量在每个新的文化设置中都具有效度和信度。

第七，取样的总体应该具有可比性。

---

① 郭英：《跨文化心理学研究的历史、现状与趋势》，《四川师范大学学报》（社会科学版）1997年第4期。

② 李炳全：《文化心理学与跨文化心理学的比较与整合》，《心理科学进展》2006年第2期；叶浩生：《多元文化论与跨文化心理学的发展》，《心理科学进展》2004年第1期。

③ ［英］彼得·史密斯、［加］彭迈克、［土耳其］齐丹·库查巴莎：《跨文化社会心理学》，严文华等译，人民邮电出版社2009年版，第14—32页。

第八，普遍性规律的证据更有可能从一系列在不同国家中完成的、用于探索一个概念意义的多项平行研究中发现，而不是从直接对该概念均值的跨国家比较中得到。

第九，一项好的研究会表明其吸收了来自主位和客位两方面的观点。

第十，一项好的研究是已考虑默认反应偏差可能性的研究，而默认反应偏差是通过平衡需正面回答或负面回答的各项目，或通过对偏见的评估和校正来加以控制的。

第十一，最有价值的研究是那些对文化怎样影响研究结果的相关理论予以检验的研究。

（四）Wubbels 等人的师生互动理论

前述研究大多是从宏观思想和方法论层面提出的理论构想与观点。也有很多学者将上述理论与具体情境下的师生互动行为加以结合，提出了很多指向实践的具体理论。例如，美国斯坦福大学教授李维特（Leavitt, H. J.）等人的小群体沟通模式，贝尔斯（Bales, R. F.）的群体交互作用，蓝克尔（Runkel, P. J.）的信息反馈模式等。但在实践中，李维特、贝尔斯、蓝克尔的理论较适用于总体性判断和质性研究，在组织管理和复杂人际沟通领域应用较广。而在教育情境下，Wubbels 等人的师生互动理论对师生互动要素结构的界定更易于分析和操作，这也是本书研究主要依靠的理论。

Wubbels 的理论基于心理学家 Timothy Leary 提出的人际互动模型。Leary 认为，所有的人际互动可以划分为合作—对抗、支配—服从两个维度，并以此为横轴和纵轴建立了坐标系的图示模型（见图 3-1）。[①] Wubbels 等据此将教师行为分为影响力和亲密性两个基本维度。前者即合作性—对抗性（Cooperation - Opposition，记作

[①] 转引自 Th. Wubbels, J. Levy, *Do You Know What You Look Like? Interpersonal Relationships in Education*, Routledge, 1993, pp. 13-24.

C-O），反映了师生互动中教师控制学生的程度。后者即支配性—服从性（Dominance-Submission，记作D-S），反映了师生合作或师生关系的密切程度。以前者为横轴，以后者为纵轴建立坐标系，可以将平面分为四部分（即A、B、C、D），每一部分代表了一种教师的互动行为特征。若再将每一部分平分成两部分，可以划分出八种具体的行为类型①，分别是领导（Leadership，记作DC）、友好帮助（Helping/friendly，CD）、理解（Understanding，CS）、学生自主（Student responsibility/freedom，SC）、犹豫（Uncertain，SO）、不满（Dissatisfaction，OS）、惩戒（Admonishing，OD）、严格（Strict，DO）。这八个区域之间并没有非常严格的界限，可能还有重合，并且大部分教师的互动风格在各个区域都会有分布。

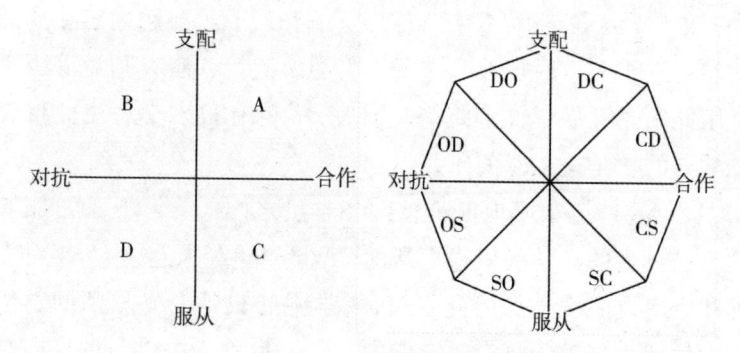

图3-1　QTI问卷维度

资料来源：左图引自 Th. Wubbels, J. Levy, *Do You Know What You Look Like?*: *Interpersonal Relationships in Education*, Routledge, 1993, p.15. 右图转引自 Perry J. den Brok, Jack Levy, Rely Rodriguez, Th. Wubbels (2002), "Perceptions of Asian-American and Hispanic-American Teachers and Their Students on Teacher Interpersonal Communication Style," *Teaching and Teacher Education*, 18: 447-467.

Wubbels为每一种行为都列出了相应的陈述，组成了QTI（Questionnaire on Teacher Interaction）问卷，其测量类型如表3-3

---

① 问卷维度的术语采用辛自强等的中文翻译。

中的四种类型。

表3-3　　　　　　　　　师生互动水平的测量程度

支配（D）		服从（S）
教师确定了学生的活动	5—4—3—2—1	学生决定他们自己的活动
合作（C）		对抗（O）
教师认可学生	5—4—3—2—1	教师反对学生和他们的活动

资料来源：Th. Wubbels, Mieke Brekelmans（2005），"Two Decades of Research on Teacher-Student Relationships in Class," *International Journal of Educational Research*, 43（2005）：6-24.

最初的QTI量表只用于教师填答测量，后来将教师问卷的主语"我"改为"这位老师（或我的老师）"，形成了测题内容相同的学生问卷。近年来，新加坡、文莱、美国、荷兰、澳大利亚等国学者相继用此问卷开展了许多跨文化研究，[1] 也有很多学者用此量表对某一学科的教学进行专门研究。

QTI问卷能够很好地评价教师和学生之间的人际互动，能够为教师改进自己的教学提供很大帮助。Wubbles等人连续15年对大量教师和近5万名学生的研究表明，[2] 学生和教师对好教师的看法接近，学生认为好教师具有领导能力、友好和善于提供帮助，同时较少出现不确定、不满和惩戒行为。他们还认为，最好的教师是给他

---

[1] 参见 P. J. Den Brok, & J. Levy, (2005), "Teacher-student Relationships in Multicultural Classes: Reviewing the Past, Preparing the Future." *International Journal of Educational Research*, 43 (1-2): 72-88. P. den Brok, D. Fisher, M. Brekelmans, Th. Wubbels, & T. Rickards (2006). Secondary Teachers' Interpersonal Behaviour in Singapore, Brunei and Australia: A Cross-national Comparison," *Asia Pacific Journal of Education*, 26 (1): 79-95. B. J. Fraser, & Th. Wubbels (1995), "Classroom Learning Environments," In B. J. Fraser & H. J. Walberg (eds.), Improving Science Education (pp. 117-144), Chicago: NSSE.

[2] Th. Wubbels, and J. Levy (1993), *Do You Know What You Look Like? Interpersonal Relationships in Education*, London: The Falmer Press, chapter 3; Th. Wubbels, Mieke Brekelmans (2005), "Two Decades of Research on Teacher-student Relationships in Class," *International Journal of Educational Research*, 43 (2005): 6-24.

们最多自由的教师，反之则是差教师的特征。一般而言，好教师是合作多和支配性强的。并且严格、帮助/友好两个维度对学生的学业成绩有积极影响，而学生自主、犹豫、不满则与之负相关。具有不同背景特征（如年龄、学历）的教师则差别不大。

他们还对荷兰和美国学生的评价进行聚类分析，概括出了八种互动类型的教师（见图3-2）。[①] 这八种类型分别是：[②] 第一，指导型教师在课堂上有较强的控制力和引导力。教师会主动了解学生的兴趣并和他们交流，但仍会和学生保持一定的距离。有时，教师会惩罚做错事的学生，也会在必要时和学生家长取得联系。第二，权威型教师对课堂的控制力较强。因为强调班级纪律，所以学生的课堂秩序较好，学习态度端正，成绩也比其他班级优秀。在教学过程中，教师会提高教学技巧，改善教学水平，加强学习效果。第三，容忍/权威型教师营造了较为宽松的班级环境。与权威型相比，班级规范性的要求更少，教师更乐于考虑学生的想法，因此与学生的关系更加亲近。在教学中教师会采用多种教学方法，师生关系比较融洽。第四，容忍型教师的课堂管理尤为宽松。在荷兰，学生从这类教师的课堂上获得了更多的自由。而在美国，这种类型的教师会因过于放任而导致课堂环境比较混乱。第五，不确定/容忍型教师在教室环境中表现出很多与学生合作的行为，但缺乏领导能力，对课堂的控制力较弱。教师关心学生并会不断进行说教。第六，不确定/好斗型教师的课堂环境缺乏秩序。师生彼此反对甚至发生冲突。学生会寻找各种机会打断教学过程。教师需要花费很多的时间和很大的

[①] Th. Wubbels, M. Brekelmans, P. den Brok, An Interpersonal Perspective on Classroom Management in Secondary Classrooms in the Netherlands, 1169.

[②] M. Brekelmans, Th. Wubbels, & P. den Brok (2002), "Teacher Experience and the Teacher-student Relationship in the Classroom Environment," in S. C. Goh & M. S. Khine (eds.), *Studies in Educational Learning Environments*: *An Interpersonal Perspective* (pp. 73 - 99), Singapore：World Scientific Publishing. 此处的中文术语和翻译参考了黄孝宗、黄台珠等人的观点。详见黄孝宗、黄台珠《国小自然课室人际互动取向教师行为研究与应用》，"第二十一届科学教育学术研讨会"，2005年。图3-3也是参考这些文献绘制的。

力气去管理班级,但很少在教学方法和技巧上下功夫。第七,压抑型教师的课堂环境表现为学生行为温顺但学习不专心。教师会因为学生的小错误而采取惩戒行为,所以学生遵守纪律,害怕教师生气。但在压抑的课堂环境中,由于缺乏教师的帮助和鼓励,学生的自主性没有被调动起来,学习效果不令人满意。第八,苦差事型的教师介于不确定/容忍型和不确定/好斗型之间。教师会耗费很大的精力管理班级,也总是强调学习,但其教学方法单一,缺乏对学生的人文关怀。教师工作缺乏热情。

他们的研究表明,不确定/容忍型、不确定/好斗型和苦差事型的教师与学生的低成就相关,而指导型、容忍/权威型的教师与学生的高成就相关。

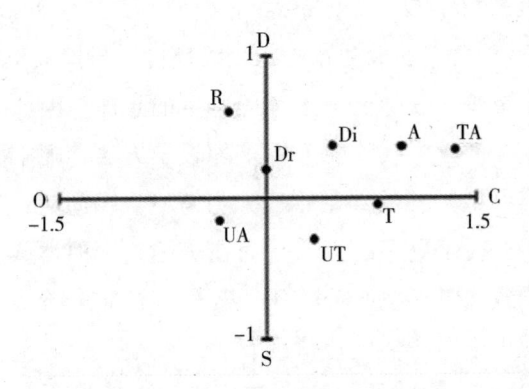

图 3-2 八种互动类型

说明:A—权威型(Authoritative);Di—指导型(Directive);Dr—苦差事型(Drudging);T—容忍型(Tolerant);R—压抑型(Repressive);TA—容忍/权威型(Tolerant/Authoritative);UA—不确定/好斗型(Uncertain/Aggressive);UT—不确定/容忍型(Uncertain/Tolerant)。

资料来源:Th. Wubbels, Mieke Brekelmans, "Two Decades of Research on Teacher-student Relationships in Class," *International Journal of Educational Research* 43 (2005): 6-24.

这八种教师对应的互动行为如图 3-3 所示。

Wubbels 的理论所归纳出的八种互动类型为教师改进教学提供了更具操作性的建议。就本书研究而言,这一理论的重要价值体现在两方面。一是这一理论对师生互动行为的划分较其他理论更为详细,八种行为特征基本涵盖了人际交往的各个方面,这有助于探寻文化影响下的细微差别。二是该理论经过了不同文化环境的检验,呈现出非常稳定的结构特征,这符合本书研究的跨文化特点。

指导型(Directive)	权威型(Authoritative)	容忍/权威型(Tolerant and Authoritative)	容忍型(Tolerant)
不确定/容忍型(Uncertain/tolerant)	不确定/好斗型(Uncertain/Agerssive)	压抑型(Repressive)	苦差事型(Drudging)

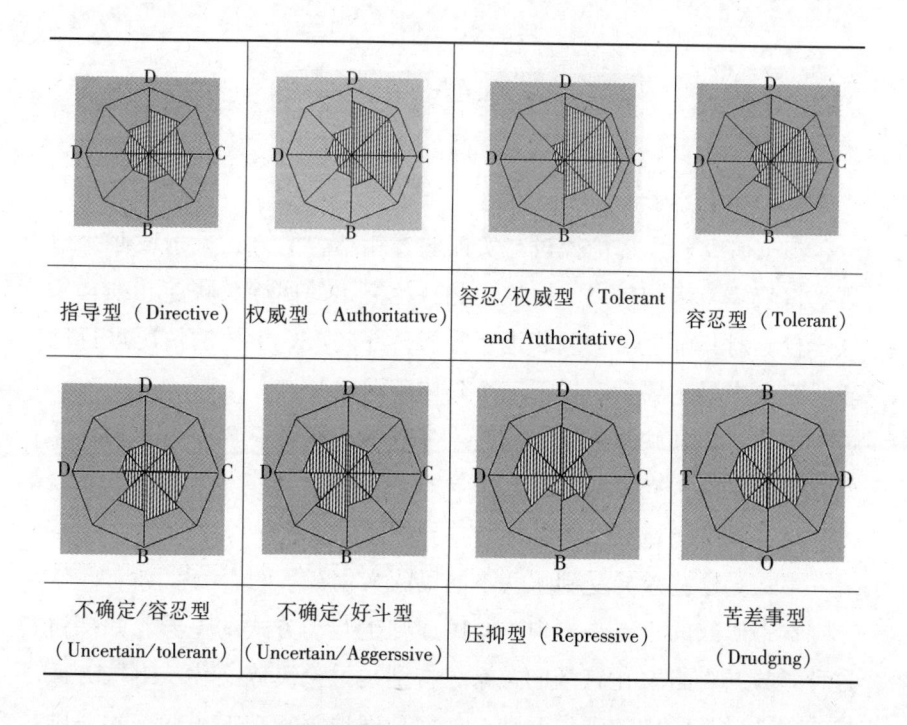

图 3-3　八种教师类型的互动图

第四章 研究设计与实施

一 研究思路与框架

(一) 研究内容

本书研究采用理论探讨与实证调查相结合的方式,选取西北地区人口较多、影响较大、民族文化特色突出的回族、藏族、维吾尔族学校,对其师生互动现状进行分析,并同汉族学校的情况进行比较研究。本书主要针对以下三个具体问题展开:

第一,在汉族和回族、藏族、维吾尔族地区,教师与学生在课堂教学的互动中有哪些共性与差异?

第二,可能造成上述共性与差异的原因有哪些?

第三,这些差异受到哪些不同民族文化背景的影响?

本书研究的重点是发现不同民族师生互动方式的差异,并探讨这种差异与各自文化背景的关系,特别是讨论民族文化从哪些方面影响着课堂教学中的师生互动。如何准确理解和把握民族文化对师生互动行为的影响是本书研究的难点。

(二) 研究假设

根据相关文献研究,本书研究的假设主要有以下五点:第一,教师自身的互动行为与其教师效能、教师专业发展和教师专业承诺有关;第二,学生与教师的互动,可以通过他们知觉到的教师的互动行为来反映;第三,师生互动行为与学生的学习动机与策略、所处的课堂环境有关;第四,作为人与人的交往活动,互动行为受到了文化因素的显著影响;第五,不同民族地区的师生互动特征有一定共性和差异性。这种差异性可能来自于不同民族文化背景的深刻影响。

(三) 研究框架

本书研究主要比较回族、藏族、维吾尔族和汉族课堂教学中师生互动的共性与差异性。从比较对象来看,四个民族的教师所处的民族文化背景均存在较大差异,并且这四种民族文化分别属于汉文化、佛教(藏传佛教)文化和伊斯兰文化三个文化圈。比较内容包括了两部分:一是师生互动的现状(通过QTI问卷反映);二是可能影响师生互动的因素,主要有教师因素(教师效能、教师专业发展、教师专业承诺)、学生因素(学生的学习动机和学习策略、学生的学业成绩、课堂学习环境)两个方面。比较层面主要包括对民族教师总体样本和教师个案两个层面的比较。在对总体样本进行比较时,先对汉族和各少数民族进行比较,再在各少数民族之间进行比较。因为维吾尔族双语教学问题较为突出,所以对维吾尔族还做了双语教学情境下的师生互动比较研究。本书研究的框架如图4-1所示。

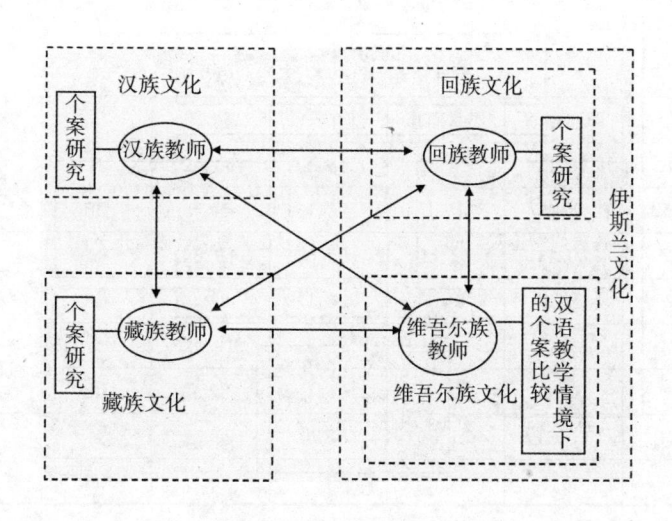

图4-1 研究框架

(四) 技术路线

本书研究首先通过评析相关文献资料,梳理研究目的,进行研究设计和开发适当的研究工具。其次,通过在上述少数民族聚居地区和汉族样本区进行较大规模的问卷调查,发现基本的共性和差异性特征。学生和教师分别填写 QTI 问卷的学生版和教师版,研究后期可以将这两类问卷进行匹配分析。再次,结合已有文献对问卷调查的结果进行讨论,探寻少数民族文化对课堂教学中师生互动的影响。最后,以各民族中学为例,进行较为深入的田野调查,并通过对四位教师的个案研究,进一步理解和诠释民族文化对师生互动的影响。访谈和观察是这一阶段的主要研究方法。本书研究技术路线如图 4-2 所示。

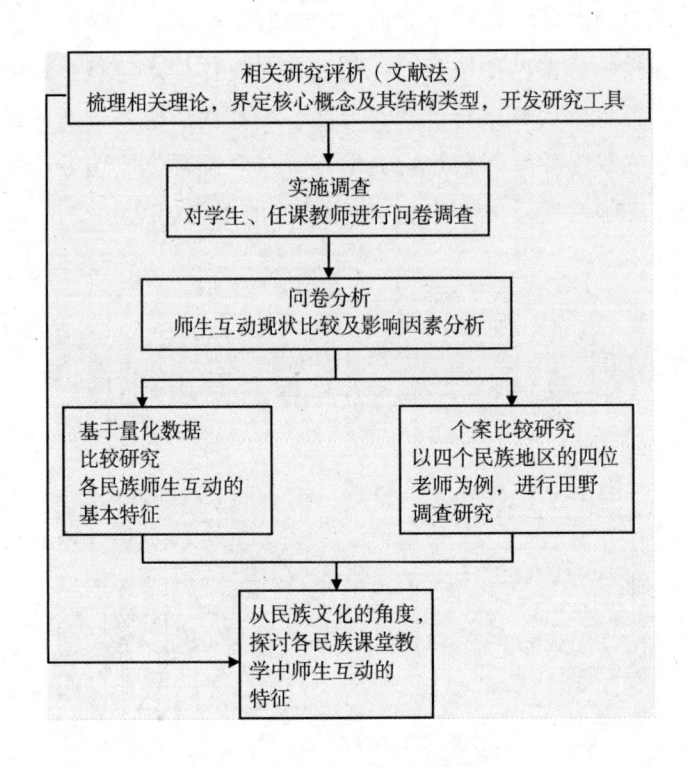

图 4-2 研究技术路线图

二 研究方法

(一) 量化研究方法

本书研究以量化研究方法为主。问卷调查是研究的主体部分，其作用是对各民族教师和学生的基本情况做全面了解，为深入探讨少数民族师生课堂教学提供真实可靠的数据。选择此方法的主要理由如下：其一，师生互动在课堂教学中的特征表现明显，不同教师、学生之间存在比较明显的外在差异。从已有研究来看，这些差异是可以测量的。其二，由于涉及不同民族语言的问题，笔者在短期内并不能熟练运用少数民族语言和研究对象进行深入交流。其三，因为研究对象均为学生或教师，其群体内部的同质性较强，符合开展量化研究的条件。其四，通过量化研究，特别是较大样本的问卷调查，能从宏观层面展现不同民族师生的教学差异。其五，问卷中的内容并不敏感，调查时可以通过指导语进行说明，缓解学生和教师的戒备心理，使其填写真实想法。对师生互动的研究虽然涉及学生成绩，但获取成绩是在调查全部结束之后进行的，调查问卷本身并不包括学生的成绩。

根据前述的多元文化教育理论，采用一张问卷对不同民族师生施测是可行的。本书在研究过程中所采用的 QTI 问卷、CES 问卷及 MSLQ 问卷都曾被其他学者翻译成多个语言版本，研究效果较好。教师问卷也来自国际上较成熟的量表。为了更便利地开展调查，将问卷翻译成了少数民族语言版本。翻译会导致一定的语意差异，但这是此类研究不可避免的，可以通过邀请较高水平的专家进行多次翻译和回译，并开展小范围的预测予以校正。

民族地区应用多媒体技术的课程较少，所以课堂观察环节仍然采用弗兰德斯的 10 个编码系统。

(二) 质性研究方法

由于量化方法本身存在一些弊端，而文化的某些特征的确难以用量化指标加以清晰测量，而跨文化的比较又增加了研究的难度，所以笔者在个案研究中尝试按照人类学田野工作的思路，运用一些质性研究方法。

人类学方法的思路主要采用"在这里（Being Here）—去那里（Going There）—回到这里（Coming Home）"的研究路线。[①]"在这里"指在去研究场域前，开展文献研究、设计研究方案，做好基础准备工作。"去那里"指进入研究场域，运用调查、观察、访谈等方法了解和分析事件。"回到这里"指回到研究机构，运用相关理论，对获得的资料进行深层次的整理和分析，提出新的理论观点。"在这里—去那里—回到这里"是一个不断深入和往复的过程。"人类学的核心是田野工作"，"田野工作是一种方法，也是一种体验"，其有形的结果经常是田野笔记、磁带、照片、文章和书。[②]本书研究的工作流程为"理论构建（在这里）—问卷调查（去那里）—数据分析（在这里）—田野工作（去那里）—撰写报告（在这里）"。具体使用的研究方法有四种。

1. 观察法

观察法无疑是人类认识事物的最古老和最广泛的一种方法。如果观察者和被观察者一起生活、工作，在密切接触中观察和体验，被称为参与式观察，反之则为非参与式观察（或局外观察）。人类学家的田野工作经常采用第一种观察方法。在本书研究中，笔者使用参与式观察，了解和体验教师与学生的生活，试图描述和解释这种文化中的师生互动行为。在个别时候，也采用非参与式观察记录校外人士对学校的观察结果。在课堂观察环节，笔者借助小型录像器材录制了课堂教学的全过程。此外，笔者前期培训了两位愿意参与此研究的实习教师，协助对个案教师进行课堂观察和互动分析。

课堂观察主要采用录制课堂教学视频的资料获取方法。这首先

[①] 王鉴：《课堂研究概论》，人民教育出版社2007年版，第9页。
[②] ［美］詹姆斯·皮科克：《人类学透镜》，汪丽华译，北京大学出版社2009年版，第79、115页。

是由课堂研究的人文社会科学属性所决定的。课堂研究是教育研究的重要组成部分,属于人文社会科学研究范畴。不同于自然科学可以采用推理和重复实验的方法研究客观实在的自然现象,人文社会科学的研究对象是广泛存在着个体差异的人及其构成的丰富多彩的文化现象,它的发生充满了复杂性和偶然性,其过程是一次性的,几乎不可能通过实验或者特定的情境来重现。正如古希腊赫拉克利特的那句哲言——"人不能两次踏进同一条河流",同一堂课也不能上两次。课堂研究者一直希望能够如实保存课堂教学过程,以便有足够的时间去深入、反复地研究那些不可重现的事实。传统研究采用了现场观察并以文字形式进行保存的方式,但这不可避免地会产生信息失真。一方面,书面文字描述人文现象的实质是对现象的抽象加工,所以,文字或许能反映某些重要的本质特征,但难以全面、准确地描述全部的课堂教学现象。言语行为容易被直接记录,但有的非言语行为却很难用文字直接、真实地陈述,而且不同研究者常常可能会对同一行为记录下完全不同的文字。另一方面,只有现场的研究者获得了最为真实的直接信息,其他研究者只能通过文字记录得到间接信息,那么研究者的文字水平和研究的真实度就会对课堂研究的信效度产生很大的影响。录像技术是目前最真实的一种直接记录手段,它能够以音频和视频的形式满足人类最基本的看和听的感官需要,避免了研究者文字记录所造成的信息失真和不在现场的缺憾,使课堂教学研究能够在最大限度上实现重复。

  其次,这是由课堂研究对象的复杂性所决定的。课堂教学活动包括了师生互动和生生互动两种特殊的人际互动,前者是一位教师和一个具有共性的学生群体的交往,也是一位教师和多位学生个体的交往,后者则是多个学生之间的互动。这种多个主体之间多向度的互动行为构成了一张复杂多变的信息网络,但传统的课堂研究只能容纳很少的现场研究者,研究方法也多以观察法为主,这导致了课堂信息的复杂多样性与研究力量、记录手段的有限性之间的矛盾。课堂视频分析正好能够解决这一矛盾,它全面、直观地还原了课堂实景，最大限度地保存了各种复杂的互动信息，满足了研究者在特定时间和特定空间之外开展研究的需要。

最后，这是课堂比较研究的需要。课堂教学的比较研究一直是课程与教学研究的重点和热点问题。同一般的人文社会现象相比，不同时空环境下的课堂教学研究具有更多的相似性和可比性。如课堂教学均由教师和学生两个主体构成，课堂教学的对象均是身心发展特征（如年龄、智力）近似的学生，课堂的教学组织形式大多是班级授课制，课堂教学内容均体现了人类永恒的价值观，特别是自然科学课程的知识大多是极为相似，甚至完全相同的。通过课堂视频分析，研究者能够跨越时间和空间的阻隔，采集不同时期、不同国家或不同学校的课堂教学过程，以同样的标准体系更真实、更准确地比较各种课堂教学的优势与不足。

相较于传统的课堂研究方法，课堂视频分析是一种事后研究方法，研究的是已经发生了的，而非正在进行中的课堂教学现象。它具有一系列突出的优点。

第一，它可以有效减少课堂研究对课堂教学的干扰。在传统的课堂研究中，研究者一般都要进入课堂教学现场开展研究。虽然他们通常坐在教室后排或某一个角落以避免对教学活动产生影响，但毋庸置疑，这些研究者的目光和动作必然会对学生和教师在教学中的心理活动产生一定的干扰，影响到课堂环境与气氛。而采用课堂视频分析技术，研究者不用亲临现场就能够观察课堂教学的过程，可以有效避免对课堂教学现场的干扰和影响。因此，课堂视频分析也常常被视为"副作用"最小的课堂教学研究方式。

第二，它实现了课堂教学过程的可再现性和课堂研究的可重复性，便于不同的研究者在不同时间和不同地点，多次、反复地研究同一教学过程。在传统的课堂教学研究中，研究者只有一次深入现场的机会，难以快速抓住课堂教学所释放出来的大量信息，所以往往仅对课堂提问、发言等较明显的行为进行简单的频数统计分析。而采用课堂视频分析的方法，课堂教学的大部分场景和教学过程均能够以声音和图像的形式真实地再现。研究者可以控制播放进程、定格镜头或者放大画面,反复多次进行课堂观察,更深入细致地聚焦某些课堂教学的局部,不必担心顾此失彼或者错过稍纵即逝的观察点,也有充足的时间对更多的细节行为进行多角度的深层统计分析。同时,课堂视频的存储、传播和使用更为方便、快捷,能够满足更多研究者非现场研究的需要。并且可以避免传统的文字描述所导致的间接的信息失真,全面展现课堂教学的现场,尽可能地保存了教学过程中的非言语活动。

第三,它是借助现代教育信息技术所形成的一种高效率的研究方法。传统的课堂研究,无论是对同一类课堂的连续研究还是对不同课堂的比较研究,常常需要跨越较大的时间尺度。而不同学校的分布往往跨越较大的地域范围,这使得单个研究者很难做到亲自进入每一个课堂教学现场,所以课堂研究常常耗时费力。课堂视频分析突破了对研究时间和地点等条件的限制,便于不同的研究者进行跨时空环境的研究,大大提高了研究效率。视频定位播放功能可以快速定位所需的录像片断,大幅提高了研究效率。

2. 访谈法

访谈是通过与研究对象的语言交流获取研究者想了解的信息。按照访谈对象的不同,常用的访谈法可以分为焦点团体访谈法和个别访谈法。焦点团体访谈法是兼具传统个别访谈法与团体调查分析法的若干优点的一种团体访谈方式。在访谈中,焦点通常是一个开放性的问题,研究者组织一群参与者就此焦点进行讨论。[①] 本书研究采用焦点团体访谈方法的理由,一是可以提供与调查对象直接接触的机会;二是可以与调查对象一同对研究问题进行集体性探讨、集体建构知识;三是有助于资料搜集的广度和深度,协助挖掘量化资料背后所隐藏的深层原因;四是可以节省研究时间。焦点团体访谈存在一些弊端,如团体中不擅表达的人的意见易被埋没,团体中有强烈领导欲、试图影响其他成员的人,会使得某些成员宁可顺从

---

① 陈向明:《质的研究方法与社会科学研究》,教育科学出版社2000年版,第277页。

主流也不愿意表达自己的想法。但本书研究中焦点问题的敏感性不高，可以通过实习教师的协助抽样，增强研究人员主持技巧等手段克服上述缺点。如果遇到有价值的个案，还可以通过深度访谈进行透视和解读。本书研究主要对学生采用了团体访谈法。在回族中学，邀请学生小组到实习教师的办公室进行访谈。对教师的访谈则采用单独座谈或随机聊天的方式开展。

3. 民族志和课堂志的方法

"民族志是对人以及人的文化进行详细、动态、情境化描绘的一种方法，探究的是特定文化中人民的生活方式、价值观念和行为模式。"① 民族志常被认为"关注的是详细、准确的描述而不是解释"②。格尔茨曾批判了某些民族志的研究，并发展了"深描"的概念，提出了"迈向文化的解释理论"③，他更加强调解释文化在研究中的重要意义。佐藤学、古德和布罗菲在课堂研究中也普遍用到了观察、体验等民族志的方法。王鉴在借鉴这些民族志的方法后提出了"课堂志"的研究方法，指出课堂志的方法具有质性的、直观的、描述的和微观的特点，其研究过程主要是确定研究对象、在课堂上参与观察和撰写课堂志三个阶段。④

课堂志的方法要求研究者依靠"实地研究"的范式，在课堂的场域中进行研究，通过现场体验解读民族文化的深刻影响。所以在个案研究中，笔者将深入调查学校，实地参与师生的生活，通过观察、经历和访谈获取信息，以较为深入地分析这些共性和差异的内在原因及其影响机制。

4. 个案研究

个案研究是对某一现象或特定现象进行的深入研究。它和上

---

① 陈向明：《质的研究方法与社会科学研究》，教育科学出版社2000年版，第25页。
② [美]艾尔巴比：《社会研究方法》，邱泽奇译，华夏出版社2000年版，第292页。
③ [美]克利福德·格尔茨：《文化的解释》，韩莉译，译林出版社1999年版，第6—19页。
④ 王鉴：《课堂研究概论》，人民教育出版社2007年版，第194—204页。

述几种具体方法不在一个层面,而是更趋近于一种研究范式。个案研究不同于传统的大规模量化研究,难以由一个研究结论简单地推论出样本的总体特征。但对特定个案的研究却可以提供"解释性的洞见",也"有可能形成更一般的通则式理论的基础",还可能发现现有理论的缺陷并予以完善。① 个案的选择依据量化研究结果而定。

在本书研究中,研究个案是为了更全面地了解教师的行为特征,更深入地发现支配这种行为的意识,以及影响这种意识的文化因素。同时,个案也为研究建立了一个能"由小见大"的,可全景考察的微观平台。本书最终选择了四位教师为个案研究对象(回族、藏族、维吾尔族、汉族教师各一名),还对他们授课班级的学生进行了访谈。选取的个案教师均参与了前期的问卷调查,而个别学生样本由于高一学期期末文理科分班,与前期学生问卷的样本并不完全一致。

综合来看,在基础资料数据的收集方面,量化的研究方法更为便捷。在课堂观察阶段,弗兰德斯的互动分析法也非常易于操作,而针对 FIAC 丢失非言语信息的特点,更适合采取课堂志的观察方法予以协助研究。因此,QTI 和 FIAC 以及其他几个量表成为量化研究的首选工具,而观察、访谈、课堂志、叙事研究等方法成为质性研究方法的首选。

三 研究工具

香港中文大学李子建教授率领的课题组提出了初步的问卷框架,在与笔者所在学校课题组反复讨论后,确定了具体的问卷组成。鉴于跨文化研究的独特性,本书研究只考虑选用那些在多种语言文化环境中应用过的成熟问卷,而不考虑仅在国内一种语言环境中开发使用的

---

① [美]艾尔巴比:《社会研究方法》,邱泽奇译,华夏出版社 2000 年版,第 297 页。

问卷。因为前者至少被几种文化环境检验过，有较好的信度和效度。依据前述研究理论，最终的学生问卷由师生互动问卷（学生版）、课堂环境问卷和学习动机与学习策略问卷三个分量表组成，教师问卷由师生互动问卷（教师版）、教师效能问卷、教师专业承诺问卷、教师专业发展问卷四个分量表组成（见图4-3）。

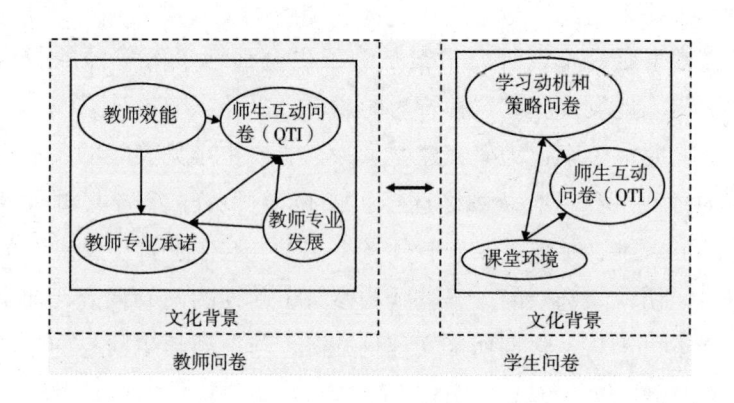

图4-3　问卷结构

资料来源：引自香港中文大学李子建、尹弘飚、张忠华等制定的课题研究方案。

与此同时，根据西北地区的实际情况，笔者在课题组两位教授的指导下再次对两份问卷进行了语言表述上的多处修订。之后，先请维汉翻译专业的研究生将问卷翻译成维吾尔语，再邀请师范专业维吾尔族大学生回译成汉语后进行阅读比较，在此基础上不断修改、完善问卷。需要特别指出的是，若严格按照调查的方法要求，问卷在被翻译为另一种语言后，应该重新进行预测，检验信度和效度。但本书研究受条件的限制，未能在翻译后组织预调查。汉语问卷只有4页，维吾尔语问卷因为书写较占篇幅，所以印刷后达到7页。回族样本均采用汉语问卷进行调查。因为所调查藏族地区的中学生能较好地使用汉语，所以藏族学生和教师也采用汉语问卷。

(一) 学生问卷

1. 师生互动问卷（QIT 问卷）

国内外学者编制的师生互动问卷很多，应用最广泛的当属 Wubbels 等编制的教师互动问卷（The Questionnaire on Teacher Interaction，QTI）。该问卷依据 Leary 提出的人际互动模型，分为影响力和亲密性两个基本维度，涵盖了教师互动的八种具体的行为类型。从近17年来的20多项研究看，QTI 问卷适用于7—12年级的学生，八个维度的问卷信度都稳定在 0.80 以上。① 同时，作为一种有效的和可以信赖的工具，QTI 被不断改进并翻译成了法语、德语、西班牙语、印度尼西亚语等多个语言版本。从跨文化研究的角度看，QTI 量表均在多个国家进行过实测应用，表明它在不同文化环境下均有较好的测量效果。所以，本书研究采用 QTI 量表的效果要比自编问卷更可靠。由于测题数目和观测点的不同，学者们先后形成了多个版本的 QTI 问卷，如 Dutch 版有77题，美国版（1988年）有64题。为了方便操作，目前应用最广的 QTI 问卷被缩减为48题。② 本次研究采用的问卷版本为48个测题，6点式 Likert 量表，由辛自强、林崇德等人翻译修订。③

QTI 问卷利用里克特五点式或六点式量表，某一维度得分越高，表示这个维度所代表的行为越显著。它有两种计分方式：第一，对影响力和亲密性两种类型分别计分。公式如下：④

---

① 转引自 Perry J. den Brok, Jack Levy, Rely Rodriguez, Th. Wubbels 2002, "Perceptions of Asian-American and Hispanic-American Teachers and Their Students on Teacher Interpersonal Communication Style," *Teaching and Teacher Education* 18: 447 – 467, 453.

② Th. Wubbels, J. Levy, *Do You Know What You Look Like? Interpersonal Relationships in Education*, Routledge, 1993, pp. 13 – 24.

③ 辛自强、林崇德：《教师互动问卷中文版的初步修订及应用》，《心理科学》2000年第4期。

④ Th. Wubbels, Mieke Brekelmans (2005), "Two Decades of Research on Teacher-student Relationships in Class," *International Journal of Educational Research*, 43 (2005): 6-24.

影响力总分 = （0.92 × DC）+ （0.38 × CD）- （0.38 × CS）- （0.92 × SC）- （0.92 × SO）- （0.38 × OS）+ （0.38 × OD）+ （0.92 × DO）

亲密性总分 = （0.38 × DC）+ （0.92 × CD）+ （0.92 × CS）+ （0.38 × SC）- （0.38 × SO）- （0.92 × OS）- （0.92 × OD）- （0.38 × DO）

第二，对八种行为类型分别计分，每一维度总分为各题目分值之和。来自同一个班级的学生得分可以计算班级均值，所有题目的分数被转换至0—1。第一种计分结果可以标注为坐标系中的点，第二种计分结果可以绘制成互动类型图。

QTI问卷的分析框架可以划分为三个层面：其一，影响力和亲密性两个基本维度，正负值都有；其二，支配、服从、合作、对抗四个维度，全为正值；其三，领导、友好/帮助、理解、学生自主、犹豫、不满、惩戒、严格八个维度，全为正值。

2. 课堂环境问卷（CES问卷）

目前，国外应用较多的研究课堂环境的问卷主要有三种，分别为 Science Laboratory Environment Inventory（SLEI），Constructivist Learning Environment Suevey（CLES）和 What Is Happening in This Class（WIHIC）。[1] 我国台湾学者黄台珠曾将WIHIC翻译为汉语版，新加坡学者Chua Siew Lian后来进一步改进了WIHIC问卷，成为 The Chinese Language Classroom Environment Inventory（CLCEI）。[2] 我国香港中文大学李子建等也开发了适用于香港的课堂环境问卷（Hong Kong Classroom Environment Scale，HKCES），在对小学高年

---

[1] B. J. Fraser (2002), Learning Environments Research: Yesterday, Today and Tomorrow, In S. C. Goh & M. S. Khine (eds.), *Studies in Educational Learning Environments: An International Perspective*, 1 – 25, Singapore: World Scientific Publishing.

[2] S. L. Chua, A. F. L. Wong, & V. D. – T. Chen (2006), "Validation of the Chinese Language Classroom Learning Environment Inventory for Investigating the Nature of Chinese Language Classrooms," *Issues in Educational Research*, 16 (2): 139 – 151.

级和中学生的调查中取得了较好效果。① 此外，QTI 量表也常被用于课堂环境研究。

在比较了主要问卷结构的基础上，本书研究采用李子建等编制的课堂环境问卷（CES）。该量表共 28 题，采用五点式里克特量表，共分四个维度：在"协作"测量学习和解决问题的过程中，学生和其他学生合作的程度；"秩序与学生参与"测量学生行为的规范程度和学习努力程度；"教师参与"测量教师对教学的态度和努力程度；"教师支持"测量教师给予学生的帮助（如帮助学生改进学习等）以及促进学生良好表现的行为。

3. 学习动机与策略问卷（MSLQ 问卷）

由美国密歇根大学宾特里奇（Paul R. Pintrich）及其同事编制的学习动机问卷（Motivated Strategies for Learning Questionnaire，MSLQ），主要用来测量学生的学习动机以及采用的相应策略。② Rao 和 Sachs 于 1999 年完成了中文版的修订③，李子建等通过题目差异功能（Differential Item Functioning，DIF）检验、分部评分模型（Partial Credit Model）分析等，进一步提出了较为完善的中文版问卷（MSLQ – CV）。④ 本书研究使用在 MSLQ – CV 基础上再次做了少许修订和补充的动机量表。该量表（MSLQ – CV2）共 50 题，均采用五点式里克特量表。

正式施测的学生问卷的测题维度和题号如表 4 – 1 所示。

---

① J. C. K. Lee, L. M. F. Lee, & H. W. Wong (2003), "Development of a Classroom Environment Scale in Hong Kong," *Educational Research and Evaluation*, 9: 317-344.

② P. R. Pintrich, D. Smith, T. Garcia, & W. J. McKeachie (1992), A Manual for the Use of the Motivated Strategies for Learning Questionnaire (MSLQ). Washington, DC: Office of Educational Research and Improvement, http: //ilo. uva. nl.

③ N. Rao, & J. Sachs (1999), "Confirmatory Factor Analysis of the Chinese Version of the Motivated Strategies for Learning Questionnaire," *Educational and Psychological, Measurement*, 59: 1016-1029.

④ J. C. K. Lee, Z. H. Zhang, H. b. Yin (2010), "Using Multidimensional Rasch Analysis to Validate the Chinese Version of the Motivated Strategies for Learning Questionnaire (MSLQ – CV)," *European Journal of Psychology of Education*, 25: 141-155.

表4-1　　　　　学生问卷的量表维度和对应题号

量表名称	量表维度	题号
教师互动量表（QTI）	领导（DC）	a1，a5，a9，a13，a17，a21
	友好/帮助（CD）	a25，a29，a33，a37，a41，a45
	理解（CS）	a2，a6，a10，a14，a18，a22
	学生自主（SC）	a26，a30，a34，a38，a42，a46
	犹豫（SO）	a3，a7，a11，a15，a19，a23
	不满（OS）	a27，a31，a35，a39，a43，a47
	惩戒（OD）	a4，a8，a12，a16，a20，a24
	严格（DO）	a28，a32，a36，a40，a44，a48
课堂环境量表（CES）	协作性	b1，b8，b16，b17
	秩序与学生参与	b2，b3，b9，b10，b18，b19，b25，b26
	教师参与	b4，b5，b11，b12，b13，b20，b21，b27，b28
	教师支持	b6，b7，b14，b15，b22，b23，b24
学习动机与策略量表（MSLQ）	学习动机	自我效能	c2，c6，c9，c11，c13，c16，c19
		内在价值	c1，c4，c5，c7，c10，c14，c15，c17，c21
		外在价值	c8，c31，c45，c47
		考试焦虑	c3，c12，c20，c22
	学习策略	策略应用	c23，c24，c25，c26，c27，c28，c29，c30，c33，c34，c35，c36，c37，c39，c40，c41，c42，c43，c44
		同伴学习	c18，c32，c38，c46，c48，c49，c50

（二）教师问卷

1. 师生互动问卷（QTI）

如上所述，教师互动问卷的学生版和教师版只有主语的差异，其他内容均相同。

2. 教师效能问卷（OSTES）

在20世纪70年代，Rand最早编制了测量教师效能的问卷（Teacher Efficacy，TE），包括了教师一般教学效能感（General Teaching Efficacy，GTE）和个人教学效能感（Personal Teaching Efficacy，PTE）两个分量表。之后测量教师效能的研究不断增多。Guskey于1981年编制了Responsibility for Student Achievement（RSA），Rose and Medway（1981）研制出Teacher Locus of Control（TLC），Ashton开发了The Webb Scale，班杜拉（Bandura）也开发了基于其"自我效能"理论的教师自我效能量表（Teacher Self-efficacy Scale）。[①] 在国内，俞国良、辛涛、王才康等先后修订了教学效能问卷[②]，朱晓斌和王静丽在M. Skaalik和Skaalvik等人研究的基础上自编问卷进行了相关研究。[③]

2001年，Megan Tschannen-Moran和Anita Woolfolk Hoy比较了以往各个版本的教师量表之间的相关性，并抽取高相关性的测题，在信度和效度检验较好的基础上提出了新的问卷（Ohio State Teacher Efficacy Scale，OSTES）。[④] 该问卷有24题和12题两个版本，前者在每个维度下各有8道测题，而后者只有4道测题。每个版本均由教学策略效能、课堂管理策略、学生参与策略三个维度组成，分别测量教师自身教学能力、对课堂的管理能力，促进学生学习的能力三方面。OSTES问卷应用非常广泛。在近十年中，Hoy等人的论文被其他文献引用超过500次。为此，本书研究也采用这一成熟问卷。

[①] 转引自 Megan Tschannen-Moran, Anita Woolfolk Hoy, "Teacher Efficacy: Capturing an Elusive Construct," *Teaching and Teacher Education*, 17 (2001): 783-805.

[②] 黄喜珊：《中文"教师效能感量表"的信、效度研究》，《心理发展与教育》2005年第1期。

[③] 朱晓斌、王静丽：《中学教师自我效能、集体效能和工作倦怠关系》，《宁波大学学报》（教育科学版）2009年第2期。

[④] Megan Tschannen-Moran, Anita Woolfolk Hoy, "Teacher Efficacy: Capturing an Elusive Construct," *Teaching and Teacher Education*, 17 (2001): 783-805.

3. 教师专业承诺问卷（Teacher Commitment）

这里采用 Park 构建的问卷，它的研究结果简明直观，解释力强。它包括了教师对学校组织的承诺（TCO）、教师对教学专业的承诺（TCO）和对学生的承诺（TCS）三部分量表，分别测量了教师对学校、对教学专业、对所教学生的认同和情感依赖。其具体含义如下，教师专业承诺问卷中除个别题外，均采用 6 点式量表（1 = 非常不同意，6 = 非常同意）。问卷的内部一致性系数分别为 0.78、0.72、0.69。CFA 表明概念效度非常好。他以参加 National Education Longitudinal Study of 1988（NELS：88）[1]的中学生为研究对象，将中学生的数学成绩及其数学教师的特征作为变量进行研究发现，大部分教师承诺的差异出现在对学校组织的承诺上，没有发现教师承诺与学生学业成绩的直接关系。[2]

4. 教师专业发展问卷（Professional Orientation）

Veen 等人在前人研究的基础上组成了新的教师专业发展问卷（Professional Orientations of Secondary School Teachers）。该问卷分为教学与教育、学校组织两大部分。因为第二部分更多地涉及教师与学校管理的相关问题，所以本书研究只采用第一部分问卷。这一部分按照教学目标和教育目标的理论取向又划分为两个方面。前者按照教学对象划分为"学习型教学（以学生为本的教学）"和"知识转化型教学（以教师为本的教学）"两个维度，后者按照教育目标也划分为"道德导向"和"资格导向"两个维度。根据其含义可以将其简单命名如下：

第一，学习：指教师教学以学生和学生的学习为取向，具体测量教学方法（强调学生要对自己的学习负责任）、自律、同伴合作与认知技能。

第二，转化：指教师教学是一种以学科知识为核心的知识传

---

[1] 这是一项在美国举行的全国性学业成就测验。

[2] Insim Park (2005), "Teacher Commitment and Its Effects on Student Achievement in American High Schools," *Educational Research and Evaluation*, 11: 5, 461 – 485.

递,其含义与"以教师为主的教学"相似。

第三,道德导向:为了学生的一般发展和道德发展,如教师尝试引导学生成长,激发批判性思维和进行道德教育。

第四,资格导向:强调资格、成就和学校教育功能。

该问卷共有 18 道题,采用 5 点式量表(1 = 不同意,5 = 同意)。前一理论的 Cronbach's α 系数为 0.72,后一理论的 Cronbach's α 系数分别为 0.77 和 0.68。[①]

正式施测的教师问卷的测题维度如表 4-2 所示。

表 4-2　　　　　教师问卷的测题维度和内容

量表名称	量表维度	题号
教师互动量表（QTI）	领导（DC）	a1, a5, a9, a13, a17, a21
	友好/帮助（CD）	a25, a29, a33, a37, a41, a45
	理解（CS）	a2, a6, a10, a14, a18, a22
	学生自主（SC）	a26, a30, a34, a38, a42, a46
	犹豫（SO）	a3, a7, a11, a15, a19, a23
	不满（OS）	a27, a31, a35, a39, a43, a47
	惩戒（OD）	a4, a8, a12, a16, a20, a24
	严格（DO）	a28, a32, a36, a40, a44, a48
教师效能量表（TE）	教学策略	b1, b2, b7, b8, b13, b14, b19, b20
	课堂管理	b3, b4, b9, b10, b15, b16, b21, b22
	学生参与	b5, b6, b11, b12, b17, b18, b23, b24
教师专业承诺（TC）	学校组织	c1, c2, c3
	教学专业	c4, c5*, c6, c7
	学生	c8, c9, c10, c11

[①] V. Veen, & K. Sleegers, "Professional Orientations of Secondary School Teachers towards Their Work," *Teaching and Teacher Education*, 2001, 17 (2): 175-194.

续表

量表名称	量表维度	题　号
教师专业发展	学习	d1，d2，d3，d4，d5，d6
	转化	d7，d8，
	道德发展	d9，d10，d11，d12，d13，d14，d15
	资格证明	d16，d17，d18

说明：＊为反向题。

在个案研究阶段，笔者根据数据分析的主要结论和具体的田野工作的需要，制定了针对教师和学生的访谈提纲。

四　研究实施

（一）样本分布

问卷样本选择主要依据"目标式抽样"和"分层抽样"方法。抽样并不要求样本能在教学特征方面完全代表总体，而只是希望样本的文化特征能与别的民族教师相区别。因为不同的文化背景决定不同群体的交往方式，只要文化背景不同，就可能影响其教学方式，也即教学方式的不同必然存在文化的影响。所以样本的民族文化特征是抽样的首要原则。

本书研究首先考虑具有浓厚文化特征的样本，而后在该样本地区采用分层抽样的方式分别选择高中、初中和小学各一所。具体考虑因素如下：第一，要调查的少数民族应该是西北地区的主要少数民族，其人口数量较多，文化具有代表性；第二，调查地区应该是少数民族人口占多数的地区；第三，该地区的主流文化应该是能够代表和反映该少数民族的文化，所以优先选择那些历史悠久、文化底蕴相对浓厚的地区，为了避免外来文化的过多影响，尽量选择县城中学；第四，样本地区应该是研究者可以方便进入，能够有效开展研究的地区。

综合以上因素，本书研究首先确定了回族、藏族、维吾尔族为调查对象，分别在新疆维吾尔自治区、甘肃省选择了三个主要的民族自治地方开展研究，同时在甘肃中部选取了一个汉族聚居地作为对比数据。需要说明的是，问卷也调查了汉族、回族、维吾尔族小学四、五、六年级学生，但发现一部分测题的填答遗漏比率较高，效果不理想。这可能是因为问卷的语言表述给小学生造成一定的理解困难，也可能是题量过大所致。为此，本书研究删除了全部小学问卷数据。

以下有关地区的介绍资料参考年鉴和政府网站，有关学校介绍的资料一部分来源于样本学校提供的简介，另一部分（教师和学生的人数、民族构成数据）来源于笔者的访谈。

汉族样本取自甘肃省兰州市东南部的Y县（以下称"甲地"）。该县历史文化悠久，有文字记载的历史距今已有2000多年。全县总面积3301平方公里，海拔1480—3670米，以大陆性气候为主。全县人口以汉族为主，总人口为42.4万，其中农村人口38.8万。2009年底，全县国民生产总值达33.7亿元，地区性财政收入4.2亿元，交通运输四通八达。此外，该县还是国家扶贫开发工作重点县。B、C两校的汉族师生均占99%以上。

B校是成立于20世纪末的一所初级中学。学校占地面积8667平方米，建筑面积达3600平方米。学校现有教学班21个，学生约1300人。有教职工近80人，其中专任教师67人。本科学历13人、专科学历50人、中专学历4人；中级以上职称30人、初级职称约40人。初中毕业后升入高中的比率约为25%，高出全县平均水平。

C校是由香港爱国人士于20世纪末捐资修建的高级中学。学校占地70亩，建筑面积达3.16万平方米，总投资约3000万元。学校现有52个教学班，在校生达4000多人。有教职工约190人，其中专任教师126人。本科以上学历120人、研究生学历7人、在读博士研究生1名，学历达标率为95%；全校有高级职称教师18人，中教一级职称教师47人，县级以上骨干教师23人。因为是新成立的学校，所以全校教职工平均年龄为33岁。C校基础设施完善，办学条件相对优越。学校有两栋男女生公寓，每间住8人，女生宿舍每间还带有卫生间、阳台、电话等。学校还有600平方米的多功能大礼堂。

　　回族样本取自甘肃中部的临夏回族自治州（以下称"乙地"），地处青藏高原与黄土高原过渡地带的黄河上游地区，平均海拔2000米，是一个以回族、东乡族、保安族为主的多民族聚居区。其总面积为8169平方公里，总人口190多万，其中回族人口约61万，回族、东乡族、保安族、撒拉族等少数民族人口占56.4%。乙地历史悠久，是古丝绸之路的要道和著名的茶马互市之地。乙地穆斯林群众集中，县乡各地清真寺林立，民族风情和宗教建筑特色鲜明。该地浓郁的民族文化使其在我国回族群众中具有很高的地位，被誉为东方的"小麦加"。

　　E中学位于乙地行政中心，是中华人民共和国成立后由临夏回族上层人士倡议创办的一所民族中学，近年已改为独立高级中学。学校占地面积近3万平方米。现有50多个教学班，在校学生约3000人。其中80%为回族，14%为汉族，其余为东乡族等。农村生源大约占30%，住宿生也约占30%。教职工有250名，约50%是回族，40%是汉族。按职称计，中学高级教师约占总数的1/3，中学一级教师约占总数的1/4。部分教师是地州市内有影响力的骨干教师。该校整体办学条件较好，学校有专用的实验楼和独立的学生公寓，全天开放的图书馆供师生随时阅览。

　　F中学是一所始建于20世纪70年代的三年制独立初级中学，位于临夏市城区内。学校占地面积7000多平方米，各种建筑面积达2500多平方米。现有教职工约180人，其中回族教师占

40%、汉族教师占50%、东乡族等教师约占10%。初中部有3个年级18个教学班,在校学生约1000名,其中回族占90%以上,少数民族女生约占女生总数的40%。学校升学率连续7年略高于乙地平均升学率。目前,该学校还有小学部,每个年级一个班,有学生约150人。

藏族样本取自甘肃西南部的甘南藏族自治州(以下简称"丙地"),地处青藏高原东北边缘区。全县总面积约8037.7平方公里,现有人口8.05万,其中藏族约占80%,另有汉、回、撒拉等多个民族。全县多深谷高山,海拔约3000米。县城驻地为藏传佛教格鲁派六大寺院之一的拉卜楞寺所在地。目前,拉卜楞寺保留了全国最好的藏传佛教教学体系,是全国重点文物保护单位,也是藏传佛教格鲁派最高佛学学府之一。由于具有独特的宗教文化、浓郁的藏族风情以及在藏族文化中所具有的极高地位,丙地被称为"中国小西藏"。

H学校创建于1982年。学校四周风景秀丽,与著名的藏传佛教寺庙拉卜楞寺仅一墙之隔。现已发展成一所具有藏汉"双语"并加授英语教学体系的寄宿制完全中学,分为初中部和高中部。学校占地24000平方米,建筑面积9300平方米,有图书近万册,阅览室、实验室、语音室、微机室等设施齐全。现有约100名教职工,藏族约占70%,汉族约占18%,回族约占10%。学校有30多个教学班,1400余名学生均为藏族。该校85%以上的生源来自农牧区,住宿生比例占60%。

维吾尔族样本取自新疆天山以南(南疆)的阿克苏地区(以下称"丁地")。它是以维吾尔族为主体,由30多个民族组成的多民族聚居地区。丁地总面积约13万平方公里,总人口约250万,其中维吾尔族约占70%,汉族约占25%。农业人口约占总人口的70%。该地是南疆重要的交通要道,西部与中亚国家边界接壤。维吾尔族样本K中学位于该地区西部一个相对偏远的W县。W县总面积接近1万平方公里,总人口约20万。

维吾尔族居民约占98%以上。W县经济以灌溉农业生产为主，个别地区属牧业生产区。

　　K中学是地处W县城郊接合部的一所民族初级中学，2009年8月建成并投入使用。它由原来的7所乡镇初级中学整合而成，其建设规模和师生容量很大。全校总占地面积为14万平方米（其中建筑面积52234.79平方米），共有教学楼两栋、综合楼1栋、学生公寓楼4栋。全校有教师450多名，教学班约100个，在校学生约5300名，99%以上的师生为维吾尔族。学生中95%以上来自农村。目前，K中学正在扩大实施双语教育模式。

　　L中学是位于丁地城区的一所完全独立高中。学校设施完善，教学设备先进，教师素质、教育质量在丁地均处于较高水平。学校有教师210人，维吾尔族占95%以上，其余为汉族和其他民族。学生约2700名（每个年级平均900人左右），全部为维吾尔族。农村生源占60%以上。

　　M中学也位于丁地城区，是由一所中等师范学校改制而成的完全独立高中。学校占地面积达200多亩，有设施先进的教学楼、实验楼、图书楼、艺术楼、体育馆、学生公寓楼、礼堂、餐厅及生态园等教学设施。现有教学班30多个，在校学生1100多人。维吾尔族学生约占45%，汉族占40%。教职工130多人，维吾尔族约占50%，汉族约占40%。由于改制后一直不能适应高中的培养模式，M中学的教学质量处于中等偏下水平，生源的70%来自农村。

(二) 样本描述

1. 调查地区样本描述

本书研究调查地的基本情况如表4-3所示。

表4-3　　　　　　　　　调查地基本情况

样本	面积（平方公里）	人口（万）	少数民族人口（人）	民族人口比例	信仰宗教	所属文化圈
甲	3301.0	42.4	少于1万	少数民族约占1%	无	儒家文化*
乙	8169.0	190	回族约61万	回族、东乡族、保安族、撒拉族等约占56.4%	伊斯兰教	伊斯兰文化
丙	8037.7	8.05	藏族约6.5万	藏族约占80%	藏传佛教	佛教文化
丁	13.0万	250	维吾尔族约175万	维吾尔族约占70%	伊斯兰教	伊斯兰文化

说明：*表示将汉族地区看作以儒家文化影响为主的地区。

2. 学生和教师样本描述

本书研究共调查了52个教学班的学生，获得有效学生样本1860个，有效教师样本492名。样本将根据后续不同研究加以具体报告。

3. 统计分析

问卷采用 EXCEL 录入，统计分析采用 Spss 18.0 和 Lisrel 8.7。通过对随机数编号的复查检验，录入误差率小于0.01%。

数据整理分为两部分。第一步，将缺失值过多的问卷和明显不认真作答的问卷直接删除。经初步统计，学生问卷的缺失值占总数据点的1.6%，教师问卷的缺失值低于总数据点1%。这些问卷主要包括如下情形：第一，只填答了一小部分问题，大部分未填写；第二，同时选择了两个选项的测题数目超过量表测题数目的6%；第三，缺失值明显过多的问卷（总的缺失值大于30%，并且师生互动量表缺失值大于10%）。一般研究认为，问卷缺失值比率低于5%便可接受。在删除这些不合格问卷后，缺失值个数仅为全部应有数据点的0.91%。第二步，通过 SPSS 软件的缺失值分析程序

（MVA）来处理。对QTI量表中需要分析的48个变量进行缺失值分析发现，Little's MCAR多变量检验结果均为显著（$p<0.001$），表明数据缺失状态并非完全随机缺失，不适宜用列表删除、配对删除或均值置换等方法。为此采用Lisrel 8.7提供的最大期望法（Expectation-Maximization，EM）进行数据插补。[①]

维吾尔语问卷的缺失值明显受到问卷印刷排版格式的影响。由于维吾尔语书写所占篇幅比汉语大，为此问卷采用A3纸张双面印刷，印刷后共7页。回收问卷后发现一些问卷的第4页、第5页和第7页整页空白。考虑到这两页的问卷并没有集中分布的敏感问题，这可能是由学生在答卷过程中翻页错过造成的。在和教师进行交流后，他们也谈到，这样整页的空白在学生的考试答题中也常有出现。此外，也有可能是受调查环境和被访者特征影响所致。特别是有的小学生看到别的同学都交了问卷，自己变得比较着急，也赶快交了问卷，而没有注意是否答完了题。

4. 信度、效度检验

本书将根据各部分研究的不同样本报告具体信度和效度。信度主要报告问卷及其各维度的克隆巴赫（Cronbach's α）系数。效度主要报告验证性因子分析（CFA）所提供的概念效度，CFA报告采用Lisrel 8.7的分析结果。此外，本书在问卷编制过程中，得到了两位教授和三位教育学博士的指导帮助。他们在对最后确定的问卷内容和条目进行审阅后，认为问卷采用了国际上比较成熟的量表，测题内容与研究目标相吻合，测题形式符合科学可靠的原则，具有较好的效度。

五 研究过程

本书研究的问卷调查在2010年6月进行。调查的学科为汉语

[①] Lisrel和Spss都提供了EM法进行数据插补，但结果略有差异。Lisrel插补的值更符合研究的数值范围特征。

文、民族语文（藏语文或维吾尔语文）和数学三科。在学生填答问卷前，由调查者告诉大家评价的是某个具体科目的教师。在所有问卷填答完毕后，直接从学校教务处获取相应科目的成绩。学生成绩来自于本学期的期中考试或最近的一次测验成绩。

个案研究在 2010 年 9 月—2011 年 3 月进行。在此期间，笔者在 E 中学进行了为期两个月的田野研究，在 C、H、M 中学分别进行了为期一周的短暂研究。

第五章 问卷调查分析

如前文所述，本书对课堂教学活动的两大主体——学生和教师进行了问卷调查。这一部分首先对学生问卷的数据进行统计和分析，从学生的角度了解他们对师生互动行为和课堂环境的感知和认识，并比较各民族学生在学习动机和策略上所存在的差异。其次对教师问卷的数据进行分析，从教师自评的角度比较不同民族教师的互动、教师效能、教师专业承诺和教师专业发展方面的共性和差异。

一 学生知觉到的师生互动特征

（一）学生被试和信度、效度

1. 被试

研究样本选自前述介绍中的 B、C、E、F、H、K、L 七所中学（藏族地区初高中均在一所学校）。随机抽取初一、初二、高一、高二年级各 2—3 个班的学生（因初三和高三学生进行中高考复习而未取样。见表 5-1）。调查获得有效问卷 1860 份，其中回族样本 434 人（回族占 60.6%，与回族混居的东乡族[①]、汉族等各占 20% 左右），藏族地区 344 人（藏族占 100%），维吾尔族地区 526

[①] 东乡族信仰伊斯兰教，与回族文化、生活习俗等基本相似，但东乡族有一种口头相传的民族语言。由于长期混居和通婚等因素，调查地区的东乡族和回族学生并没有明显差别。

人（维吾尔族占 99.4%），汉族地区 556 人（汉族占 99.1%）。样本中男生占 51.2%，女生占 48.8%，平均年龄为 16.02（±1.779）岁。

表 5-1　　　　学生样本性别、年级、民族交叉表

民族			年级				合计
			7	8	10	11	
回族学生	性别	男	43	35	77	67	222
		女	63	60	55	31	209
	合计		106	95	132	98	431
藏族学生	性别	男	44	37	44	38	163
		女	36	36	48	39	159
	合计		80	73	92	77	322
维吾尔族学生	性别	男	54	77	55	34	220
		女	82	44	83	42	251
	合计		136	121	138	76	471
汉族学生	性别	男	74	64	78	95	311
		女	62	70	68	45	245
	合计		136	134	146	140	556

说明：个别类别有缺失值，故合计低于 1860 人。

2. 信度分析

QTI 量表的 Cronbach's α 系数为 0.76。各维度的信度系数分别为 0.64、0.72、0.78、0.45、0.53、0.77、0.51、0.58。参照已有研究的信度[①]，这个信度系数是可以接受的。CES 量表的 Cronbach's α 系数为 0.88，分半系数为 0.82，各维度信度系数为 0.54、0.59、0.84、0.70。由于协作维度只有四道测题，那么这个信度系

---

① 此信度值低于 Wubbels 等人的研究，但高于辛自强等用中文问卷开展的研究。

数尚可接受。MSLQ 量表的 Cronbach's α 系数为 0.91，分半系数为 0.85，各维度信度系数为 0.73、0.75、0.61、0.74、0.86、0.74。信度检验表明问卷具有较好的可靠性。

3. 效度分析①

依据各量表的理论建构用 Lisrel 8.7 分别进行验证性因子分析（CFA）。结果表明，QTI、CES 和 MSLQ 问卷的模型较好（见表 5-2），这说明问卷的建构效度较好。因为研究样本容量较大（N > 1000），所以不使用 χ^2/df、GFI 等指标来判定模型。②

表 5-2　　　　　　　　验证性因子分析（CFA）

	χ^2	df	NNFI (TLI)	RFI	IFI	CFI	RMSEA
QTI 问卷	6476.21	1052	0.93	0.92	0.93	0.93	0.059
CES 问卷	2099.97	293	0.95	0.94	0.95	0.95	0.06
MSLQ 问卷	5917.83	1160	0.95	0.94	0.95	0.95	0.054

说明：研究样本容量较大（N = 1860），所以不使用 χ^2/df、GFI 等指标来判定模型。

（二）结果分析

1. 学生知觉到的师生互动

（1）学生知觉到的师生互动特征的总体比较

从师生互动特征数据可以发现（见表 5-3），学生知觉到的教师特征是亲密性较强，影响力相对较弱。从互动特征点分布图可以看出（见图 5-1），各民族教师的互动特征点均分布于第一象限，即总体以合作—支配特征为主。少数民族之间较接近，而汉族距离较远。

---

① EFA 更多地受到主观技术选择的影响，用 EFA 所得结构并不能被 CFA 所证实。考虑到本书所采用的问卷都是比较成熟的问卷，所以不再做 EFA。参见蔡永红、林崇德《学生评价教师绩效的结构验证性因素分析》，《心理学报》2003 年第 3 期。

② 侯杰泰、温忠麟、成子娟：《结构方程模型及其应用》，教育科学出版社 2004 年版，第 179 页。

表 5-3　　　　　　　　学生知觉到的师生互动特征比较

		领导 (DC)	友好/ 帮助 (CD)	理解 (CS)	学生 自主 (SC)	犹豫 (SO)	不满 (OS)	惩戒 (OD)	严格 (DO)	影响力 (DS)	亲密性 (CO)
回族	M	27.52	27.10	28.78	20.53	16.11	14.67	18.47	25.45	15.83	23.39
	SD	5.07	5.93	5.77	4.71	4.68	6.79	5.53	5.11	10.78	20.27
藏族	M	28.00	26.62	29.74	19.64	16.45	14.14	17.97	24.62	15.47	24.80
	SD	3.63	4.17	3.86	4.44	4.65	5.91	4.69	4.63	9.32	13.99
维吾 尔族	M	26.55	25.04	26.53	18.20	16.22	13.25	18.85	22.95	15.43	20.02
	SD	5.75	6.46	6.22	4.86	4.27	5.89	3.96	5.55	11.80	16.87
汉族	M	27.67	27.39	29.66	19.03	11.99	12.92	15.28	24.15	19.17	30.55
	SD	4.42	5.17	4.82	4.43	3.70	5.33	4.34	4.81	8.67	15.95

从学生知觉到的影响力和亲密性维度均值来看，汉族教师的亲密性很高，藏族和回族教师次之，维吾尔族教师较低。在影响力维度，汉族教师明显较高，而其他各族教师基本相近。

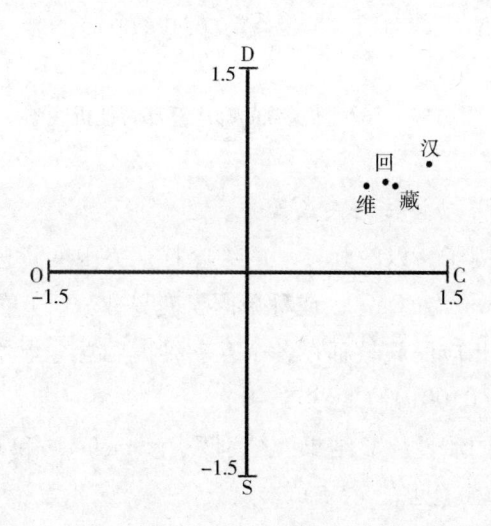

图 5-1　学生知觉到的各民族教师的互动特征点分布

从均值折线图也可以看出（见图 5-2），各民族教师的互动特征点分布趋势大体相似，呈现出合作与支配特征较强，而对抗与服从特征较弱的特点。考查学生知觉到的师生互动特征图（见图 5-3），回、藏、维、汉四个民族的教师均表现出领导、友好/帮助、理解和严格特征相对更突出的特点。参照国外学者总结的八种类型，除了严格维度分值大幅超过国外教师外，各民族教师与权威型或容忍/权威型教师很相似。

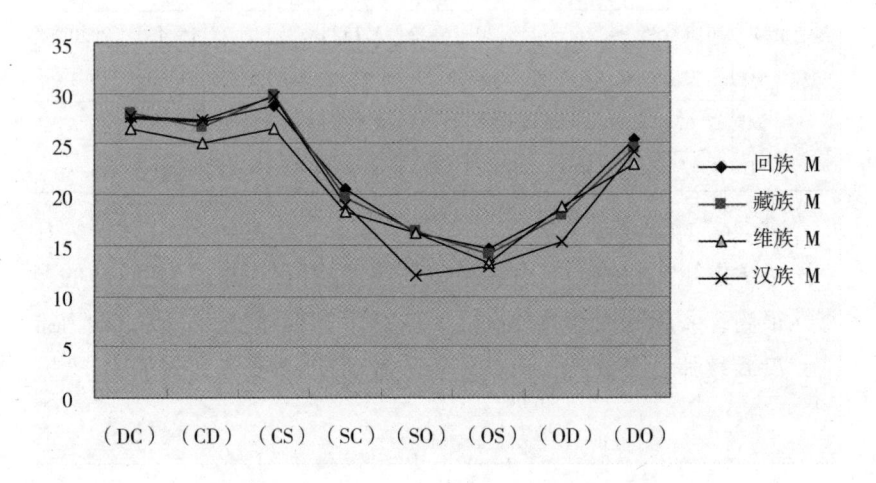

图 5-2　学生知觉到的师生互动特征折线图

（2）教师互动特征的民族差异

以民族为因子，以教师互动的维度特征为因变量进行单因素方差分析（One-way ANOVA，或称单因素变异数分析）发现，各民族学生知觉到的相应民族教师在各个互动维度和总分上均表现出极显著的差异（$p<0.001$）（见表 5-4）。

根据方差同质性检验结果，分别采用 Scheffe 法和 Games-Howell 法进行多重比较（见表 5-5）。

回族学生评价　　　　藏族学生评价

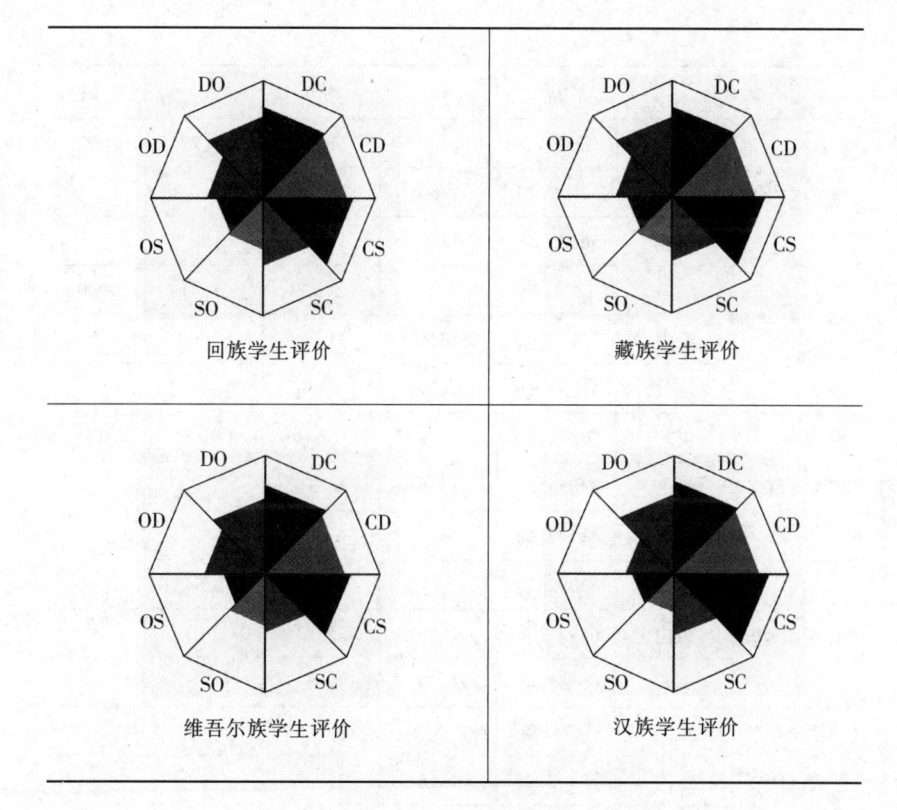

维吾尔族学生评价　　汉族学生评价

图 5-3　学生知觉到的师生互动特征图

表 5-4　学生知觉到的师生互动特征的单因素方差分析

		平方和	df	均方	F	显著性
领导（DC）	组间	549.70	3	183.23	7.76	.000
	组内	43815.36	1856	23.61		
	总数	44365.05	1859			
友好/帮助（CD）	组间	1730.51	3	576.84	18.48	.000
	组内	57922.10	1856	31.21		
	总数	59652.61	1859			

续表

		平方和	df	均方	F	显著性
理解（CS）	组间	3343.83	3	1114.61	39.27	.000
	组内	52679.75	1856	28.38		
	总数	56023.58	1859			
学生自主（SC）	组间	1372.77	3	457.59	21.41	.000
	组内	39672.39	1856	21.38		
	总数	41045.16	1859			
犹豫（SO）	组间	7090.09	3	2363.36	128.79	.000
	组内	34057.51	1856	18.35		
	总数	41147.60	1859			
不满（OS）	组间	909.67	3	303.22	8.54	.000
	组内	65921.78	1856	35.52		
	总数	66831.45	1859			
惩戒（OD）	组间	4174.58	3	1391.53	65.48	.000
	组内	39442.35	1856	21.25		
	总数	43616.93	1859			
严格（DO）	组间	1565.38	3	521.79	20.31	.000
	组内	47687.62	1856	25.69		
	总数	49253.00	1859			
影响力（DS）	组间	5083.74	3	1694.58	16.13	.000
	组内	194990.29	1856	105.06		
	总数	200074.02	1859			
亲密性（CO）	组间	31293.11	3	10431.04	36.13	.000
	组内	535780.05	1856	288.68		
	总数	567073.16	1859			

表 5-5　　学生知觉到的师生互动特征的多重比较

因变量	(I) 民族	(J) 民族	均值差 (I-J)	标准误	显著性	95% 置信区间	
						下限	上限
领导（DC）	回族	维吾尔族	0.98*	0.35	.027	0.08	1.87
	藏族	维吾尔族	1.45*	0.32	.000	0.63	2.27
	维吾尔族	汉族	-1.12*	0.31	.002	-1.92	-0.31
友好/帮助（CD）	回族	维吾尔族	2.06*	0.40	.000	1.03	3.09
	藏族	维吾尔族	1.58*	0.36	.000	0.66	2.51
	维吾尔族	汉族	-2.36*	0.36	.000	-3.28	-1.44
理解（CS）	回族	藏族	-.95*	0.35	.031	-1.84	-0.06
	回族	维吾尔族	2.25*	0.39	.000	1.26	3.25
	藏族	维吾尔族	3.21*	0.34	.000	2.33	4.09
	维吾尔族	汉族	-3.14*	0.34	.000	-4.01	-2.26
学生自主（SC）[a]	回族	维吾尔族	2.33*	0.30	.000	1.49	3.17
	回族	汉族	1.50*	0.30	.000	0.67	2.33
	藏族	维吾尔族	1.44*	0.32	.000	0.54	2.34
	维吾尔族	汉族	-0.83*	0.28	.033	-1.62	-0.04
犹豫（SO）	回族	汉族	4.12*	0.27	.000	3.42	4.83
	藏族	汉族	4.46*	0.30	.000	3.70	5.23
	维吾尔族	汉族	4.24*	0.24	.000	3.61	4.86
不满（OS）	回族	维吾尔族	1.41*	0.41	.004	0.35	2.48
	回族	汉族	1.75*	0.40	.000	0.72	2.77
	藏族	汉族	1.22*	0.39	.010	0.21	2.23
惩戒（OD）	回族	汉族	3.19*	0.32	.000	2.36	4.02
	藏族	维吾尔族	-0.88*	0.31	.021	-1.67	-0.09
	藏族	汉族	2.68*	0.31	.000	1.88	3.49
	维吾尔族	汉族	3.57*	0.25	.000	2.92	4.22

续表

因变量	(I) 民族	(J) 民族	均值差(I－J)	标准误	显著性	95% 置信区间	
						下限	上限
严格（DO）	回族	维吾尔族	2.50*	0.34	.000	1.62	3.39
	回族	汉族	1.30*	0.32	.000	0.48	2.12
	藏族	维吾尔族	1.67*	0.35	.000	0.78	2.57
	维吾尔族	汉族	－1.20*	0.32	.001	－2.02	－0.39
影响力（DS）	回族	汉族	－3.34*	0.63	.000	－4.97	－1.70
	藏族	汉族	－3.70*	0.62	.000	－5.30	－2.09
	维吾尔族	汉族	－3.74*	0.63	.000	－5.37	－2.12
亲密性（CO）	回族	维吾尔族	3.37*	1.22	.030	0.23	6.51
	回族	汉族	－7.17*	1.19	.000	－10.22	－4.11
	藏族	维吾尔族	4.78*	1.05	.000	2.07	7.49
	藏族	汉族	－5.75*	1.01	.000	－8.36	－3.15
	维吾尔族	汉族	－10.53*	1.00	.000	－13.11	－7.96

说明：a 表示采用 Scheffe 法进行比较，其余采用 Games-Howell 法。* 表示显著性水平 $p<0.05$。

结果表明，维吾尔族教师在友好/帮助维度极显著地低于回族教师、藏族教师和汉族教师（$p<0.001$）。汉族教师在犹豫维度极显著地低于回族教师、藏族教师和维吾尔族教师（$p<0.001$），在惩戒维度极显著地低于回族教师、藏族教师和维吾尔族教师（$p<0.001$），在影响力维度极显著地高于回族教师、藏族教师和维吾尔族教师（$p<0.001$），在亲密性维度极显著地高于回族教师、藏族教师和维吾尔族教师（$p<0.001$）。

回族教师在理解、学生自主和严格维度均极显著地高于维吾尔族教师（$p<0.001$），在不满维度非常显著地高于维吾尔族教师（$p<0.01$），在领导和亲密性维度显著地高于维吾尔族教师（$p<$

0.05）；在学生自主、不满和严格维度均极显著地高于汉族教师。藏族教师在领导、理解、学生自主、严格和亲密性维度均极显著地高于维吾尔族教师（$p<0.001$），在惩戒维度显著地低于维吾尔族教师（$p<0.05$），在不满维度显著地高于汉族教师（$p<0.05$），在理解维度显著地高于回族教师（$p<0.05$）。汉族教师在理解维度极显著地高于维吾尔族教师（$p<0.001$），在领导、严格维度非常显著地高于维吾尔族教师（$p<0.01$），在学生自主维度显著地高于维吾尔族教师（$p<0.05$）。

2. 学生知觉到的课堂环境的差异

对各民族学生知觉到的课堂环境进行比较，结果如表5-6所示。总体来看，藏族和汉族学生知觉到的课堂环境总分最高，回族学生次之，维吾尔族学生最低。

表5-6　　　　　　　学生知觉到的课堂环境的差异

民族		协作性	秩序与学生参与	教师参与	教师支持	课堂学习环境总分
回族	M	16.08	26.01	38.09	27.00	111.07
	SD	2.57	3.53	5.32	4.96	14.94
藏族	M	16.62	26.15	38.16	28.43	114.17
	SD	2.36	3.59	4.59	3.56	11.84
维吾尔族	M	14.27	25.88	35.71	25.04	102.53
	SD	2.48	3.41	6.76	3.94	13.42
汉族	M	16.41	25.35	38.51	27.31	113.54
	SD	2.33	2.77	4.48	4.29	12.07

以民族为因子，以课堂环境各维度特征为因变量进行单因素方差分析发现，各民族学生在总分和各个维度均存在非常显著的差异（$p<0.01$，见表5-7）。

表 5-7　　学生知觉到的课堂环境单因素方差分析

		平方和	df	均方	F	显著性
协作性	组间	1699.99	3	566.66	95.52	.000
	组内	11010.87	1856	5.93		
	总数	12710.86	1859			
秩序与学生参与	组间	177.39	3	59.13	5.44	.001
	组内	20177.38	1856	10.87		
	总数	20354.77	1859			
教师参与	组间	2554.56	3	851.52	28.94	.000
	组内	54610.84	1856	29.42		
	总数	57165.41	1859			
教师支持	组间	2714.37	3	904.79	50.28	.000
	组内	33397.61	1856	17.99		
	总数	36111.98	1859			
课堂学习环境总分	组间	42783.37	3	14261.12	82.67	.000
	组内	320162.43	1856	172.50		
	总数	362945.80	1859			

根据各维度方差同质性检验结果，分别采用 Scheffe 法和 Games – Howell 法进行多重比较。分析结果显示（见表 5-8），藏族学生在教师支持维度极显著地高于回族、维吾尔族和汉族学生（$p<0.001$）；维吾尔族学生在教师参与维度极显著地低于回族、藏族和汉族学生（$p<0.001$）；汉族学生在秩序和学生参与维度非常显著地低于回族和藏族学生（$p<0.01$），显著地低于维吾尔族学生（$p<0.05$）；回族学生在协作性、教师支持和课堂学习环境总分维度均极显著地高于维吾尔族学生（$p<0.001$），在课堂学习环境总分维度非常显著地低于藏族学生（$p<0.01$），在协作性维度显著地低于藏族学生（$p<0.05$）；藏族学生在协作性、课堂学习环境总分维度极显著地高于维吾尔族学生（$p<0.001$）；汉族学生在协作性、

教师支持和课堂学习环境总分维度均极显著地高于维吾尔族学生（$p<0.001$），在课堂学习环境总分维度显著地高于回族学生（$p<0.05$）。

表5-8　　　　　　学生知觉到的课堂环境多重比较

因变量	(I)民族	(J)民族	均值差(I-J)	标准误	显著性	95% 置信区间 下限	上限
协作性[a]	回族	藏族	-.54*	0.18	0.026	-1.03	-0.04
	回族	维吾尔族	1.81*	0.16	0.000	1.37	2.25
	藏族	维吾尔族	2.35*	0.17	0.000	1.88	2.82
	维吾尔族	汉族	-2.14*	0.15	0.000	-2.55	-1.72
秩序与学生参与	回族	汉族	0.66*	0.21	0.008	0.13	1.19
	藏族	汉族	0.80*	0.23	0.002	0.22	1.39
	维吾尔族	汉族	0.53*	0.19	0.027	0.04	1.02
教师参与	回族	维吾尔族	2.38*	0.39	0.000	1.38	3.39
	藏族	维吾尔族	2.45*	0.38	0.000	1.46	3.44
	维吾尔族	汉族	-2.81*	0.35	0.000	-3.71	-1.90
教师支持	回族	藏族	-1.44*	0.31	0.000	-2.23	-0.65
	回族	维吾尔族	1.96*	0.29	0.000	1.20	2.71
	藏族	维吾尔族	3.40*	0.26	0.000	2.73	4.06
	藏族	汉族	1.12*	0.26	0.000	0.44	1.80
	维吾尔族	汉族	-2.28*	0.25	0.000	-2.92	-1.63
课堂学习环境总分	回族	藏族	-3.10*	0.96	0.007	-5.57	-0.63
	回族	维吾尔族	8.54*	0.93	0.000	6.15	10.92
	回族	汉族	-2.47*	0.88	0.026	-4.74	-0.20
	藏族	维吾尔族	11.64*	0.87	0.000	9.41	13.87
	维吾尔族	汉族	-11.01*	0.78	0.000	-13.01	-9.01

说明：a表示采用Scheffe法进行比较，其余采用Games-Howell法。*表示显著性水平 $p<0.05$。

3. 学习动机与策略的差异

对各民族学生的学习动机和策略进行比较，结果如表5-9所示。总体来看，维吾尔族学生的学习动机总分最高，回族和藏族学生次之，汉族学生最低。

表5-9　　　　　　学习动机与策略比较

民族		自我效能	内在价值	外在价值	考试焦虑	策略应用	同伴学习	学习动机总分
回族	M	24.80	34.41	15.14	13.13	70.17	26.32	183.97
	SD	4.01	5.02	3.02	3.60	10.23	4.72	22.21
藏族	M	24.77	35.20	15.22	13.14	69.75	26.88	184.97
	SD	3.75	4.34	2.86	3.20	9.42	4.21	19.76
维吾尔族	M	26.62	35.29	15.65	12.61	73.30	26.88	190.35
	SD	4.30	5.47	2.77	3.57	10.90	4.38	24.52
汉族	M	22.53	34.98	14.29	10.99	69.18	25.78	177.75
	SD	4.05	4.23	2.84	3.63	9.60	4.03	19.45

以民族为因子，以学习动机和策略各维度特征为因变量进行单因素方差分析发现（见表5-10），各民族学生在总分以及各个维度均存在显著或极显著的差异。

表5-10　　　　学习动机和策略单因素方差分析

		平方和	df	均方	F	显著性
自我效能	组间	4573.67	3	1524.56	92.47	0.000
	组内	30599.33	1856	16.49		
	总数	35172.99	1859			
内在价值	组间	206.54	3	68.85	2.97	0.031
	组内	43036.32	1856	23.19		
	总数	43242.86	1859			

续表

		平方和	df	均方	F	显著性
外在价值	组间	518.94	3	172.98	21.01	0.000
	组内	15280.36	1856	8.23		
	总数	15799.30	1859			
考试焦虑	组间	1534.36	3	511.45	41.10	0.000
	组内	23096.97	1856	12.44		
	总数	24631.33	1859			
策略应用	组间	5278.50	3	1759.50	17.26	0.000
	组内	189250.35	1856	101.97		
	总数	194528.85	1859			
同伴学习	组间	417.44	3	139.15	7.42	0.000
	组内	34801.79	1856	18.75		
	总数	35219.22	1859			
学习动机总分	组间	43258.20	3	14419.40	30.65	0.000
	组内	873144.80	1856	470.44		
	总数	916403.00	1859			

根据各维度方差同质性检验结果，分别采用 Scheffe 法和 Games – Howell 法进行多重比较。分析结果显示（见表 5 – 11），汉族学生在外在价值和考试焦虑维度均极显著地低于回族、藏族和维吾尔族学生（$p<0.001$）。维吾尔族学生在策略应用维度均极显著地高于回族、藏族和汉族学生（$p<0.001$）；维吾尔族学生在学习动机总分维度极显著地高于回族和汉族学生（$p<0.001$），非常显著地高于藏族学生（$p<0.01$）；维吾尔族学生在自我效能维度极显著地高于回族、藏族和汉族学生（$p<0.001$），在内在价值维度显著地高于回族学生（$p<0.05$）；维吾尔族学生在同伴学习维度极显著地高于汉族学生（$p<0.001$）。回族学生在自我效能和学习动机总分维度极显著地高于汉族学生（$p<0.001$）；藏族学生在自我效能和学习动机总分维度极显著地高于汉族学生（$p<0.001$），在同

伴学习维度非常显著地高于汉族学生（$p<0.01$）。

表 5-11　　　　　　　学习动机和策略多重比较

因变量	(I) 民族	(J) 民族	均值差 (I-J)	标准误	显著性	95% 置信区间	
						下限	上限
自我效能[a]	回族	维吾尔族	-1.82*	0.26	0.000	-2.56	-1.08
	回族	汉族	2.28*	0.26	0.000	1.55	3.01
	藏族	维吾尔族	-1.85*	0.28	0.000	-2.64	-1.07
	藏族	汉族	2.25*	0.28	0.000	1.47	3.02
	维吾尔族	汉族	4.10*	0.25	0.000	3.41	4.79
内在价值	回族	维吾尔族	-.87*	0.34	0.049	-1.75	-0.00
外在价值[a]	回族	汉族	0.85*	0.18	0.000	0.33	1.36
	藏族	汉族	0.93*	0.20	0.000	0.38	1.48
	维吾尔族	汉族	1.35*	0.17	0.000	0.86	1.84
考试焦虑	回族	汉族	2.13*	0.23	0.000	1.54	2.73
	藏族	汉族	2.14*	0.23	0.000	1.55	2.74
	维吾尔族	汉族	1.62*	0.22	0.000	1.06	2.18
策略应用[a]	回族	维吾尔族	-3.13*	0.65	0.000	-4.96	-1.30
	藏族	维吾尔族	-3.55*	0.70	0.000	-5.51	-1.59
	维吾尔族	汉族	4.12*	0.61	0.000	2.41	5.84
同伴学习	藏族	汉族	1.10*	0.28	0.001	0.37	1.83
	维吾尔族	汉族	1.10*	0.26	0.000	0.44	1.76
学习动机总分	回族	维吾尔族	-6.38*	1.51	0.000	-10.27	-2.50
	回族	汉族	6.22*	1.35	0.000	2.75	9.69
	藏族	维吾尔族	-5.38*	1.51	0.002	-9.27	-1.50
	藏族	汉族	7.22*	1.35	0.000	3.75	10.69
	维吾尔族	汉族	12.60*	1.35	0.000	9.13	16.08

说明：a 表示采用 Scheffe 法进行比较，其余采用 Games-Howell 法。* 表示显著性水平 $p<0.05$。

4. 学生学业成绩与师生互动、课堂环境、学习动机的关系

（1）相关关系

数据表明（见表5-12），回族学生的学业成绩与教师的惩戒、不满呈现出显著的微弱负相关，与教师的亲密性行为呈现出显著的正相关，与学生对外在价值的重视呈现出显著的正相关。藏族学生的学业成绩与教师的严厉、影响力呈现出显著的负相关。维吾尔族学生的成绩与学生自主有着显著而微弱的正相关，与教师的惩戒、不满呈现出显著的微弱负相关，其成绩与学习动机的外在价值也呈现出很微弱的正相关，但在统计上是显著的。汉族学生的学业成绩与教师的领导、友好、严格、影响力、亲密性、教师支持都存在着显著而微弱的正相关关系，与教师的不满呈现出显著的负相关。汉族学生的成绩还与内在价值存在着显著正相关，而与考试焦虑呈现出显著的负相关。

表5-12　　　　　　问卷各维度与学业成绩的关系

问卷	维度	学业成绩			
		回族	藏族	维吾尔族	汉族
QTI问卷	领导（DC）	-0.016	-0.105	-0.066	0.183**
	友好/帮助（CD）	0.088	-0.043	0.002	0.123**
	理解（CS）	-0.003	0.065	0.014	0.105*
	学生自主（SC）	-0.007	0.046	0.178**	0.018
	犹豫（SO）	-0.096	0.057	0.039	-0.097*
	不满（OS）	-0.153**	-0.089	-0.139**	-0.115**
	惩戒（OD）	-0.130**	-0.132	-0.139**	0.003
	严格（DO）	0.016	-0.201**	0.007	0.086*
	影响力（DS）	0.079	-0.181*	-.048	0.178**
	亲密性（CO）	0.103*	0.105	0.091	0.107*

续表

问卷	维度	学业成绩			
		回族	藏族	维吾尔族	汉族
CES问卷	协作性	0.000	0.062	0.060	0.065
	秩序与学生参与	0.017	0.089	-0.226**	-0.027
	教师参与	0.056	-0.057	-0.042	0.087*
	教师支持	0.013	0.086	-0.077	0.168**
	课堂环境总分	0.031	-0.057	-0.060	0.133**
MSLQ问卷	自我效能	0.092	0.097	0.068	0.054
	内在价值	0.053	0.035	0.065	0.126**
	外在价值	0.120*	0.002	0.102*	-0.013
	考试焦虑	0.025	0.072	-0.020	-0.284**
	策略应用	0.002	0.135	0.019	0.045
	同伴学习	-0.078	0.039	0.014	-0.063
	学习动机总分	0.057	0.086	0.057	0.003

说明：** 表示显著性水平 $p<0.01$，* 表示显著性水平 $p<0.05$。

（2）回归模型

分民族试建立课堂学习环境、学习动机与策略对学业成绩影响的模型。以 Y 代表成绩，X_1 代表课堂学习环境，X_2 代表学习动机与策略。结果如下：

回族地区的回归方程为：$Y = 53.683 + (-0.008X_1) + 0.061X_2$。回归检验分析结果表明 $p = 0.523 > 0.05$，所以建立的回归方程无效。

藏族地区的回归方程为：$Y = 74.367 + (-0.149X_1) + 0.015X_2$。回归检验分析结果表明 $p = 0.997 > 0.05$，所以建立的回归方程无效。

维吾尔族地区的回归方程为：$Y = 52.035 + (-0.265X_1) +$

$0.152X_2$。回归检验分析结果表明 $p = 0.038 < 0.05$,所以建立的回归方程有效。

汉族地区的回归方程为:$Y = 60.850 + (0.451X_1) + (-0.131X_2)$。回归检验分析结果表明 $p < 0.001$,所以建立的回归方程有效。

5. 性别导致的差异

(1) 各民族内部的性别差异

对不同民族学生知觉到的师生互动、课堂学习环境以及学习动机和策略各个维度的得分进行比较,结果如表 5 - 13 所示。

表 5 - 13　　　　不同民族男女学生在各维度上的差异

维度	性别	M ± SD			
		回族	藏族	维吾尔族	汉族
领导(DC)	男	26.86 ± 5.49	27.72 ± 3.87	27.17 ± 5.43	27.44 ± 4.55
	女	28.26 ± 4.5	28.63 ± 3.17	26.22 ± 5.94	27.95 ± 4.24
友好/帮助(CD)	男	27 ± 6.21	26.56 ± 4.3	25.62 ± 5.95	26.89 ± 5.44
	女	27.18 ± 5.66	26.94 ± 3.98	25.34 ± 6.52	28.03 ± 4.74
理解(CS)	男	28.35 ± 6.17	29.75 ± 4.08	27 ± 6.05	29.04 ± 5.16
	女	29.23 ± 5.31	30.13 ± 3.48	26.76 ± 6.1	30.46 ± 4.21
学生自主(SC)	男	21.41 ± 4.68	20.02 ± 4.37	18.39 ± 4.75	19.5 ± 4.32
	女	19.56 ± 4.58	19.13 ± 4.19	18.36 ± 4.87	18.44 ± 4.5
犹豫(SO)	男	16.73 ± 4.68	17.02 ± 4.68	16.61 ± 4.38	12.22 ± 3.82
	女	15.44 ± 4.61	15.54 ± 4.46	16.08 ± 4.29	11.69 ± 3.52
不满(OS)	男	15.07 ± 6.69	14.57 ± 6.3	13.88 ± 6.3	13.72 ± 5.7
	女	14.21 ± 6.89	13.1 ± 5.06	12.43 ± 5.46	11.91 ± 4.64
惩戒(OD)	男	18.74 ± 5.75	18.21 ± 4.5	19.46 ± 3.84	15.86 ± 4.32
	女	18.21 ± 5.3	17.41 ± 4.67	18.37 ± 3.92	14.55 ± 4.25
严格(DO)	男	25.93 ± 5.05	24.26 ± 4.95	23.04 ± 5.2	24.49 ± 4.76
	女	24.91 ± 5.16	24.71 ± 4.34	22.23 ± 5.49	23.72 ± 4.84

续表

维度	性别	M ± SD			
		回族	藏族	维吾尔族	汉族
影响力	男	14.36 ± 11.06	13.91 ± 9.71	15.59 ± 10.43	18.6 ± 8.88
	女	17.46 ± 10.26	17.6 ± 8.65	14.61 ± 13.13	19.9 ± 8.36
亲密性	男	21.95 ± 21.49	24.1 ± 14.24	19.98 ± 16.82	28.12 ± 16.94
	女	24.92 ± 18.94	27.29 ± 12.81	21.98 ± 16.12	33.64 ± 14.04
协作性	男	15.79 ± 2.75	16.7 ± 2.39	14.2 ± 2.55	16.14 ± 2.44
	女	16.36 ± 2.35	16.69 ± 2.21	14.33 ± 2.42	16.75 ± 2.14
秩序与学生参与	男	25.88 ± 3.45	26.34 ± 3.73	26.04 ± 3.49	25.28 ± 2.74
	女	26.15 ± 3.64	26.02 ± 3.43	25.91 ± 3.27	25.45 ± 2.8
教师参与	男	37.55 ± 5.28	38.08 ± 4.69	36.21 ± 6.29	38.09 ± 4.65
	女	38.62 ± 5.35	38.55 ± 4.35	35.75 ± 7.21	39.04 ± 4.21
教师支持	男	26.25 ± 5.19	28.3 ± 4.01	25.4 ± 3.7	27.13 ± 4.49
	女	27.73 ± 4.6	28.65 ± 2.95	25.01 ± 4.06	27.55 ± 4.03
课堂学习环境总分	男	109.18 ± 14.94	113.67 ± 12.63	103.01 ± 12.99	112.57 ± 12.48
	女	112.92 ± 14.78	115.48 ± 10.86	102.98 ± 13.95	114.77 ± 11.44
自我效能	男	24.98 ± 3.86	24.7 ± 3.76	26.74 ± 4.45	22.99 ± 3.99
	女	24.63 ± 4.18	24.77 ± 3.68	26.83 ± 4.04	21.94 ± 4.06
内在价值	男	33.9 ± 5.09	35.15 ± 4.75	35.18 ± 5.8	34.86 ± 4.31
	女	34.94 ± 4.92	35.23 ± 4.12	35.72 ± 5.18	35.13 ± 4.13
外在价值	男	15.14 ± 2.91	15.18 ± 2.85	15.51 ± 3.02	14.28 ± 2.77
	女	15.11 ± 3.15	15.15 ± 2.92	15.91 ± 2.53	14.31 ± 2.94
考试焦虑	男	12.68 ± 3.55	12.99 ± 3.17	12.42 ± 3.58	11.09 ± 3.6
	女	13.6 ± 3.62	13.09 ± 3.3	12.6 ± 3.62	10.87 ± 3.67
策略应用	男	69.29 ± 9.87	69.46 ± 9.78	73.75 ± 11.21	68.64 ± 9.48
	女	71.1 ± 10.56	70.11 ± 9.24	73.64 ± 10.46	69.86 ± 9.73
同伴学习	男	25.74 ± 4.89	26.61 ± 4.39	27.06 ± 4.51	25.7 ± 3.86
	女	26.89 ± 4.48	27.17 ± 4.16	26.81 ± 4.32	25.88 ± 4.24
学习动机总分	男	181.74 ± 21.9	184.09 ± 20.82	190.66 ± 25.69	177.56 ± 19.4
	女	186.27 ± 22.41	185.53 ± 19.3	191.51 ± 23.11	178 ± 19.56

回族男生和女生存在着较多差异。男生知觉到的学生自主行为极显著地高于女生，$t(429)=4.134$，$p<0.001$；犹豫行为非常显著地高于女生，$t(429)=2.884$，$p<0.01$；严格行为显著地高于女生，$t(429)=2.071$，$p<0.05$。男生知觉到的领导行为、教师支持、课堂环境总分，以及自身的考试焦虑非常显著地低于女生（$p<0.01$），t检验值分别为$t(429)=-2.917$，$t(429)=-3.124$，$t(429)=-2.658$，$t(429)=-2.613$。在协作性、教师参与、内在价值、同伴学习、学习动机总分等维度显著低于女生（$p<0.05$），t检验值分别为$t(429)=-2.329$，$t(429)=-2.075$，$t(429)=-2.159$，$t(429)=-2.522$，$t(429)=-2.122$。

藏族男生和女生的差异较小。男生知觉到的犹豫行为非常显著地高于女生，$t(320)=2.911$，$p<0.01$；不满行为显著地高于藏族女生，$t(320)=2.311$，$p<0.05$；领导行为显著地低于女生，$t(320)=-2.307$，$p<0.05$。

维吾尔族男生知觉到的不满行为、惩戒行为非常显著地高于维吾尔族女生（$p<0.01$），t检验值分别为$t(469)=2.646$，$t(469)=3.056$。

汉族男生和女生的差异也较大。汉族男生知觉到的不满行为、惩戒行为极显著地高于女生（$p<0.001$），$t(554)=4.146$，$t(554)=3.596$；汉族男生知觉到的学生自主行为、自身的自我效能非常显著地高于女生（$p<0.01$），$t(554)=2.815$，$t(554)=3.054$。汉族男生知觉到的理解行为极显著地低于女生，$t(554)=-3.566$，$p<0.001$；在协作性维度非常显著地低于汉族女生，$t(554)=-3.079$，$p<0.01$；在友好、教师参与、课堂学习环境总分等维度均显著地低于汉族女生（$p<0.05$），t检验值分别为$t(554)=-2.582$，$t(554)=-2.498$，$t(554)=-2.135$。

（2）民族、性别的多因子方差分析

分析民族和性别对问卷各维度的作用发现（见表5-14），同性别各民族学生在学习动机与策略、对课堂学习环境的看法上没有显著差异。但对其教师在领导、学生自主等维度的判断有显著差别。特别是在学生自主维度的差异比较显著（F = 3.023，p = 0.029，偏 Eta^2 = 0.005）。进一步采用 LSD 法做多重检验发现（见表 5 - 14），回族男生、回族女生、维吾尔族男生对教师给予的评价和其他民族同性别学生有显著差别，藏族女生和维吾尔族女生、汉族女生没有显著差别。藏族男生和汉族男生无显著差别。

表 5 - 14　　　　学生知觉到的"学生自主"的比较

(I) 类型	(J) 类型	均值差值 (I-J)	标准误差	显著性
回族男生	藏族男生	1.39*	0.47	0.00
	维吾尔族男生	3.02*	0.43	0.00
	汉族男生	1.91*	0.40	0.00
回族女生	藏族女生	0.44	0.48	0.36
	维吾尔族女生	1.20*	0.43	0.01
	汉族女生	1.12*	0.43	0.01
藏族男生	维吾尔族男生	1.62*	0.47	0.00
	汉族男生	0.52	0.44	0.23
藏族女生	维吾尔族女生	0.76	0.46	0.10
	汉族女生	0.68	0.46	0.14
维吾尔族男生	汉族男生	-1.10*	0.40	0.01
维吾尔族女生	汉族女生	-0.07	0.41	0.86

说明：多重比较采用 LSD 法，*表示显著性水平 $p<0.05$。

6. 各因素与教师互动特征的相关性

数据表明（见表 5 - 15），QTI 问卷、CES 问卷和 MSLQ 问卷的绝大部分维度之间有显著的相关性。比较突出的特征是：第一，学生学习的课堂环境、学习动机与教师的不满呈现出显著负相关；第二，教师的影响力、亲密性与学生的课堂学习环境、学习动机均有显著的正相关；第三，教师的领导、帮助、理解与教师支持、教师参与呈现出高度正相关，与学生的学习动机也呈现出高度正相关。

表5-15 师生互动与课堂环境、学习动机各维度之间的关系

	领导(DC)	友好/帮助(CD)	理解(CS)	学生自主(SC)	犹豫(SO)	不满(OS)	惩戒(OD)	严格(DO)	影响力(DS)	亲密性(CO)
协作性	.278**	.306**	.361**	.127**	-.135**	-.165**	-.169**	.138**	.176**	.331**
秩序与学生参与	.120**	.117**	.104**	.044	.049*	-.028	.023	.130**	.068**	.058*
教师参与	.427**	.452**	.502**	.120**	-.188**	-.347**	-.200**	.189**	.321**	.495**
教师支持	.382**	.402**	.460**	.171**	-.113**	-.260**	-.168**	.180**	.216**	.420**
CES总分	.174**	.103**	.125**	.078**	.148**	-.130**	.070**	.078**	.326**	.520**
自我效能	.267**	.266**	.304**	.050*	-.058*	-.258**	-.122**	.104**	.039	.083**
内在价值	.106**	.057*	.071**	.082**	.052*	-.035	.068**	.091**	.184**	.298**
外在价值	.072**	-.110**	.137**	.037	.195**	.215**	.172**	.054*	.045	.027
考试焦虑	.252**	.205**	.247**	.042	.014	-.217**	-.053*	.103**	-.127**	-.221**
策略应用	.221**	.190**	.238**	.059*	.039	-.181**	-.047*	.108**	.151**	.225**
同伴学习	.248**	.188**	.233**	.070**	.068**	-.184**	-.010	.123**	.118**	.202**
MSLQ总分	.433**	.466**	.526**	.126**	-.218**	-.344**	-.245**	.205**	.123**	.186**

说明：**表示显著性水平 $p < 0.01$，*表示显著性水平 $p < 0.05$。

对不同民族学生课堂环境和学习动机总分与师生互动各维度进行相关分析，结果如表5-16所示。

表5-16 各民族师生互动与课堂环境总分、学习动机总分之间的关系

	汉族		藏族		维吾尔族		回族	
	学习动机	课堂环境	学习动机	课堂环境	学习动机	课堂环境	学习动机	课堂环境
领导（DC）	.079	.311**	.331**	.430**	.377**	.595**	.339**	.468**
友好/帮助（CD）	.148**	.353**	.267**	.391**	.279**	.549**	.304**	.545**
理解（CS）	.140**	.349**	.334**	.498**	.333**	.592**	.333**	.536**
学生自主（SC）	.067	.113**	.198**	.014	.060	.078	.121*	.147**
犹豫（SO）	.080	-.106*	-.006	-.283**	-.029	-.165**	-.122*	-.244**
不满（OS）	-.162**	-.311**	-.154**	-.468**	-.244**	-.394**	-.221**	-.392**
惩戒（OD）	-.071	-.176**	-.053	-.173**	.028	-.017	-.215**	-.334**
严格（DO）	.010	.133**	.219**	.093	.204**	.340**	.272**	.299**
影响力	.008	.248**	.154**	.388**	.285**	.508**	.272**	.405**
亲密性	.158**	.381**	.264**	.537**	.316**	.583**	.319**	.542**

说明：** 表示显著性水平 $p<0.01$，* 表示显著性水平 $p<0.05$。

分民族来看，汉族教师的影响力与学生的学习动机几乎没有关系（$r=0.008$且不显著），但各少数民族教师的影响力与学生的学

习动机均显著正相关。就相关系数的显著性分布而言，汉族和藏族比较相似，回族和维吾尔族较为相似。汉族学生的学习动机仅与汉族教师的友好/帮助、理解行为显著正相关（r 分别为 0.148，0.140）。藏族学生的学习动机与教师的严格，给予学生自主的行为有显著正相关关系（r 分别为 0.219，0.198）。回族学生的学习动机与教师的惩戒行为显著负相关（r = -0.215）。维吾尔族学生的学习动机与教师的惩戒行为没有关系（r = 0.028）。

（三）数据分析小结

1. 学生知觉到的各民族教师的互动特征

（1）回族教师的互动特征

第一，回族和藏族教师的互动行为相似，具体特征数值也很接近，但与汉族、维吾尔族有较多差异。第二，与其他三个民族比较发现，回族教师的学生自主、不满、严格等行为均强于维吾尔族和汉族。其影响力行为低于汉族，亲密性行为也低于汉族但高于维吾尔族。回族教师的领导、友好/帮助行为高于维吾尔族，犹豫、惩戒行为高于汉族，理解行为高于维吾尔族但略低于藏族。第三，回族教师的不满和惩戒行为与学生成绩的关系最密切，二者可能对成绩造成了消极影响。第四，回族男生认为教师的学生自主、犹豫、严格行为很多，而女生认为教师的领导行为更突出。与其他民族同性别学生相比，回族男女生都认为他们得到的自主较多。

（2）藏族教师的互动特征

第一，藏族教师和回族教师很相似，但和汉族、维吾尔族教师的互动行为差异较大。第二，经比较发现，藏族教师的亲密性行为高于维吾尔族教师，但影响力和亲密性行为均低于汉族教师。藏族教师的领导、友好/帮助、理解、严格行为高于维吾尔族教师，而犹豫、不满行为高于汉族教师。另外，藏族教师给予学生的自主行为高于维吾尔族教师但略低于汉族教师，其惩戒行为高于汉族教师但略低于维吾尔族教师。第三，藏族教师的严格行为与学生成绩显著相关，并可能对学业成绩造成了不利影响。第四，与女生相比，藏族男生感受到的教师的犹豫、不满行为更多。

（3）维吾尔族教师的互动特征

第一，维吾尔族教师和其他各族教师的互动行为均有较大差异。维吾尔族教师的亲密性和领导、友好/帮助、理解、严格行为均低于其他民族教师。第二，维吾尔族教师给予学生的自主少于回族和藏族教师。其惩戒行为高于汉族教师，略高于藏族教师。维吾尔族教师影响力行为低于汉族教师，不满行为低于回族教师，犹豫行为高于汉族教师。第三，维吾尔族教师给予学生自主的行为对维吾尔族学生的成绩可能有积极影响，而不满、惩戒行为可能造成了不利影响。第四，维吾尔族男生感受到的教师不满、惩戒行为要多于女生。

（4）汉族教师的互动特征

第一，汉族教师和各少数民族教师的差异较大。汉族教师的影响力和亲密性行为相比于各少数民族教师更高，而具体的犹豫、惩戒行为则相对较少。第二，与其他三个民族相比，汉族教师的不满行为低于回族和藏族，给予学生的自主行为低于回族，略低于藏族。汉族教师表现出的严格行为低于回族教师而高于维吾尔族教师。汉族教师的领导、友好帮助、理解行为要高于维吾尔族教师。第三，汉族教师的领导、友好、不满行为与学生成绩的关系最密切。第四，汉族男生感受到的教师的不满、惩戒、给予学生自主的行为更多，而女生感受到的理解行为更多。

2. 各民族学生知觉到的课堂环境

（1）回族学生的课堂环境特征

第一，回族学生的课堂环境特征与汉族学生的课堂环境比较接近，但与藏族和维吾尔族学生的课堂环境差异较大。第二，回族学生的课堂环境总分低于藏族和汉族学生，但高于维吾尔族学生。回族学生在课堂环境中表现出的协作性和得到的教师支持行为均低于藏族学生而高于维吾尔族学生。回族学生在教师参与方面高于维吾尔族学生，回族学生的秩序与学生参与行为略高于汉族学生。第三，回族的课堂环境与学生学业成绩没有明显关系。

（2）藏族学生的课堂环境特征

第一，藏族学生反映的课堂环境特征与其他民族差异较大，其中与维吾尔族学生的差异最大。总的来说，藏族学生在课堂上表现出的协作性要高于维吾尔族，略高于回族和汉族学生。藏族学生获得的教师支持行为高于回族、维吾尔族和汉族学生。藏族学生在课堂环境总分上要高于回族和维吾尔族学生。第二，藏族学生反映出的教师参与比维吾尔族学生多，藏族学生在秩序与学生参与上略高于汉族学生。第三，藏族学生的课堂环境与学生学业成绩没有显著关系。

（3）维吾尔族学生的课堂环境特征

第一，维吾尔族学生体现的课堂环境特征与其他民族均有显著差异。总的来说，维吾尔族学生的课堂环境总分、得到的教师参与、教师支持均低于回族、藏族和汉族学生。维吾尔族学生在课堂上表现出的协作性低于回族和藏族学生。第二，维吾尔族学生在秩序与参与上略高于汉族学生。第三，秩序与参与对学生成绩可能造成了不利影响。

（4）汉族学生的课堂环境特征

第一，汉族学生的课堂环境特征与回族学生差异较小，但与藏族和维吾尔族学生差异较大。汉族学生的课堂环境总分高于回族和维吾尔族学生，他们在课堂环境中的秩序和参与行为略低于回族、藏族和维吾尔族学生。第二，汉族学生所获得的教师支持行为高于维吾尔族学生而低于藏族学生。汉族学生得到的教师参与行为高于维吾尔族学生，而汉族学生在课堂上表现出的协作性略低于藏族学生。第三，课堂环境与汉族学生成绩的关系密切，特别是教师支持行为。回归分析表明，好的课堂环境有利于学生提高成绩。

3. 各民族学生的学习动机

（1）回族学生的学习动机特征

第一，回族学生和藏族学生的学习动机相似，具体特征数值也很接近,但与汉族、维吾尔族有一些差异。第二,回族学生的自我效能和学习动机总分低于维吾尔族学生而高于汉族学生。回族学生的考试焦虑高于汉族学生,外在价值略高于汉族学生;回族学生的策略应用低于维吾尔族学生,而内在价值则略低于维吾尔族学生。第三,回族学生外在价值与其学业成绩关系密切。

(2) 藏族学生的学习动机特征

第一,藏族学生的学习动机和回族学生相似,具体特征数值也很接近,但与维吾尔族和汉族存在一定的差异,特别与汉族的差异较大。第二,藏族学生的学习动机总分和自我效能低于维吾尔族学生而高于汉族学生。具体来看,藏族学生的考试焦虑和同伴学习高于汉族学生,外在价值略高于汉族学生。藏族学生的策略应用低于维吾尔族学生。第三,藏族学生的学习动机与学业成绩没有明显的关系。

(3) 维吾尔族学生的学习动机特征

第一,维吾尔族学生的学习动机各维度和其他民族学生均有一定差异,其中和汉族学生差异最大。维吾尔族学生的学习动机、自我效能、策略应用能力均高于回族、藏族和汉族学生。第二,维吾尔族学生的外在价值、考试焦虑和同伴学习行为均高于汉族学生;内在价值略高于回族学生。第三,外在价值与维吾尔族学生的学业成绩有着密切联系。

表 5-17　　　　　　学生问卷维度显著性一览表

	回—汉	藏—汉	维—汉	回—藏	回—维	藏—维
领导			(-1.1)**		(1)*	(1.4)***
友好/帮助			(-2.4)***		(2)***	(1.6)***
理解			(-3)***	(-1)*	(2)***	(3)***
学生自主	(1.5)***	(-0.8)*			(2)***	(1.4)***
犹豫	(4.1)***	(4.5)***	(4.2)***			
不满	(1.7)***	(1.2)*			(1.4)**	

续表

	回—汉	藏—汉	维—汉	回—藏	回—维	藏—维
惩戒	(3.1)***	(2.6)***	(3.5)***			(-0.8)*
严格	(1.3)***		(-1.2)**		(2.5)***	(1.6)***
影响力	(-3)***	(-3)***	(-3.7)***			
亲密性	(-7)***	(-5)***	(-10)***		(3.3)*	(4)***
协作性		(-2.1)***		(-0.5)*	(1.8)***	(2.3)***
秩序与学生参与	(0.6)**	(0.8)**	(0.5)*			
教师参与			(-2.8)***		(2.3)***	(2.4)***
教师支持		(1.1)***	(-2.2)***	(-1.4)***	(1.9)***	(3.4)***
课堂学习环境总分	(-2.4)*		(-11)***	(-3.1)**	(8.5)***	(11.6)***
自我效能	(2.2)***	(4)***	(2.2)***		(-1.8)***	(-1.8)***
内在价值				(-0.8)*		
外在价值	(0.8)***	(0.9)***	(1.3)***			
考试焦虑	(2.1)***	(2.14)***	(1.6)***			
策略应用			(4.1)***		(-3.1)***	(-3.5)***
同伴学习		(1.1)**	(1.1)***			
学习动机总分	(6.2)***	(7.2)***	(12.6)***		(-6.3)***	(-5.3)**

说明：*** 表示 $p<0.001$，** 表示 $p<0.01$，* 表示 $p<0.05$。数值为两个民族数据相减的差值。

（4）汉族学生的学习动机特征

第一，汉族学生的学习动机与其他民族的学生均有很大的不同。汉族学生的学习动机总分和考试焦虑低于回族、藏族和维吾尔族，外在价值的动机低于维吾尔族，略低于回族和藏族学生，其自我效能低于回族、藏族和维吾尔族学生，同伴学习行为也低于藏族和维吾尔族学生。第二，汉族学生表现出的策略应用能力低于维吾尔族学生。第三，汉族学生内在价值动机与其成绩密切相关，但考试焦虑造成了明显的不利影响。在建立的回归方程中，学生的动机水平较高反而其成绩较低。

对于上述各维度比较的显著性，可以汇总如表5-17所示。

二 教师的互动特征

（一）教师被试和信度、效度

1. 被试

研究样本均选自上述与学生样本相同的学校，具体包括了语文、民族语文（藏语文或维吾尔语文）、数学三科的全部教师以及其他能够参与的各科教师。调查初步获得的有效问卷为310份（见表5-18）。

表5-18　　　　　　　　教师样本一览表

民族地区	民族教师	个数	样本合计	占总样本比例（%）	
回族地区	回族教师	38	92	0.12	0.30
	其他民族教师	54		0.17	
藏族地区	藏族教师	25	48	0.08	0.15
	其他民族教师	23		0.07	
维吾尔族地区	维吾尔族教师	57	63	0.18	0.20
	其他民族教师	6		0.02	
汉族地区	汉族教师	107	107	0.35	0.35
	其他民族教师	0		0.00	
合计			310		100

可以发现，调查总样本中汉族教师样本相对偏多，而各少数民族教师样本比例偏少，藏族教师样本很少。这主要是受以下原因影响：第一，为了保证样本比例的大致平衡，调查在各地区分别选择

了一所初中和一所高中。但所调查地区的少数民族学校比汉族地区同等学校的规模小，教师人数本身较少。第二，由于语言文字相通，回族和汉族混居较多，回族中学的汉族教师人数很多。第三，所调查地区藏族学校中汉族和回族教师较多。

表 5-19 教师样本教龄、性别、民族交叉表

民族			性别		合计
			男	女	
回族教师	教学经验（教龄）	1—5 年	8	11	19
		6—10 年	1	6	7
		11—15 年	1	0	1
		16—20 年	0	4	4
		21 年及以上	4	2	6
	教育程度	大专及以下	2	4	6
		本科及以上	12	20	32
	培训	参加过	3	12	15
		未参加过	9	9	18
	合计		14	23	37
藏族教师	教学经验（教龄）	1—5 年	7	1	8
		6—10 年	0	3	3
		11—15 年	0	3	3
		16—20 年	2	1	3
		21 年及以上	3	1	4
	教育程度	大专及以下	4	3	7
		本科及以上	9	7	16
	培训	参加过	8	6	14
		未参加过	5	3	8
	合计		12	9	21

续表

民族			性别		合计
			男	女	
维吾尔族教师	教学经验（教龄）	1—5 年	4	22	26
		6—10 年	2	7	9
		11—15 年	4	6	10
		16—20 年	1	5	6
		21 年及以上	3	2	5
	教育程度	大专及以下	5	9	14
		本科及以上	8	31	39
	培训	参加过	11	26	37
		未参加过	1	9	10
	合计		14	42	56
汉族教师	教学经验（教龄）	1—5 年	7	11	18
		6—10 年	10	13	23
		11—15 年	21	24	45
		16—20 年	11	5	16
		21 年及以上	3	0	3
	教育程度	大专及以下	4	0	4
		本科及以上	48	53	101
	培训	参加过	47	44	91
		未参加过	1	3	4
	合计		52	53	105

说明：因各类别有缺失值，故与合计数值对不上。

虽然少数民族学校的其他民族教师一般都能使用主要少数民族的语言进行交流，他们也认同和受到了少数民族文化的深刻影响，但为了使样本能够更准确地代表其所在地区的文化背景，研究决定在各民族地区只选取本民族教师为样本。实际分析的有效样本共 225 人，其中回族教师 38 人，藏族教师 25 人，维吾尔族教师 57 人，汉族教师 105 人。按性别划分,男教师 96 人,女教师 129 人。教师年龄为 24—55 岁,平均年龄为 34.09 岁,40 岁以下教师占总数的 82.4%。从学历来看,本科及以上学历共 190 人,占总数的 83.7%(因表 5-19 统计数据有缺失值,故文中数据与表中数据有出入)。

2. 信度分析

QTI 问卷的 Cronbach's α 系数为 0.775。各维度的信度系数分别为 0.659、0.705、0.703、0.458、0.54、0.712、0.473、0.613。参照已有研究的信度[1],这个信度系数是可以接受的。教师效能问卷的 Cronbach's α 系数为 0.928,各维度信度系数为 0.839、0.825、0.846。教师专业承诺量表原有 11 道测题,第 5 题(被设定为反向题)与同维度其他测题的相关系数很弱,故予以删除。调整后该量表的 Cronbach's α 系数为 0.853,各维度信度系数为 0.842、0.667、0.788。由于该量表的两个维度只有 3 道测题,因此这个信度系数尚可接受。教师专业发展问卷的 Cronbach's α 系数为 0.883,各维度信度系数为 0.845、0.617、0.819、0.736。信度表明问卷整体具有较好的可靠性。

3. 效度分析

采用结构方程模型 Lisrel 8.7 提供的验证性因子分析(CFA)对学生问卷和教师问卷分别进行结构效度分析,结果表明结构效度可以接受。

教师问卷的效度分析。依据各量表的理论建构分别进行验证性因子分析(CFA)。QTI 的构建验证参考已有研究[2],以支配性、服从性、合作性、对抗性为潜变量。结果表明(见表 5-20),QTI 问卷的模型较好,这说明 QTI 量表的建构效度较好。TE 和 TC、PO 问卷除 RMSEA 参数不理想之外,其他参数均在可接受的 0.90 之上,χ^2/df 值也小于 4。一般研究以 RMSEA 小于 0.8 为可

---

[1] 低于 Wubbels 等人的研究结果,高于辛自强等人用中文问卷的研究结果。
[2] 辛自强、林崇德:《教师互动问卷中文版的初步修订及应用》,《心理科学》2000 年第 4 期。

接受的模型,但亦有研究表明 RMSEA 会受到样本数量的影响[①],而本书研究样本由不同民族的个体组成,这也可能会对 RMSEA 值产生一定的影响。考虑到研究量表在理论上较为可靠,修改模型会导致很多后续比较的不妥,并且信度检验亦可接受,所以仍然接受此模型参数。

表 5-20　　　　　　　　验证性因子分析 (CFA)

	χ^2	df	X^2/df	NNFI (TLI)	RFI	IFI	CFI	RMSEA
QTI	12.03	6	2.01	0.96	0.92	0.99	0.99	0.067
TE	859.25	249	3.45	0.93	0.90	0.94	0.94	0.10
TC	115.52	41	2.82	0.94	0.91	0.95	0.95	0.089
PO	338.67	129	2.63	0.93	0.90	0.95	0.95	0.085

(二) 结果分析

1. 师生互动特征

(1) 教师互动特征的总体比较

对不同民族教师在互动各维度进行对比,结果如表 5-21 所示。

从教师互动数据比较中可以发现,各族教师的影响力较强,而亲密性表现相对较弱。从互动特征分布图可以看出,各民族教师的互动特征分布于第一象限,即总体以合作—支配特征为主(见图 5-4)。

从均值的折线可以清晰看出,各民族教师的互动特征分布较为接近,呈现出合作与支配特征较强而对抗与服从特征较弱的特点(见图 5-5)。考察师生互动特征图可以看出,回族、藏族、维吾尔族、汉族四个民族的教师均表现出领导、友好/帮助、理解和严

[①] 邱皓政、林碧芳:《结构方程模型的原理与应用》,中国轻工业出版社 2009 年版,第 83 页。

格特征非常突出的特点（见图5-6）。参照国外学者的观点，除严格行为十分突出外，各民族教师特征与"权威型"或"容忍/权威型"教师十分相似。

表5-21　　　　　　　教师的互动特征比较

		领导 （DC）	友好/ 帮助 （CD）	理解 （CS）	学生 自主 （SC）	犹豫 （SO）	不满 （OS）	惩戒 （OD）	严格 （DO）	影响力 （DS）	亲密性 （CO）
回族	M	30.32	29.26	31.50	26.68	18.74	18.08	21.13	27.97	23.74	12.15
	SD	3.11	3.34	2.61	3.77	6.11	5.58	3.47	4.00	12.51	10.26
藏族	M	28.00	26.08	30.20	23.60	19.72	15.64	18.16	26.44	22.75	9.62
	SD	3.79	4.74	3.39	4.80	5.03	5.34	5.24	3.59	13.50	9.31
维吾 尔族	M	29.04	27.67	30.84	23.49	20.26	13.74	18.77	28.86	25.21	13.72
	SD	4.72	4.81	4.40	4.16	3.81	4.95	3.28	4.52	10.95	9.01
汉族	M	29.07	29.03	31.07	24.93	16.84	15.36	16.93	26.92	29.49	12.90
	SD	3.47	4.43	3.48	4.05	4.58	5.62	4.63	3.91	15.33	8.20

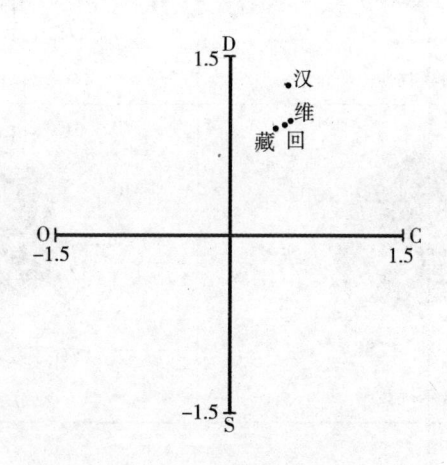

图5-4　各民族教师的互动特征点分布

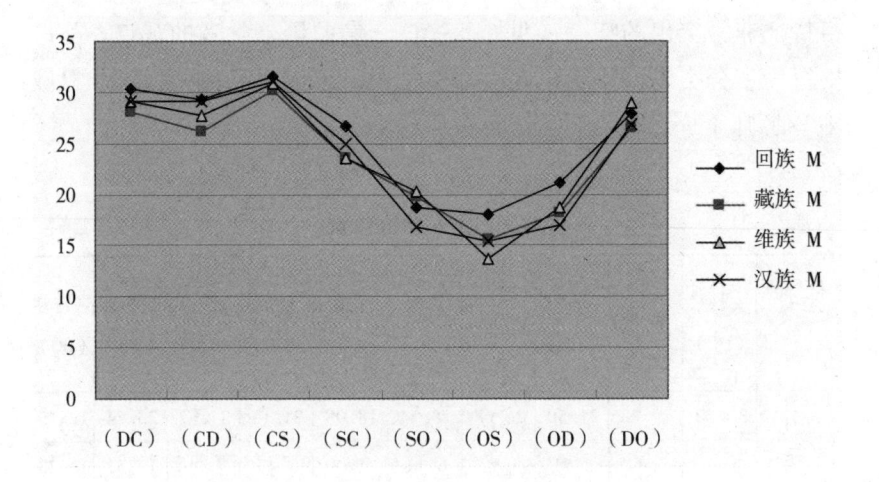

图 5-5　各民族教师的互动特征折线图

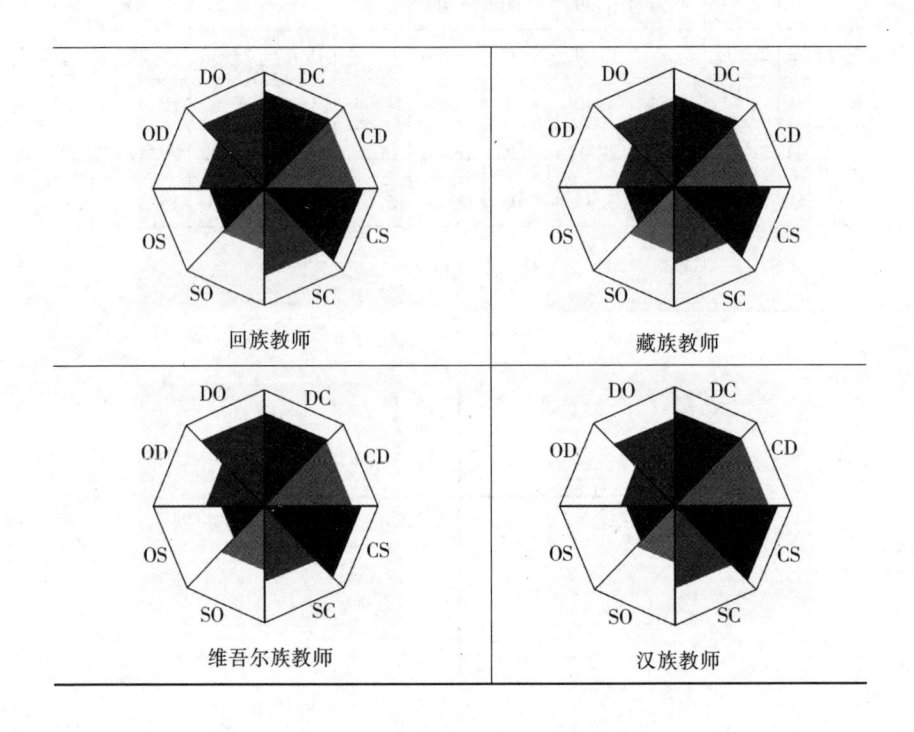

图 5-6　各民族教师的互动特征图

（2）师生互动特征的民族差异

经比较总分均值可见，汉族教师的影响力很高，维吾尔族教师次之，回族和藏族教师相近。在亲密性维度，藏族教师明显较低，而其他各族教师基本相近。

以民族为因子，以各维度特征为因变量进行单因素方差分析发现（见表5-22），各民族教师在多个互动维度表现出显著差异。

表5-22　　教师互动特征民族差异的单因素方差分析

		平方和	df	均方	F	显著性
领导（DC）	组间	86.06	3	28.69	1.99	.117
	组内	3221.54	223	14.45		
	总数	3307.60	226			
友好/帮助（CD）	组间	235.73	3	78.58	4.05	.008
	组内	4330.79	223	19.42		
	总数	4566.52	226			
理解（CS）	组间	27.50	3	9.17	0.71	.549
	组内	2896.48	223	12.99		
	总数	2923.98	226			
学生自主（SC）	组间	268.96	3	89.65	5.28	.002
	组内	3784.99	223	16.97		
	总数	4053.96	226			
犹豫（SO）	组间	504.80	3	168.27	7.47	.000
	组内	5025.76	223	22.54		
	总数	5530.56	226			
不满（OS）	组间	431.74	3	143.91	4.90	.003
	组内	6550.08	223	29.37		
	总数	6981.82	226			

续表

		平方和	df	均方	F	显著性
惩戒（OD）	组间	518.95	3	172.98	9.69	.000
	组内	3981.14	223	17.85		
	总数	4500.09	226			
严格（DO）	组间	178.31	3	59.44	3.62	.014
	组内	3666.25	223	16.44		
	总数	3844.56	226			
影响力	组间	309.70	3	103.23	1.31	.274
	组内	17643.36	223	79.12		
	总数	17953.06	226			
亲密性	组间	1683.95	3	561.32	2.99	.032
	组内	41799.26	223	187.44		
	总数	43483.18	226			

根据方差同质性检验结果，分别采用 Scheffe 法和 Games-Howell 法进一步进行多重比较。结果显示（见表 5-23），回族教师在学生自主维度非常显著地高于维吾尔族教师（$p<0.01$），显著地高于藏族教师（$p<0.05$）；回族教师在惩戒维度极显著地高于汉族教师（$p<0.001$），非常显著地高于维吾尔族教师（$p<0.01$）；回族教师在不满维度非常显著地高于维吾尔族教师（$p<0.01$）。维吾尔族教师在犹豫维度极显著地高于汉族教师（$p<0.001$），在严格和惩戒维度显著地高于汉族教师（$p<0.05$）。汉族教师在友好/帮助维度显著地高于藏族教师（$p<0.05$）。

表 5-23　　　　　教师互动特征民族差异的多重比较

因变量	(I) 教师	(J) 教师	均值差 (I-J)	标准误	显著性	95% 置信区间 下限	上限
友好/帮助（CD）	藏族	汉族	-2.95*	0.98	.031	-5.71	-.19
学生自主（SC）	回族	藏族	3.08*	1.06	.040	.09	6.07
	回族	维吾尔族	3.19*	0.86	.004	.76	5.62
犹豫（SO）	维吾尔族	汉族	3.42*	0.78	.000	1.23	5.61
不满（OS）	回族	维吾尔族	4.34*	1.14	.003	1.14	7.54
严格（DO）	维吾尔族	汉族	1.94*	.66	.038	.07	3.82
惩戒（OD）[a]	回族	维吾尔族	2.36*	.71	.007	.49	4.23
	回族	汉族	4.21*	.72	.000	2.32	6.09
	维吾尔族	汉族	1.85*	.62	.019	.23	3.47

说明：a 表示采用 Games-Howell 方法进行比较，其余采用 Scheffe 法。* 表示显著性水平 $p<0.05$。

2. 教师效能差异比较

对不同民族教师在教师效能各维度进行对比，结果如表 5-24 所示。

表 5-24　　　　　各民族教师效能比较

民族		教学策略	课堂管理	学生参与	总分
回族	M	30.53	31.55	26.97	89.05
	SD	4.46	5.18	5.44	13.38
藏族	M	28.12	30.08	25.48	83.68
	SD	4.40	4.24	5.18	11.57
维吾尔族	M	27.61	29.39	26.77	83.77
	SD	5.83	5.58	5.48	15.39
汉族	M	29.82	31.07	29.47	90.36
	SD	4.04	3.95	3.97	11.00

以民族为因子,以教师效能各维度特征为因变量进行单因素方差分析发现,各民族教师在教学策略、学生参与、教师效能总分等维度存在着非常显著的差异(见表5-25)。

表5-25　　各民族教师效能的多因素方差分析

		平方和	df	均方	F	显著性
教学策略	组间	280.83	3	93.61	4.32	.006
	组内	4831.25	223	21.67		
	总数	5112.08	226			
课堂管理	组间	148.37	3	49.46	2.29	.080
	组内	4823.29	223	21.63		
	总数	4971.66	226			
学生参与	组间	514.13	3	171.38	7.51	.000
	组内	5089.88	223	22.83		
	总数	5604.01	226			
教师效能总分	组间	2106.81	3	702.27	4.36	.005
	组内	35943.87	223	161.18		
	总数	38050.69	226			

由于各维度方差同质性检验均显著($p<0.05$),故采用Games-Howell法进行多重比较。分析结果显示(见表5-26),回族教师在教学策略维度显著地高于维吾尔族教师($p<0.05$);汉族教师在学生参与维度非常显著地高于藏族和维吾尔族教师($p<0.01$);汉族教师在教师效能总分维度显著地高于维吾尔族教师($p<0.05$)。

表 5-26　　　　　　　　各民族教师效能多重比较

因变量	(I) 民族	(J) 民族	均值差 (I-J)	标准误	显著性	95% 置信区间	
						下限	上限
教学策略	回族	维吾尔族	2.91*	1.06	0.035	0.14	5.68
学生参与	藏族	汉族	-3.99*	1.10	0.006	-6.99	-0.99
	维吾尔族	汉族	-2.69*	0.82	0.008	-4.85	-0.55
教师效能总分	维吾尔族	汉族	-6.58*	2.29	0.027	-12.61	-0.56

说明：采用 Games-Howell 方法进行比较。*表示显著性水平 $p<0.05$。

3. 教师专业承诺差异比较

对不同民族教师在教师专业承诺各维度进行对比，结果如表 5-27 所示。

表 5-27　　　　　　　各民族教师专业承诺比较

民族		学校组织	教学专业	学生	总分
回族	M	13.82	12.58	18.18	44.58
	SD	3.33	2.50	3.03	7.05
藏族	M	13.20	12.04	18.28	43.52
	SD	2.45	3.27	2.26	6.50
维吾尔族	M	13.28	12.12	19.84	45.25
	SD	3.69	4.16	3.86	10.04
汉族	M	15.91	13.81	19.90	49.62
	SD	1.44	2.50	2.40	4.98

以民族为因子，以教师专业承诺各维度特征为因变量进行单因素方差分析发现（见表 5-28），各民族教师在总分以及各个维度存在着显著差异。

表 5-28　　各民族教师专业承诺单因素方差分析

		平方和	df	均方	F	显著性
学校组织	组间	354.24	3	118.08	17.16	.000
	组内	1534.29	223	6.88		
	总数	1888.52	226			
教学专业	组间	144.34	3	48.11	5.07	.002
	组内	2116.63	223	9.49		
	总数	2260.96	226			
学生	组间	125.04	3	41.68	4.87	.003
	组内	1910.20	223	8.57		
	总数	2035.24	226			
教师承诺	组间	1433.64	3	477.88	9.58	.000
	组内	11129.35	223	49.91		
	总数	12562.99	226			

根据方差同质性检验结果，对学生维度采用 Scheffe 法进行多重比较，而对其他维度采用 Games-Howell 法进行比较。结果表明（见表 5-29），汉族教师在学校组织维度极显著地高于藏族教师和维吾尔族教师（$p<0.001$），在此维度同样非常显著地高于回族教师（$p<0.01$）。汉族教师在教师承诺维度非常显著地高于回族和藏族教师（$p<0.01$），显著地高于维吾尔族教师（$p<0.05$）。此外，汉族教师在教学专业维度显著地高于维吾尔族教师（$p<0.05$），在学生维度显著地高于回族教师（$p<0.05$）。

表 5-29　　　　　　　各民族教师专业承诺多重比较

因变量	(I) 民族	(J) 民族	均值差 (I-J)	标准误	显著性	95% 置信区间	
						下限	上限
学校组织	回族	汉族	-2.09*	0.56	0.003	-3.58	-0.60
	藏族	汉族	-2.71*	0.51	0.000	-4.10	-1.32
	维吾尔族	汉族	-2.63*	0.51	0.000	-3.96	-1.29
教学专业	维吾尔族	汉族	-1.69*	0.60	0.031	-3.27	-0.11
学生[a]	回族	汉族	-1.71*	0.55	0.024	-3.27	-0.16
教师承诺	回族	汉族	-5.04*	1.24	0.001	-8.33	-1.74
	藏族	汉族	-6.09*	1.39	0.001	-9.86	-2.33
	维吾尔族	汉族	-4.37*	1.41	0.015	-8.09	-0.65

说明：a 表示采用 Scheffe 方法进行比较，其余采用 Games-Howell 方法。* 表示显著性水平 $p < 0.05$。

4. 教师专业发展差异比较

对不同民族教师在教师专业发展各维度进行对比，结果如表 5-30 所示。

表 5-30　　　　　　　各民族教师专业发展比较

民族		学习	转化	道德发展	资格证明	总分
回族	M	25.66	6.61	26.95	11.32	70.53
	SD	2.46	1.59	3.71	1.99	6.80
藏族	M	23.84	6.60	25.56	11.08	67.08
	SD	2.58	1.53	3.49	1.85	6.78
维吾尔族	M	25.91	8.37	29.23	12.46	75.96
	SD	2.98	1.16	4.69	2.21	9.73
汉族	M	25.99	6.33	28.15	12.03	72.50
	SD	2.99	1.96	3.54	1.85	7.75

以民族为因子，以教师专业发展各维度特征为因变量进行单因素方差分析发现（见表5-31），各民族教师在教师专业发展总分以及各个维度均存在着显著差异。

表5-31　　各民族教师专业发展单因素方差分析

		平方和	df	均方	F	显著性
学习	组间	98.06	3	32.69	3.99	.009
	组内	1827.47	223	8.20		
	总数	1925.52	226			
转化	组间	163.52	3	54.51	19.24	.000
	组内	631.89	223	2.83		
	总数	795.41	226			
道德发展	组间	278.31	3	92.77	6.14	.000
	组内	3367.70	223	15.10		
	总数	3646.01	226			
资格证明	组间	49.13	3	16.38	4.23	.006
	组内	863.11	223	3.87		
	总数	912.24	226			
教师专业发展	组间	1565.96	3	521.99	8.04	.000
	组内	14481.99	223	64.94		
	总数	16047.95	226			

根据方差同质性检验结果，对学习维度采用Scheffe法进行多重比较，而对其他维度采用Games-Howell法比较。结果表明（见表5-32），维吾尔族教师在教师专业发展的各个维度均优于藏族和回族教师。具体来看，维吾尔族教师在转化维度极显著地高于藏族、汉族和回族教师（$p < 0.001$）；维吾尔族教师在道德发展维度非常显著地高于藏族教师（$p < 0.01$），显著地高于回族教师（$p < 0.05$）；维吾尔族教师在教师专业发展维度极显著地高于藏族教师

($p<0.001$)，显著地高于回族教师（$p<0.05$）；维吾尔族教师在学习和资格证明维度显著地高于藏族教师（$p<0.05$）。在教师专业发展方面，汉族教师较之藏族教师拥有显著优势。具体来看，汉族教师在教师专业发展维度非常显著地高于藏族教师（$p<0.01$），在学习和道德发展维度显著地高于藏族教师（$p<0.05$）。

表 5 – 32　　各民族教师专业发展多重比较

因变量	(I) 民族	(J) 民族	均值差 (I – J)	标准误	显著性	95% 置信区间	
						下限	上限
学习[a]	藏族	维吾尔族	-2.07*	0.69	0.030	-4.01	-0.14
	藏族	汉族	-2.15*	0.64	0.011	-3.90	-0.36
转化	回族	维吾尔族	-1.76*	0.29	0.000	-2.55	-0.97
	藏族	维吾尔族	-1.77*	0.34	0.000	-2.69	-0.85
	维吾尔族	汉族	2.04*	0.24	0.000	1.40	2.67
道德发展	回族	维吾尔族	-2.28*	0.87	0.048	-4.55	-0.01
	藏族	维吾尔族	-3.67*	0.93	0.001	-6.14	-1.20
	藏族	汉族	-2.59*	0.78	0.010	-4.68	-0.50
资格证明	藏族	维吾尔族	-1.38*	0.47	0.025	-2.63	-0.13
教师专业发展	回族	维吾尔族	-5.44*	1.70	0.010	-9.88	-1.00
	藏族	维吾尔族	-8.88*	1.87	0.000	-13.82	-3.95
	藏族	汉族	-5.42*	1.55	0.006	-9.57	-1.26

说明：a 表示采用 Scheffe 方法进行比较，其余采用 Games-Howell 法。* 表示显著性水平 $p<0.05$。

5. 性别的影响

（1）分民族的性别差异

对不同民族男教师和女教师的师生互动、教师效能、教师专业承诺以及教师专业发展的各个维度得分进行比较，结果如表 5 – 33 所示。

表 5-33　　　　不同民族男女教师在各维度的差异

维度	性别	M ± SD			
		回族	藏族	维吾尔族	汉族
领导（DC）	男	30.86 ± 3.82	27.62 ± 3.8	29.21 ± 4.12	29.35 ± 3.53
	女	30 ± 2.65	27.8 ± 3.94	28.83 ± 4.91	28.91 ± 3.45
友好/帮助（CD）	男	28.71 ± 4.29	26.46 ± 4.63	27.86 ± 3.61	28.92 ± 4.83
	女	29.58 ± 2.7	25 ± 5.29	27.55 ± 5.23	29.06 ± 4.12
理解（CS）	男	31 ± 3.37	29.62 ± 3.62	32.21 ± 3.31	31.1 ± 3.47
	女	31.79 ± 2.06	30.5 ± 3.31	30.26 ± 4.62	31.02 ± 3.54
学生自主（SC）	男	25.57 ± 4.57	23.38 ± 5.68	25.57 ± 3.44	24.79 ± 3.73
	女	27.33 ± 3.14	24.1 ± 3.87	22.98 ± 4.09	25.08 ± 4.45
犹豫（SO）	男	17.93 ± 8.03	19.31 ± 4.75	22.71 ± 3.43	16.65 ± 4.16
	女	19.21 ± 4.78	20.2 ± 5.37	19.55 ± 3.61	17.19 ± 4.97
不满（OS）	男	17.07 ± 5.77	15.92 ± 6.25	14 ± 6.03	15.54 ± 5.67
	女	18.67 ± 5.5	15.1 ± 4.68	13.83 ± 4.52	15.13 ± 5.65
惩戒（OD）	男	21.21 ± 3.81	17.92 ± 5.68	19.93 ± 3.32	17.02 ± 4.78
	女	21.08 ± 3.34	18.7 ± 5.36	18.45 ± 3.23	16.96 ± 4.57
严格（DO）	男	28.07 ± 5.17	25.38 ± 3.18	29 ± 2.35	26.79 ± 4.1
	女	27.92 ± 3.26	27.4 ± 3.84	28.76 ± 5.1	27 ± 3.81
影响力	男	14.9 ± 12.2	9.04 ± 9.35	9.73 ± 8.6	13.25 ± 8.29
	女	10.54 ± 8.82	9.31 ± 8.39	14.59 ± 8.5	12.5 ± 8.3
亲密性	男	23.68 ± 14.48	22.85 ± 16.85	25.22 ± 12	29.33 ± 15.81
	女	23.77 ± 11.54	21.6 ± 9.64	24.81 ± 10.54	29.46 ± 15.23
教学策略	男	30.57 ± 5.18	26.92 ± 3.25	28.93 ± 5.43	30.04 ± 3.75
	女	30.5 ± 4.1	29.3 ± 5.76	26.98 ± 5.86	29.49 ± 4.24
课堂管理	男	33 ± 4.93	29.46 ± 4.12	29.64 ± 4.96	31.21 ± 4.29
	女	30.71 ± 5.23	30.2 ± 4.42	29.14 ± 5.8	30.89 ± 3.65
学生参与	男	28.07 ± 6.18	25.08 ± 4.52	26.79 ± 4.34	29.85 ± 4.04
	女	26.33 ± 4.98	26.1 ± 5.97	26.74 ± 5.92	29.02 ± 3.92

续表

维度	性别	M ± SD			
		回族	藏族	维吾尔族	汉族
教师效能总分	男	91.64 ± 14.38	81.46 ± 9.47	85.36 ± 13.02	91.1 ± 11.03
	女	87.54 ± 12.83	85.6 ± 14.82	82.86 ± 16.18	89.4 ± 10.97
学校组织	男	14.21 ± 3.45	12.46 ± 2.85	13.5 ± 3.57	15.96 ± 1.47
	女	13.58 ± 3.31	14 ± 1.83	13.26 ± 3.79	15.85 ± 1.43
教学专业	男	12.57 ± 2.38	11.77 ± 3.35	12 ± 3.76	14.62 ± 2.04
	女	12.58 ± 2.62	12 ± 3.53	12.12 ± 4.36	13.06 ± 2.65
学生	男	18.71 ± 2.7	17.38 ± 2.22	20.29 ± 2.49	20.04 ± 2.5
	女	17.88 ± 3.22	19.8 ± 1.62	19.6 ± 4.23	19.79 ± 2.33
教师承诺	男	45.5 ± 6.51	41.62 ± 7.05	45.79 ± 7.67	50.62 ± 4.76
	女	44.04 ± 7.42	45.8 ± 5.92	44.98 ± 10.89	48.7 ± 5.01
学习	男	25.57 ± 2.38	23.85 ± 2.82	26.21 ± 2.64	25.75 ± 3.49
	女	25.71 ± 2.56	24.4 ± 2.01	25.71 ± 3.07	26.25 ± 2.46
转化	男	6.79 ± 1.89	6.85 ± 1.41	8.43 ± 1.16	6.65 ± 2.07
	女	6.5 ± 1.41	6 ± 1.56	8.31 ± 1.16	6.04 ± 1.85
道德发展	男	26.36 ± 4.2	25.69 ± 3.77	29.14 ± 3.8	28.54 ± 4.08
	女	27.29 ± 3.44	25.5 ± 3.54	29.12 ± 4.97	27.72 ± 2.96
资格证明	男	11 ± 2.25	11.08 ± 1.55	12.86 ± 1.96	12.15 ± 1.99
	女	11.5 ± 1.84	11.2 ± 2.3	12.26 ± 2.29	11.87 ± 1.71
教师专业发展	男	69.71 ± 7.85	67.46 ± 7.76	76.64 ± 8.15	73.1 ± 9.74
	女	71 ± 6.23	67.1 ± 6.01	75.4 ± 10.15	71.87 ± 5.27

回族男女教师在各个维度均无显著差异。藏族男教师在学生维度非常显著地低于藏族女教师（$p<0.01$），t检验值为$t(21)=-2.894$。维吾尔族男教师在犹豫维度非常显著地高于维吾尔族女教师（$p<0.01$），t检验值为$t(54)=2.876$，在学生自主维度显著地高于维吾尔族女教师（$p<0.05$），t检验值为$t(54)=2.132$。汉族男教师在教学专业维度非常显著地高于汉族女教师（$p<0.01$），t检

验值为 $t(103) = 3.374$；汉族男教师在教师专业承诺维度显著地高于汉族女教师（$p<0.05$），t 检验值为 $t(103) = 2.010$。

（2）民族和性别的交互影响

分析民族和性别对教师效能等三个量表及其各维度的影响，发现交互作用并无显著意义（$p>0.05$）。各量表总分的报告值分别为教师效能（$F=0.511$，$p=0.675$，偏 $Eta^2=0.007$），教师承诺（$F=1.161$，$p=0.325$，偏 $Eta^2=0.016$），教师专业发展（$F=0.232$，$p=0.874$，偏 $Eta^2=0.003$）。

6. 学历的影响

（1）分民族的学历差异①

对各民族不同学历教师的师生互动、教师效能、教师专业承诺以及教师专业发展各个维度的得分进行比较，结果如表 5-34 所示。

表 5-34　　不同民族不同学历教师在各维度的差异

维度	学历	M ± SD			
		回族	藏族	维吾尔族	汉族
领导（DC）	L	32.5 ± 2.81	27 ± 2.89	25.86 ± 4.72	27.75 ± 3.4
	H	29.91 ± 3.03	28 ± 4.15	29.97 ± 4.33	29.13 ± 3.47
友好/帮助（CD）	L	31 ± 3.41	23.57 ± 3.74	26.79 ± 6.57	29 ± 2.94
	H	28.94 ± 3.28	26.81 ± 5.08	27.85 ± 4.28	29.03 ± 4.49
理解（CS）	L	32.5 ± 1.22	29.43 ± 1.4	28.07 ± 5.44	31.5 ± 2.52
	H	31.31 ± 2.76	30.25 ± 4.04	31.56 ± 3.73	31.06 ± 3.52
学生自主（SC）	L	28.33 ± 3.67	23 ± 2.94	23.57 ± 5.08	22.25 ± 4.11
	H	26.38 ± 3.77	24 ± 5.59	23.28 ± 3.54	25.04 ± 4.03

---

① 由于所调查中学教师几乎都是大专或本科学历，仅个别是硕士学历（或教育硕士），所以为研究方便，将大专及以下文化程度概括为低学历教师，而将本科及以上学历归为高学历教师。

续表

维度	学历	M ± SD			
		回族	藏族	维吾尔族	汉族
犹豫（SO）	L	16.67 ± 6.59	19 ± 5.29	21 ± 4.37	17.5 ± 4.8
	H	19.13 ± 6.04	20 ± 4.91	19.59 ± 3.18	16.82 ± 4.6
不满（OS）	L	14.67 ± 5.32	15.29 ± 6.29	16.64 ± 5.44	16 ± 7.79
	H	18.72 ± 5.47	15.69 ± 5.36	12.69 ± 3.45	15.33 ± 5.57
惩戒（OD）	L	20.67 ± 3.78	19.43 ± 7.18	19.64 ± 3.77	17.25 ± 5.19
	H	21.22 ± 3.46	17.75 ± 4.65	18.28 ± 2.93	16.91 ± 4.64
严格（DO）	L	30.17 ± 2.48	25.43 ± 3.1	27.36 ± 6.48	29.5 ± 3.79
	H	27.56 ± 4.12	26.63 ± 3.76	29.26 ± 3.82	26.82 ± 3.9
影响力	L	17.96 ± 14.1	8.94 ± 6.34	8.6 ± 8.08	15.63 ± 12.91
	H	11.06 ± 9.26	9.25 ± 9.81	15.76 ± 8.04	12.79 ± 8.04
亲密性	L	31.23 ± 12.13	18.94 ± 16.67	17.49 ± 12.51	26.21 ± 16.69
	H	22.33 ± 12.25	23.78 ± 12.83	27.84 ± 8.51	29.62 ± 15.35
教学策略	L	32.33 ± 4.03	26.14 ± 4.22	26.57 ± 5.83	29 ± 3.56
	H	30.19 ± 4.51	28.75 ± 4.6	27.33 ± 5.76	29.85 ± 4.07
课堂管理	L	33.33 ± 4.41	29.14 ± 2.67	28.79 ± 5.54	29.75 ± 2.5
	H	31.22 ± 5.3	30.06 ± 4.73	28.92 ± 5.49	31.12 ± 4
学生参与	L	28 ± 4.69	25.14 ± 2.85	25.43 ± 5.92	29.25 ± 4.72
	H	26.78 ± 5.62	25.69 ± 5.9	26.62 ± 5.03	29.48 ± 3.96
教师效能总分	L	93.67 ± 11.57	80.43 ± 8.42	80.79 ± 15.23	88 ± 10.23
	H	88.19 ± 13.68	84.5 ± 13.28	82.87 ± 14.92	90.45 ± 11.07
学校组织	L	16 ± 2.19	12.86 ± 2.79	12 ± 4.61	14.75 ± 2.63
	H	13.41 ± 3.37	13.25 ± 2.49	13.56 ± 3.35	15.95 ± 1.37
教学专业	L	15.67 ± 1.37	11 ± 3.21	9.64 ± 5.14	14 ± 2.16
	H	12 ± 2.23	12.25 ± 3.44	12.79 ± 3.53	13.81 ± 2.52

续表

维度	学历	M ± SD			
		回族	藏族	维吾尔族	汉族
学生	L	21 ± 1.55	17.86 ± 2.41	18.21 ± 6.09	19.5 ± 1.73
	H	17.66 ± 2.96	18.69 ± 2.27	20.1 ± 2.65	19.91 ± 2.43
教师承诺	L	52.67 ± 1.86	41.71 ± 6.8	39.86 ± 13.99	48.25 ± 5.91
	H	43.06 ± 6.61	44.19 ± 6.85	46.46 ± 7.92	49.67 ± 4.97
学习	L	25.83 ± 3.25	23.57 ± 2.7	24 ± 3.01	25.75 ± 2.75
	H	25.63 ± 2.35	24.31 ± 2.41	26.38 ± 2.75	26 ± 3.01
转化	L	6.5 ± 1.76	6.86 ± 1.46	7.93 ± 1.44	5.75 ± 2.06
	H	6.63 ± 1.58	6.31 ± 1.54	8.46 ± 1.05	6.35 ± 1.96
道德发展	L	28.5 ± 2.95	25.71 ± 1.89	27.36 ± 6.89	27.25 ± 2.87
	H	26.66 ± 3.81	25.56 ± 4.18	29.51 ± 3.59	28.18 ± 3.57
资格证明	L	12 ± 1.9	11.29 ± 1.25	11.43 ± 3.23	12.5 ± 1
	H	11.19 ± 2.01	11.06 ± 2.11	12.59 ± 1.63	12.01 ± 1.87
教师专业发展	L	72.83 ± 9.09	67.43 ± 4.12	70.71 ± 13.94	71.25 ± 6.99
	H	70.09 ± 6.37	67.25 ± 7.95	76.95 ± 7.2	72.54 ± 7.8

说明：H 表示本科及以上学历的教师，L 表示大专及以下学历的教师。

回族低学历教师在教学专业和教师承诺维度极显著地高于高学历教师（$p < 0.001$），t 检验值分别为 $t(36) = 3.869$，$t(36) = 6.891$；在学生维度非常显著地高于高学历教师（$p < 0.01$），t 检验值为 $t(36) = 4.075$。

维吾尔族低学历教师在领导、学习维度非常显著地低于高学历教师（$p < 0.01$），t 检验值分别为 $t(51) = -2.983$，$t(51) = -2.715$；低学历教师在理解、教学专业维度显著地低于高学历教师（$p < 0.05$），t 检验值为 $t(51) = -2.650$，$t(51) = -2.527$。但是低学历教师在不满维度非常显著地高于高学历教师（$p < 0.01$），t 检验值为 $t(51) = 3.129$。

汉族和藏族教师中的低学历教师人数太少，不便于比较。

(2) 民族和学历的交互影响

民族和学历的交互作用对领导、不满、学校组织、教学专业、学生等维度有显著影响（$p<0.05$），但采用 Scheffe 法进行多重比较发现，差异并不显著（$p>0.05$）。

7. 教龄的影响

将教龄合并为 1—5 年，6—15 年，16 年以上三个维度。对各民族从教时间不同教师的师生互动、教师效能、教师专业承诺以及教师专业发展的各个维度得分进行比较，结果如表 5-35 所示。

表 5-35　不同民族不同教龄教师在各维度的差异

维度	教龄	M ± SD			
		回族	藏族	维吾尔族	汉族
领导（DC）	S	30.26 ± 3.3	27.13 ± 3.56	28.85 ± 4.35	27.67 ± 3.97
	M	29.63 ± 2.45	27.17 ± 4.71	27.95 ± 5.67	29.51 ± 3.3
	L	31 ± 3.53	27.57 ± 3.46	30.82 ± 3.16	28.95 ± 3.44
友好/帮助（CD）	S	28.79 ± 3.72	26.38 ± 5.1	28.62 ± 3.62	27.83 ± 3.99
	M	28.63 ± 2.56	25.17 ± 5.95	27.21 ± 6.31	29.03 ± 4.63
	L	30.6 ± 3.2	25 ± 4.8	26 ± 4.34	30 ± 4.07
理解（CS）	S	30.95 ± 3.19	29 ± 4.04	30.15 ± 3.2	30.06 ± 3.28
	M	32 ± 2.45	30.17 ± 4.07	30.16 ± 5.96	31.13 ± 3.73
	L	32 ± 1.25	29.86 ± 1.95	33.18 ± 2.89	31.95 ± 2.55
学生自主（SC）	S	26.47 ± 3.75	23 ± 5.26	23.81 ± 3.39	24.39 ± 4.67
	M	25.75 ± 4.74	23.67 ± 4.84	23.84 ± 5.15	25.35 ± 4.05
	L	27.6 ± 3.24	24.71 ± 5.02	22.82 ± 3.71	23.95 ± 3.47
犹豫（SO）	S	19.47 ± 7.2	19.25 ± 4.43	20.38 ± 3.23	18.78 ± 4.29
	M	17.38 ± 3.85	20.5 ± 6.47	21.16 ± 3.98	16.29 ± 4.54
	L	18 ± 5.72	19.71 ± 5.47	18.82 ± 4.58	17.11 ± 4.82

续表

维度	教龄	M ± SD			
		回族	藏族	维吾尔族	汉族
不满（OS）	S	19.58 ± 5.46	16.25 ± 6.71	14.73 ± 3.84	16 ± 6.13
	M	17.5 ± 6.59	13 ± 3.63	14.16 ± 6.41	15.32 ± 5.47
	L	15.6 ± 4.74	16.86 ± 6.12	11.36 ± 3.35	14.58 ± 5.87
惩戒（OD）	S	21.95 ± 3.5	17.88 ± 4.05	19.42 ± 3.07	17.33 ± 3.8
	M	20.38 ± 3.42	16.83 ± 5.31	19 ± 3.57	16.97 ± 4.71
	L	20.1 ± 3.54	20.29 ± 6.78	17.09 ± 2.91	16.58 ± 5.27
严格（DO）	S	27.84 ± 4.07	25.63 ± 2.62	29.46 ± 3.98	25.89 ± 3.64
	M	26 ± 3.63	27.67 ± 4.63	28.37 ± 5.44	26.72 ± 3.76
	L	29.7 ± 3.92	24.29 ± 1.98	28.09 ± 4.37	28.58 ± 4.46
影响力	S	11.27 ± 9.85	9.28 ± 9.4	14.18 ± 9.16	9.22 ± 9.1
	M	11.31 ± 9.92	9.37 ± 10.6	11.13 ± 9.01	13.26 ± 7.74
	L	15.07 ± 12.11	6.29 ± 6.78	15.34 ± 6.75	15.18 ± 8.46
亲密性	S	20.33 ± 13.55	21.55 ± 17.25	23.71 ± 7.8	25.4 ± 14.87
	M	25.49 ± 11.81	24.47 ± 6.7	23.13 ± 13.86	30.14 ± 15.89
	L	28.89 ± 10.51	19.45 ± 16.97	30.83 ± 9.82	31.07 ± 14.2
教学策略	S	29.79 ± 5.47	27.88 ± 2.8	26.62 ± 5.86	28.89 ± 4.31
	M	30.13 ± 2.53	29.33 ± 7.03	27.32 ± 5.85	30.22 ± 4.14
	L	32.3 ± 3.47	26.43 ± 4.5	29.73 ± 5.29	29.37 ± 3.44
课堂管理	S	31.11 ± 5.29	28 ± 3.7	28.69 ± 5.21	29.44 ± 3.91
	M	29.5 ± 5.07	31.17 ± 5.15	29.21 ± 6	31.67 ± 4.17
	L	34.3 ± 4.57	30.29 ± 3.64	30.73 ± 5.87	30.53 ± 2.67
学生参与	S	26.58 ± 6	25.63 ± 5.66	25.88 ± 5.67	27.94 ± 3.56
	M	24.13 ± 4.19	27.5 ± 7.15	27.53 ± 5.87	29.83 ± 4.19
	L	29.8 ± 4.37	24.57 ± 2.3	27.45 ± 4.68	29.63 ± 3.39
教师效能总分	S	87.47 ± 15.44	81.5 ± 10.36	81.19 ± 15.06	86.28 ± 11
	M	83.75 ± 8.96	88 ± 18.33	84.05 ± 16.45	91.71 ± 11.42
	L	96.4 ± 10.3	81.29 ± 9.34	87.91 ± 14.5	89.53 ± 8.98

续表

维度	教龄	M ± SD			
		回族	藏族	维吾尔族	汉族
学校组织	S	13.74 ± 3.38	13 ± 2.14	13.42 ± 3.64	15.78 ± 1.96
	M	13 ± 4.31	14.5 ± 1.52	12.79 ± 4.1	15.96 ± 1.4
	L	14.2 ± 2.35	12 ± 3.56	14 ± 3.35	15.89 ± 1.05
教学专业	S	12.26 ± 2.58	12.63 ± 2.5	13.04 ± 3.65	12.5 ± 3.2
	M	11.25 ± 1.75	12.17 ± 4.4	10.68 ± 4.67	14.03 ± 2.27
	L	13.9 ± 2.23	10.43 ± 3.55	12.27 ± 4.22	14.47 ± 2.09
学生	S	18.05 ± 2.74	18 ± 2.45	20.04 ± 2.62	18.89 ± 2.68
	M	15.88 ± 3.09	19.67 ± 2.07	19.26 ± 4.91	20.29 ± 2.33
	L	20.1 ± 2.47	18 ± 2.31	20 ± 4.54	19.58 ± 2.12
教师承诺	S	44.05 ± 7.07	43.63 ± 6.19	46.5 ± 7.84	47.17 ± 6.1
	M	40.13 ± 7.22	46.33 ± 7.06	42.74 ± 12.29	50.28 ± 4.8
	L	48.2 ± 4.59	40.43 ± 7.93	46.27 ± 10.96	49.95 ± 3.63
学习	S	25.26 ± 2.51	23.75 ± 3.11	25.77 ± 2.66	26.61 ± 3.09
	M	26.38 ± 1.92	24.33 ± 2.34	26 ± 2.43	25.97 ± 3.19
	L	26 ± 2.87	24.14 ± 2.48	25.73 ± 4.43	25.58 ± 2.09
转化	S	6.58 ± 1.71	6.75 ± 1.58	8.5 ± 1.14	6.39 ± 2.25
	M	6.88 ± 1.36	6.33 ± 1.86	8.11 ± 0.99	6.19 ± 1.97
	L	6.5 ± 1.72	6.43 ± 1.51	8.36 ± 1.43	6.84 ± 1.64
道德发展	S	26.89 ± 4.19	25.63 ± 5.13	30.5 ± 3.73	27.11 ± 3.22
	M	27.13 ± 3.31	24.5 ± 3.02	27.26 ± 4.57	28.2 ± 3.88
	L	26.7 ± 3.53	26.29 ± 2.5	29.09 ± 6.01	28.95 ± 2.39
资格证明	S	11.58 ± 1.87	10.88 ± 2.03	12.65 ± 1.52	12.06 ± 1.26
	M	11.75 ± 1.58	11.17 ± 2.56	11.84 ± 2.57	12 ± 2.11
	L	10.4 ± 2.46	11 ± 1.29	12.82 ± 2.86	12.11 ± 1.29
教师专业发展	S	70.32 ± 7.32	67 ± 10.11	77.42 ± 7.73	72.17 ± 7.34
	M	72.13 ± 4.94	66.33 ± 6.44	73.21 ± 8.81	72.36 ± 8.55
	L	69.6 ± 7.78	67.86 ± 4.22	76 ± 14.21	73.47 ± 4.97

说明：S 表示教龄 5 年以下，M 表示教龄 5—15 年，L 表示教龄 16 年以上。

教龄因素对教师承诺量表的许多维度均有显著作用（$p < 0.05$），而对其他方面的影响没有发现。教龄对回族教师的影响表现在教师承诺量表［$F(2,34) = 3.423$，$p = 0.44$］及其学生维度［$F(2,34) = 5.271$，$p = 0.10$］。采用 Scheffe 法进行多重比较发现（见表 5-36），16 年以上教龄的教师对学生的承诺水平更高。教龄对汉族教师的影响也表现在教师承诺部分的教学专业维度上［$F(2,103) = 3.621$，$p = 0.30$］。采用 LSD 法进行多重比较发现，从教年龄长的汉族教师对教学专业的承诺水平更高。教龄对藏族、维吾尔族教师的影响无显著差异。

表 5-36　不同民族不同教龄教师教学专业承诺的多重比较

因变量		(I) 教龄	(J) 教龄	均值差 (I-J)	标准误	显著性	95% 置信区间	
							下限	上限
回族[a]	学生	6—15 年	16 年以上	-4.23*	1.30	.010	-7.56	-0.89
	教师承诺	6—15 年	16 年以上	-8.08*	3.10	.045	-16.01	-0.14
汉族	教学专业	1—5 年	6—15 年	-1.53*	0.64	.019	-2.80	-0.26
		1—5 年	16 年以上	-1.97*	0.80	.015	-3.55	-0.40
		6—15 年	16 年以上	-0.44	0.63	.480	-1.69	0.80

说明：a 表示采用 Scheffe 法，其余采用 LSD 法。* 表示显著性水平 $p < 0.05$。

民族和教龄的交互作用也对教师专业承诺下的"教学专业"和"学生"维度有显著影响，其值分别为教学专业（$F = 2.598$，$p = 0.019$，偏 $Eta^2 = 0.070$），学生（$F = 2.530$，$p = 0.022$，偏 $Eta^2 = 0.068$）。不过，这种影响的效应较低，采用 Scheffe 法进行事后多重比较，结果表明这种差异并不显著。

8. 培训的影响

对不同民族参加过新课程培训和没有参加过培训教师的师生互动、教师效能、教师专业承诺以及教师专业发展各个维度的得分进行比较，结果如表 5-37 所示。

表 5-37 **各民族教师在参加培训方面的差异**

维度	培训状况	M ± SD			
		回族	藏族	维吾尔族	汉族
领导（DC）	Y	30.2 ± 4.09	28.07 ± 3.47	29.27 ± 5.12	29.26 ± 3.32
	N	30.33 ± 2.59	26.5 ± 4.21	27.1 ± 4.28	28.5 ± 3.79
友好/帮助（CD）	Y	29.53 ± 3.27	27.07 ± 4.39	27.49 ± 4.95	29.03 ± 4.51
	N	29.11 ± 3.53	23.25 ± 5.15	26.1 ± 3.31	30 ± 2.83
理解（CS）	Y	31.8 ± 3.08	31 ± 3.21	30.59 ± 4.94	31.06 ± 3.49
	N	31.11 ± 2.42	27.75 ± 2.82	30.4 ± 2.99	31 ± 2.16
学生自主（SC）	Y	27 ± 3.53	25.29 ± 4.95	23.24 ± 4.47	25.02 ± 3.84
	N	27.06 ± 3.62	20.38 ± 3.02	23.4 ± 1.9	25 ± 2.94
犹豫（SO）	Y	16.73 ± 5.8	20.5 ± 5.11	20.3 ± 3.71	16.71 ± 4.6
	N	20.5 ± 5.8	18.5 ± 4.96	21.1 ± 3.48	19 ± 7.07
不满（OS）	Y	16.53 ± 6.3	16.14 ± 4.66	13.41 ± 4.69	15.15 ± 5.36
	N	18.94 ± 5.57	14.25 ± 7.21	15.3 ± 3.56	15.5 ± 8.85
惩戒（OD）	Y	20.33 ± 3.15	18.36 ± 3.97	18.59 ± 2.85	16.82 ± 4.73
	N	21.78 ± 3.96	17.5 ± 7.71	19.4 ± 4.14	17 ± 4.32
严格（DO）	Y	27.2 ± 3.9	27.43 ± 2.9	28.89 ± 4.69	26.85 ± 4.06
	N	28.11 ± 4.51	23.63 ± 3.16	28 ± 4.4	26 ± 2.45
影响力	Y	13.16 ± 13.22	8.29 ± 8.52	14.24 ± 8.09	13.09 ± 7.87
	N	10.33 ± 7.07	9.88 ± 9.88	9.68 ± 10.08	9.85 ± 10.32
亲和力	Y	27.55 ± 13.71	23.75 ± 9.91	25.26 ± 11.1	29.95 ± 15.34
	N	21.28 ± 11.77	19.52 ± 20.28	20.59 ± 7.9	29.45 ± 18.46
教学策略	Y	29.53 ± 6.15	29.57 ± 4.75	27.41 ± 5.98	29.68 ± 4.06
	N	31.39 ± 3.15	25 ± 2.83	27.3 ± 6.33	30.75 ± 4.79
课堂管理	Y	30.8 ± 6.01	31.36 ± 4.53	29.05 ± 5.31	31.02 ± 3.95
	N	31.67 ± 4.67	27.38 ± 1.92	29.2 ± 6.92	30 ± 4.76
学生参与	Y	25.4 ± 5.11	27.21 ± 5.21	26.51 ± 5.3	29.39 ± 4.04
	N	28 ± 6.04	22.63 ± 4	27.7 ± 7.62	27.5 ± 3.7

续表

维度	培训状况	M ± SD			
		回族	藏族	维吾尔族	汉族
教师效能总分	Y	85.73 ± 16.32	88.14 ± 12.03	82.97 ± 15.3	90.09 ± 11.11
	N	91.06 ± 12.06	75 ± 7.41	84.2 ± 19.29	88.25 ± 12.39
学校组织	Y	13.67 ± 3.29	12.36 ± 2.95	13.24 ± 4.11	15.86 ± 1.38
	N	13.67 ± 3.46	14.38 ± 0.92	12.9 ± 2.38	15.5 ± 3.11
教学专业	Y	12.4 ± 2.72	11.93 ± 3.47	11.86 ± 4.12	14.05 ± 2.29
	N	12.39 ± 2.45	11.88 ± 3.56	12.6 ± 3.75	11 ± 4.69
学生	Y	18.27 ± 3.88	18.57 ± 2.14	19.24 ± 4.3	19.86 ± 2.41
	N	17.94 ± 2.58	18 ± 2.73	19.7 ± 2.67	19 ± 2.45
教师承诺	Y	44.33 ± 8.02	42.86 ± 7.72	44.35 ± 10.89	49.77 ± 4.82
	N	44 ± 6.67	44.25 ± 5.65	45.2 ± 7.98	45.5 ± 7.94
学习	Y	26.33 ± 2.5	25 ± 2	25.89 ± 3.3	25.83 ± 3.02
	N	25.22 ± 2.39	22.5 ± 2.67	25.5 ± 2.17	26.75 ± 2.99
转化	Y	6.6 ± 1.4	6.43 ± 1.5	8.3 ± 1.24	6.32 ± 1.95
	N	6.89 ± 1.68	6.63 ± 1.69	8.3 ± 1.06	4.5 ± 1
道德发展	Y	27.4 ± 3.36	26.07 ± 3.17	28.43 ± 5.02	28.28 ± 3.62
	N	26.89 ± 4.03	24.5 ± 4.38	31 ± 3.65	25.5 ± 2.52
资格证明	Y	11.4 ± 2.13	11.29 ± 1.86	12.16 ± 2.43	11.98 ± 1.94
	N	11.39 ± 2	10.75 ± 2.05	12.2 ± 1.55	13.25 ± 1.26
教师专业发展	Y	71.73 ± 6.84	68.79 ± 5.39	74.78 ± 10.63	72.41 ± 8.07
	N	70.39 ± 7.14	64.38 ± 8.98	77 ± 7.85	70 ± 6.53

说明：Y 表示参加过新课程培训，N 表示没有参加过新课程培训。

在藏族和汉族样本中"未参加过培训的人数"太少，不便于进行可靠的比较。但对回族和维吾尔族样本的比较发现，参加培训与否在各维度均无显著差异。培训和民族因素的交互作用对各量表的各维度也均无显著影响。不过,从总分均值比较上看,参加过培训的教师在很多维度的分值高于未参加过培训的教师,尽管这些差异并不显著。

(三) 数据分析小结[①]

1. 各民族教师的互动行为特征

总体来看,汉族、回族、藏族教师的互动特征在性别、学历、教龄、培训与否等方面的差异均不显著,而维吾尔族教师仅在教龄、培训与否上差异不显著。

(1) 回族教师的互动行为

回族教师的领导、学生自主、不满、惩戒行为均高于其他民族,但这种差异并不都是显著的。具体来看,回族教师的学生自主行为显著地高于藏族、维吾尔族教师,惩戒行为显著地高于汉族和维吾尔族教师。回族教师的不满行为显著地高于维吾尔族教师。

(2) 藏族教师的互动行为

藏族教师的影响力、亲密性行为,以及领导、友好/帮助、理解、严格等行为均低于其他各民族教师,但具统计显著性的仅两个维度,即藏族教师的友好/帮助低于汉族教师,学生自主行为低于回族教师。

(3) 维吾尔族教师的互动行为

维吾尔族教师的亲密性行为及其具体的严格行为均高于其他民族教师,而不满行为低于其他民族教师,但统计表明,仅个别方面的差异显著。显著性检验还表明,维吾尔族和藏族教师没有显著差异。维吾尔族的学生自主、不满行为低于回族教师,犹豫、严格行

[①] 由于有的民族教师样本较少,若只报告差异是否具有统计学意义(也即差异具有显著性)并不妥当,所以此处也报告那些均值差异较大(大于0.9)却不显著的比较结果。

为高于汉族教师。其惩戒行为低于回族教师，而高于汉族教师。维吾尔族男教师的犹豫行为及给予学生的自主多于女教师。维吾尔族低学历教师的领导、理解行为低于高学历教师，不满行为反而高于后者。

（4）汉族教师的互动行为

汉族教师的影响力行为高于其他少数民族的教师，但这种差异并不显著。其惩戒行为低于各少数民族教师，但与藏族的差异不显著。其犹豫行为也低于各少数民族教师，但仅在与维吾尔族教师的比较中差异显著。汉族教师的友好/帮助行为高于藏族教师，其严格行为低于维吾尔族教师。

2. 各民族教师的教学效能特征

总体来看，各民族教师的教学效能及具体维度在性别、学历、教龄、培训与否等方面的差异均不显著。

汉族教师的效能总分高于其他民族，但与回族、藏族教师比较，差异均不显著。其学生参与状况也高于其他民族教师，但与回族的差异不显著。回族教师的效能总分、教学策略、课堂管理均高于藏族和维吾尔族教师，但除了在教学策略上显著地优于维吾尔族教师外，其他差异均不显著。藏族教师的效能总分及其各维度均低于汉族和回族教师，与维吾尔族教师的差异并不大，但除了学生参与维度显著地低于汉族教师外，其他差异均不显著。维吾尔族教师在效能总分及各维度上均低于汉族和回族教师，与藏族教师相似，不过，除在课堂管理上低于回族教师，在效能总分及学生参与上低于汉族外再无显著差异。

3. 各民族教师的专业承诺特征

总的来看，各民族教师的专业承诺及具体方面均存在显著差异。藏族和维吾尔族教师的专业承诺及具体维度在性别、学历、教龄、培训与否等方面的差异均不显著。

汉族教师在承诺总分、学校组织维度上均高于其他各民族教师，在教学专业维度也高于各少数民族教师，但仅与维吾尔族教师的差异是显著的。汉族男教师的教师专业总分及其教学专业维度高于女教师。从教时间长（16年以上）的汉族教师对教学专业的承诺水平更高。汉族教师的专业承诺在学历、培训与否等方面没有显著差异。

回族教师的专业承诺与维吾尔族、藏族教师很相似，仅在学生维度上低于维吾尔族教师，但差异并不显著。回族教师在教师承诺及其学校组织、学生维度上显著地低于汉族。回族低学历教师对具体的教学专业、学生的承诺水平要高于高学历的教师。回族老教师（从教16年以上）对学生的承诺水平更高。在性别、培训与否上没有显著差异。

藏族教师承诺总分低于其他各民族教师，但仅与汉族教师在承诺总分、学校组织维度上差异显著。

维吾尔族教师与回族、藏族教师在学生维度上有一定的差异，但不显著。在承诺总分及学校组织、教学专业等方面显著地高于汉族。

4. 各民族教师的专业发展特征

从总体上看，各民族教师的专业发展及具体维度在性别、学历、教龄、培训与否等方面的差异均不显著。首先，汉族和回族教师差异较小。汉族教师在专业发展总分以及学习、道德发展方面低于藏族教师，在转化上低于维吾尔族教师。其次，回族和汉族、藏族的差异很小。但回族教师在专业发展总分以及转化、道德发展上低于维吾尔族教师。再者，藏族教师和回族教师比较相似，但藏族教师在各维度上均低于维吾尔族教师，在专业发展总分、学习、道德发展上低于汉族教师。最后，维吾尔族教师在转化上高于各民族教师，在教师发展总分、道德发展上优于回族、藏族教师，在学习和资格证明上优于藏族教师。

将上述各维度的显著性结果予以汇总，如表5-38所示。

表5-38　　教师问卷各维度差异的显著性一览表

	回—汉	藏—汉	维—汉	回—藏	回—维	藏—维
领导						
友好/帮助		(-3)*				
理解						
学生自主				(3)*	(3)**	
犹豫			(3.5)***			
不满					(4.3)**	
惩戒	(4)***		(1.8)*		(2.4)**	
严格			(2)*			
影响力						
亲密性						
教学策略					(3)*	
课堂管理策略						
学生参与		(-4)**	(-2.7)**			
教学效能总分			(-6.6)*			
学校组织	(-2)**	(-2.7)***	(-2.6)***			
教学专业			(-1.7)*			
学生	(-1.7)*					
教师承诺	(-5)**	(-6)**	(-4.4)*			
学习		(-2.2)*				(-2)*
转化			(2)***		(-1.8)***	(-1.8)***
道德发展		(-2.6)*			(-2.3)*	(-3.7)**
资格证明						(-1.4)*
教师专业发展		(-5.4)**			(-5.4)*	(-8.9)***

说明：*** 表示显著性水平 $p<0.001$，** 表示显著性水平 $p<0.01$，* 表示显著性水平 $p<0.05$。括号内为前后数据相减的差值。

第六章 各民族教师互动行为的个案比较

针对问卷调查所发现的各种师生互动特征,除了结合已有文献进行分析外,深入实地的质性研究是理解现象背后原因的最佳途径。为此,笔者分别前往调查过的几所高中实地考察教师个案。

为了解回族课堂教学,笔者借助指导师范专业本科生教育实习的工作之便,在所调查过的 E 中学进行了为期两个月的田野研究。笔者还访问了四所历史悠久的清真寺和一所新成立的具有职业高中性质的阿拉伯语学校,考察了回族传统的经堂教育及其变革后的新兴模式。此后,笔者在兰州市的 C 中学进行了汉族教师的个案研究,分别前往甘肃甘南的 H 中学和新疆阿克苏的 M 中学,对藏族教师和维吾尔族教师个案进行了为期一周的短暂研究。相比而言,对回族个案及其文化的研究较其他民族教师的研究更为深入。

为了更准确地进行弗兰德斯互动分析,笔者录制了四位个案教师的上课视频。

一 回族教师个案研究

在与学校联系好住宿和实习安排等前期工作后,笔者和实习生带着行李于 2010 年 9 月中旬住进了 E 中学。在实习的 50 多天里,笔者以"实习指导教师"身份和实习生同吃同住,在体验作为中学教师的快乐与辛苦的同时,带着发现和理解的思维品味着这里的文化和历史。

在开始的一周里，笔者积极了解这所学校的环境，熟悉教学楼、食堂、会议室、多媒体教室和实习办公室、住宿楼，认识了学校的领导和高一、高二的大部分教师。非常幸运的是，笔者所指导的实习生中有18名当地长大的回族学生，其中8名学生就是这所回族中学毕业的，他们帮助笔者快速地适应了研究场域。同时，因为和实习生的平均年龄差得并不多（大约6岁），而且穿着比较随意，不戴眼镜，又常常和实习生在一起，所以E中学的教师对笔者倒是很亲切。实习生告诉笔者，有好几位E中学教师认为，笔者"和我们想象中的大学老师不一样啊，倒像个实习老师！"这让笔者非常欣喜，外貌特征已经缩短了笔者和E中学教师的距离。

E中学位于乙地的回族聚集区，在学校方圆一公里内分布着五座清真寺。每天早上五点多，清真寺的礼拜召唤声和学校的铃声、广播声交织在一起，成为这一区域最具特色的时间特征。学校的教学楼和清真寺的召唤塔是这一带最高、最醒目的建筑。不同于清真寺豪华、亮丽的风格，学校的建筑设计简约大方，在建筑细节上采用了伊斯兰风格的圆顶图案。这两类建筑构成了这一区域最鲜明的空间特征。戴着白帽和民族特色头巾的师生，在学校里共同学习、生活。这些画面组成了学校生活与回族文化和谐交融的图景。

虽然距离上次的问卷调查仅3个月，但E中学已处于一场深刻的教学变革之中。新学期伊始，学校在高一、高二年级全面实施"洋思教学模式"改革。洋思教学模式是江苏泰州洋思中学探索出的一种"先学后教、当堂训练"的教学模式。"先学"是指学生按照教师提出的教学目标和学习指导，先看书自学。"后教"是指对学生自学中所暴露出来的问题，由教师或给予点拨，或引导学生讨论解决。"当堂训练"，就是让学生当堂独立完成练习和作业。洋思教学模式将传统课堂教学转变为"以学生自学、合作探究为主"，提高了学生学习的主动性。目前，洋思教学模式影响广泛，我国各地有许多中学都在推广应用这种新模式。E中学在学习借鉴洋思教学模式的基础上，提出了符合自身特点的教学程序：① 第一，教师提出教学目标（1—3分钟）；第二，教师布置教学问题，组织学生自学（10—12分钟）；第三，师生互动讲解讨论（10—15分钟）；第四，总结训练（10—15分钟）。

2009年，来此上任的EM校长是这次教学变革的发起人和强力推动者。他于20世纪80年代毕业于国内一所重点师范大学，之后一直在教育行政部门工作。他读过许多教育名著，特别喜欢苏霍姆林斯基的著作。他告诉笔者，由于招生政策的变化，现在高一、高二年级的学生基础很差。"可以说，我已经看到了两年后（高考）的结果，如果再不改革，我们没有任何出路！"针对这种状况，他请教了很多专家，并且和领导班子成员一起专门考察了洋思中学、永威中学。蔡琳僧校长的改革给了他很大的启发和鼓舞，让他迫不及待地想改变学校的现状。EM校长讲话极富激情，做事非常果断。在一部分教师希望给教室安装多媒体投影后，他第二天就组织开会讨论。随后，在期中考试的短短四天内，全校所有教室都安装好了多媒体设备。

在第二周，笔者基本上熟悉了E中学的各项情况，选择以LJ老师为个案研究对象。其理由有二：一是LJ教师填答过笔者发放的教师问卷，其所教班级的学生也填答了对他的评价问卷；二是他也是实习生的指导教师，笔者与他建立联系和进行坦诚对话比较容易。

（一）LJ老师的互动特征

1. LJ老师的工作经历

LJ，男，回族，语文老师，教龄已过20年。他是从E中学毕业的，是读完大学本科后又回到E中学当老师的"E中人"，也是一位记载着E中学30多年历史的老教师。LJ老师浓眉大眼、中等个头，身体略微发福，笑起来显得憨厚可爱，说起话来让人感觉十分客气，让人感觉非常容易交朋友。通过一些简单的聊天，笔者了

---

① 来自E中学内部教师的培训资料。

解到 LJ 老师的从教经历。他是一个刻苦、勤奋的人。对于自己 20 年来的教学以及所取得的成绩，LJ 老师认为，"是两位校长赶鸭子上架，把我逼出来了"。他讲了这样的故事：

> 我是 1987 年从师大毕业的，那时我们的校长叫×××，那个人挺有魄力而且很会鼓励人。当我去报到的时候，他说我看你挺熟悉的。
>
> 我说，"×校长，我曾经是 E 中学的学生。"
>
> "你现在大学毕业了，我考验考验你，给你一个毕业班，你能不能带？"
>
> "只要领导信任我，我就努力地干。"
>
> "好，我就喜欢这样的人，来，就你带。"
>
> 没想到，给我的两个班是由即将退休的老爷爷带的班，他们从初一到高中断断续续上过课，那两个班的语文成绩几乎为零。学生们基本上没有上过课，却马上要毕业了。啊呀，那一年我经过了千辛万苦，最后取得了一点成绩。校长说，"好，不错的。"
>
> 第二位校长，他现在是××大学外语系的书记。他也逼我，他说"你一定要给我拿出一门优秀课"，"你必须要给我树立一个好老师的形象"。那年正好州上检查团来我校听课，听了好多课之后，语文教研组的人就说把我带过去。那天有一群老专家到我的班上听课。我本来上作文课，就临时改成一篇小说课，那些老爷爷听完课后就说"把他派过去"，我想把我派过去干啥呀？后来就把我派到天水参加全省中青年教师课堂观摩大赛。那一次以后我就走到了我人生教育事业的顶峰了！

LJ 老师在那次教学比赛中得了奖，这是他目前得到的最高级别的奖励，所以他笑称之为"顶峰"，还说自己在这次比赛之后"就慢慢走下坡路了，一直到今天"。LJ 老师认为"自己 2000 年以后就慢慢地力不从心了,自己想要强但是强不起来"。是什么原因让他走下坡路了呢?LJ 老师开始提到"年龄不饶人","老了他①永远走下坡路",后来也说到"由于养家糊口、夫妻、儿女等等方面的原因,过了中年以后我应付的事情越来越多",等等。似乎 LJ 老师已经处于职业倦怠状态。但对于刚刚过 40 岁的他,一般来说应该正处于辉煌时期才对啊!在后来的交谈中,笔者带着疑问又问到了这个问题。LJ 老师才提到了对自己影响很大的一件事:

> 这两年我上课情绪不佳的原因是:20××年我带的两个毕业班的语文平均分是州第一,所以州上大讲特讲,大会上还点名表扬。州上还给我 1500 元的奖金,但是到了学校以后,我的 1500 元奖金却成了公款。岂有此理?所以我跟校长说,"我可以不干你的工作,但是州上给我的奖金是属于我个人的,不是你公家的,这 1500 元钱你想要我就给你,但是这个荣誉证书我一定要","我不稀罕你在大会上点名表扬",等等。但是这样做给自己造成了恶劣的后果。虽然以后领导做了一些补救工作,说"LJ,你的成绩已经在 E 中学的网站上登出来了",等等。我说:"无所谓,反正我的心已经凉了一半。"因此,从那以后我的情绪一直没有调整过来。

LJ 老师认为:"上课需要一种情感,需要一种热情,有了这种热情以后你能上好一节课,相反如果没有这种热情的话,你很难上好一节课。"而奖励被扣的那件事让他的上课情绪一直很不好。

2. 对 LJ 老师的评价和比较

将 LJ 老师对互动各维度的自我评价与回族教师总体的自我评价,以及 LJ 老师所教学生对他的评价进行对比,结果如表 6-1 所示。个案教师自我评价与所在民族教师总体自我评价的对比,可以使研究以

---

① 这里的"他"指代和 LJ 老师一样年龄的正在变老的老教师。

小见大，通过个别教师可了解到总体的一些情况。个案教师的自我评价与来自所教学生评价的对比，反映了教师的互动行为在多大程度上得到了学生的肯定。自评与他评的差距作为对教师互动的有效反馈，也可以成为教师有的放矢地改善教学中互动行为的重要依据。

表6-1 LJ老师的自评、学生评价以及与回族教师均值的比较

	领导（DC）	友好/帮助（CD）	理解（CS）	学生自主（SC）	犹豫（SO）	不满（OS）	惩戒（OD）	严格（DO）
回族教师总体	30.32	29.26	31.5	26.68	18.74	18.08	21.13	27.97
教师自评	25.00	27.00	30.00	27.00	21.00	13.00	17.00	21.00
学生评价	28.96	30.85	32.21	24.23	15.96	10.3	13.38	24.15

可以发现，LJ老师的自评仅在犹豫维度的得分高于回族教师总体，而在领导、友好/帮助、不满、惩戒和严格维度明显低于回族总体平均水平。其影响力特征值为-1.46，亲密性特征值为28.64，互动特征点位于第四象限，并接近亲密性横轴，表明LJ老师的互动特征以服从—合作为主。

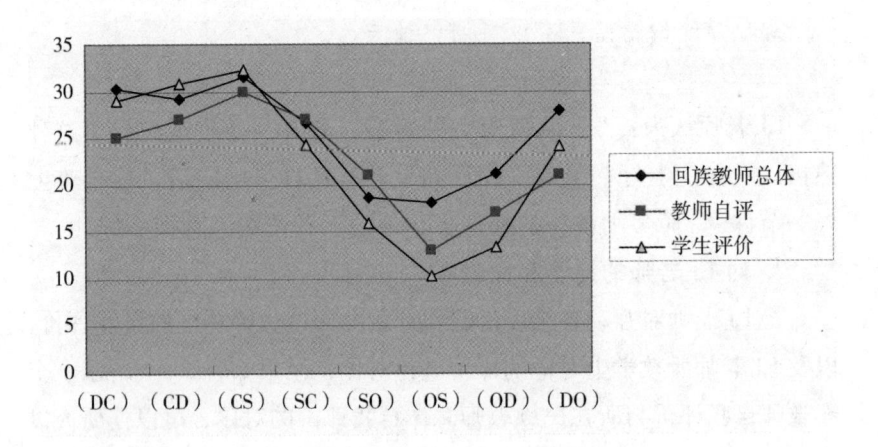

图6-1 LJ老师的评价状况及对比

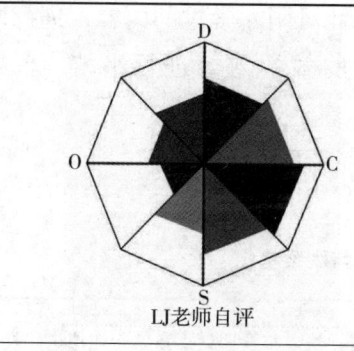

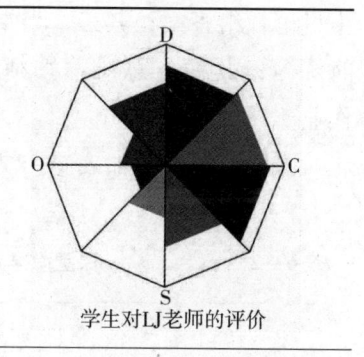

图6-2 LJ老师的自我评价　　图6-3 学生对LJ老师的评价

LJ老师的自评和学生知觉到的互动行为特征有些相似。从教师自评互动图来看，LJ老师趋于"容忍"型，但他的犹豫特征也较强。从学生知觉到的互动图来看，LJ老师是"权威"型，但严格特征也略强一些（见图6-2、图6—3）。

（二）LJ老师的课堂教学观察与分析

1. 课堂教学概况

在第四周，笔者委托实习生向LJ老师表达了希望能随便听其一节常态课的想法，他爽快地答应了这一请求。在第四周星期四的下午，笔者和四名实习生走进了LJ老师的课堂。这节课的授课对象是一个理科班，共有49名男生和6名女生。教室布局如附图所示。授课内容为《词七首》，这是高二语文古汉语教学部分的一个重点。这节课的教学目标主要是：第一，掌握含义深刻的词句；第二，了解写景、抒情的写作特点，体会和理解词中所蕴含的情感；第三，理解七首词各不相同的表现特点，体会婉约派、豪放派各异的风格，培养对人生、历史的正确价值观。这篇课文分三课时完成，笔者观察的是第二课时。LJ老师的教学过程如下：其一，导入：回顾上节课的内容，引入新课；其二，课堂教学：教师列明探究问题，学生以小组为单位自主选题，合作学习，教师引导全班学生讨论各组答案；其三，当堂训练：针对刚才学过的内容，进行即时练习；其四，总结：教师对刚才的教学内容进行小结，布置作业。

课堂教学过程如表6-2所示。

表6-2　　　　课堂教学过程实录与观察笔记

（课堂铃声响过，但多媒体设备有点小问题。教师和管理员正在紧张地调试，教室略显混乱，有近一半的学生在说闹，还有的或在看书，或关注老师，也有看似无所事事的。靠窗户的一个学生站起来拉上了窗帘，另外几个学生看到后，也紧跟着拉上了窗帘。大约两分钟后，电脑开始启动。）

T：哎——? 你课代表的任务是什么？就这样傻傻地等我？

（课代表在LJ老师的提示下）

S（课代表）：背词七首《虞美人》《雨霖铃》。

（全班学生齐背诵课文，大约一半的学生可以独立背诵，余下的大部分学生会偶尔地看书，也有个别学生在左右张望，凑口型。约2分钟后，LJ老师已准备好，他走下讲台，快速环视了一圈学生，随即又走回讲台。）

T：今天早晨同学们进行洋思模式的学习啊，呃！效果挺不错。我们已研究了14道题，那么通过研讨，我看到了两种情况：第一，同学们课前自学比较扎实；第二，我们小组合作探究的精神是值得肯定的。所以老师们在评课的时候，有许多老师异口同声地对同学们的表现给了了高度的肯定，只是对我这位老师的表现还不满意。（学生们哈哈地笑。）现在呢，我们就来回顾一下，在今天早晨我们通过第一轮的研讨，（LJ老师短暂停顿，但很快调整了思路）我们完成了这样七篇诗歌的七道题，可以说是每个小组都展现了自己的风采，主持人安排得好，发言人言发得精彩。那么我们紧接着在第二轮的这个——呃——研讨当中又搞定了这七道题。虽然时间比较仓促，但是同学们要用"短平快"的方式把自己说话的要点赶紧摆出来，给你半分钟或一分钟，毫不含糊，这是我觉得值得肯定的。有时候我们做事情——呃——可以沉着冷静慢慢来，但是有时候我们做事情就像今天早晨——呃——那个最后时间的研讨一样，我们要速战速决。未必，速战速决啊，（LJ老师停顿约3秒钟，看投影屏幕。LJ老师似乎想转折，但随口说错了。学生可能明白他要转折，所以没有太注意这句话）给我们留下什么遗憾。那么我们今天趁热打铁，再来进行第三轮的研讨，（幻灯片切换到问题页面）来，主持人，抢吧，（学生们活跃起来）赶紧报就行了。

续表

　　（小组内开始商量，互相鼓励着"抢"，课程气氛瞬间活跃起来。经过三四秒钟，各个组的代表都争相举手，有个别组内两三个学生同时举手，还有后排小组的学生直接站起来举手。在 LJ 老师布置问题的过程中，学生中一直有嗡嗡声。有的小组整组都在听老师说每一个问题，有的在看书（可能是关注自己分配到的那首诗）。还有小组组员或看书或听问题。

　　T：哎，你们说。（LJ 老师指向一组学生）

　　S1：《虞美人》。

　　T：好，说一、二、三，不要这样啊不要这样，哎……（教室的嗡嗡声太大，LJ 老师没有听清，他开始引导和组织学生）主持人喊出来不就行了嘛，来……主持人，你大声地喊出来就行了。

　　S：《雨霖铃》《雨霖铃》。

　　T：好。

　　S：（LJ 老师指向另一组学生）《虞美人》。

　　T：（LJ 老师把手放在头上停顿片刻，若有所思）《鹊桥仙》吧。《虞美人》今天早晨你们已研讨过那首词了，不能再研讨了。因为同一首词再次研讨，说明你们占了太大的便宜了。（LJ 老师转向另一组学生）

　　S：《声声慢》《声声慢》。

　　T：好，《声声慢》。（LJ 老师转向另一组学生）《鹊桥仙》？《雨霖铃》？行吗？什么？声音大点，什么？《声声慢》，已经抢了，你们还抢什么呢？快点，快点，主持人说，你们七嘴八舌的，我实在听不清。

　　S：《永遇乐》。

　　T：好的，你们的是《永遇乐》。

　　S：《扬州慢》。

　　T：《扬州慢》吗？好的，就这个问题。（问题分配完毕，LJ 老师走回讲台，切换 PPT，弹出问题页面）请听题，《虞美人》的问题是："往事知多少"的"往事"具体描写什么？记住了吗？好，记录人赶紧记下来。《雨霖铃》的问题是：历来人民都以情景交融称颂这首词，请你们简单分析一下。《念奴娇》的问题是：苏轼为何仰赖周瑜？"小乔初嫁了"的细节有何含义？赶紧记下来。《鹊桥仙》的问题是：这首词的主题是什么？思想是怎样抒发出来的？《声声慢》的问题是：（老师回过头，发现有的学生在低头说话，开始强调）哎，不是你们小组的问题你就不要听啊！你听听，哎呀，我错过那道题了，你先听啊，"寻寻觅觅，冷冷清清，凄凄惨惨戚戚"三句运用了 7 个叠字，表现了哪三种不同的意义和境界，哎，没看清楚的再看一眼，就这个问题。《永遇乐》很简单的，

续表

作者写佛(fó)狸祠下,我们前面提到过可以念成佛(bì)狸祠下,啊,这一幕景象表达什么心情?最后是《扬州慢》的问题,这个问题是要横向联系啊,"念桥边红药,年年知为谁生"与最近学过的近体诗六首中哪个诗句的意味相似?简要分析一下。好了,两分钟时间,现在开始。

(学生在小组内开始热烈讨论。LJ老师翻了翻书,在控制台上调试了几张幻灯片,大约1分钟后走下讲台,背着手在学生小组间穿行。看了周围几个学生小组的讨论情景后快步回到讲台。)

T:哪组同学已经有了答案,抢先回答说呢?(学生仍在热烈讨论中,没有小组回应老师的发问。LJ老师看到没有人回答。)抢先回答就立刻举手。(老师简单整理和摆放了讲台上的教案,边看幻灯片边注视学生。大约半分钟后,靠窗的一组学生开始举手,LJ老师指向他。)好!哪道题?

S:《虞美人》。

T:《虞美人》的问题,大家听一听,现在讨论可以中止了。他们的问题是"'往事知多少'中的'往事'具体指什么?"

S:"往事"指当年……(听不清)的帝王生活。

T:对吗?

S:对对……(五六个学生赞同道。)

T:同学们能不能列举一下,这帝王生活是怎么样的生活。

S:奢侈、豪华。(许多同学回答道。)

T:奢侈的、豪华的,两个形容词,还有吗?

S:……(有个别学生小声说,但听不清。)

T:与什么有关?

S:安逸。(有两三个学生小声说道,还有说别的。)

T:好,请坐,第二小组的分析怎么样?也表示表示啊?(在LJ老师的提示下,学生们鼓掌表示祝贺。)看来同学们觉得帝王生活这四个字啊,好像没回到点上吧?其实,关键词已经回答出来了,你看,我觉得就是……这样!(教师切换幻灯片上的参考答案。)与这同学的回答是一样的,他们小组的智慧比我的更精练,说出了这个问题的关键,往事的内容很丰富,它包括了封建帝王的一切活动,什么活动呢?来,读一读。

S:后宫佳丽…………(学生一起读幻灯片上提示的参考答案。)

T:哎,今天早晨我们同学不是已经提到这篇课文了吗?"我若为王"当中的那个情节,作者嘲讽的就是那些高高在上的帝王的那种尊严、那种生活。好,下一个要回答的是哪个小组?(LJ老师注视着各学生小组,指向另一组举手的学生)你们,哪道题?

续表

S1："鹊桥仙"。

T：《鹊桥仙》的问题呀，好的，请听！（学生 S1 声音很小，LJ 老师小声地提示他："呃，稍微说一下，让同学们听到，对，再转过去。"）

S1：歌颂了牛郎织女的爱情故事，表达了作者自己的爱情观，这是这首词的主题，思想感情是：上阕写牛郎织女鹊桥相会的情形，抒发了作者对爱情的看法。

T：他们把今天早晨的这个讨论结果巧妙地穿插进去了，好不好呢？

S：好！（好几位学生赞同说"好"，许多学生同时鼓掌表示鼓励。）

T：不错的，看来自学成效显著，再加上早晨的这个讨论，同学们又增长了新的知识、新的内容。你们看，无论是在考场还是在生活中，回答问题其实你就要捕捉这些关键的答题要点，也就是我们叫作的得分点，抓住了这个得分点，你把话说得更完美一些，把它串起来，那就是一个很好的答案。来！你们自己读一读。

S：（学生读幻灯片上提示的参考答案。）这首词以一年一度鹊桥相会的古老传说为题材，歌颂永恒而坚贞不渝的爱情。

T：同学们觉得这首词的主旨在哪里？主题在哪里？

S：两情若是长久时，又岂在朝朝暮暮。

T：对！呃？体现主题的名句是中间句，那主题是什么呢？

S：歌颂永恒……

T：对，歌颂了永恒坚贞不渝的爱情故事，可是用什么方式来抒发思想感情的呢？

S：一年一度的鹊桥相会。

T：对，一年一度鹊桥相会的古老传说作为代写，作者将这千古流传的、让人悲伤的故事啊，巧妙地拿来抒发自己的爱情观，写爱情永恒何必长相守呢，巧妙地表达了作者的一种新的观点，好的。下一个要回答的是谁呢？好的，你们。

S：《声声慢》。

T：《声声慢》，好的，（LJ 老师听到嗡嗡的说话声）哎……有些小组还在讨论啊，这……你……你应当尊重别的小组，他们的答案你们要听一听，好，开始！

S：……（该学生声音较小，普通话也不标准，略显含糊，听不清）

T：听清楚了吗？

S：没有。

T：那咋办？

S：再说一遍。

T：那不是浪费时间吗？同学们说了，就来吧，浪费一次。

续表

S：寻寻觅觅，表现了孤独寂寞的情形；冷冷清清，表现出凄惨的心情；凄凄惨惨，表现悲境。

T：同意吗？

S：同意！（S所在小组的同学用力鼓掌，其他小组的也跟着鼓掌。）

T：或多或少你们上了一次当了，因为人家本组的同学先鼓掌的，你们跟着鼓。（学生们跟着笑）有没有需要稍微补充一下的同学啊？"寻寻觅觅"到底表现了什么样的境界，什么样的意境？"冷冷清清"到底说的是什么？"凄凄惨惨"又说的是什么呢？哦，他们小组答得对，其他小组没有异议，是吗？

S：是。

T：好，不反对就好，同学之间就要充分肯定，而且包容别人的错误，即便是错了也不说，（学生们小声笑。）啊？这就是好同学吗？

S：不是。

T：我觉得他们或多或少有一些错误，由于那个——呃——第几发言人啊？第三发言人吧！他声音有点小，好，我还没有十分地听清楚，哪个小组重新把这个答案给说一遍，大声来。

S：……（学生一起读PPT。）

T：你们的记录人记下了吗？应当赶紧抄下来啊，这段时间你抄两遍都能抄下来了。是你们负责的题啊，你们要把答案写得清清楚楚，不然的话，别的组啊，课后要借你们的笔记抄一下，咋办？好，下面，《雨霖铃》是哪组分析的？开始。

S：呃——离别，离别之情由"寒蝉""执手相看"写出对自己恋人的依依不舍，离别后进行联想，烟波暮霭，清秋相结，良辰美景各种风情，实写与虚写相结合，可谓……（该学生声音很小，听不清，略。）

T：实写与虚写，情感的缠绵。呃——哀婉，还有什么呢？你们说到的是什么呢？好像说到了难分难舍的离别吧？是不是？还有什么呢？（教师肯定地反问，学生们鼓掌表示祝贺）关键点！哎！关键点答上了，不管他用了哪些语句，表述的前后语句咋样，关键点答上了，这就得满分。我的回答方式就是这样的，（教师切换幻灯片）这首词以冷落的秋景作为衬托。首先是秋天，寒蝉凄切，你一下子就能够发现它是秋天，表达了情人难分难舍的离愁别恨。你能看出是长桥，那个意象告诉你了，那个长亭外、古道边、芳草碧连天的那种，呃——很难分难舍的心情啊！呃——又在这首词当中体现出来了。因为在词当中啊，像"执手相看泪眼，竟无语凝咽，念去去千里烟波，暮霭沉沉楚天阔"，这些呢——，那种呢——其实是把情人之间的那种难分难舍巧妙地表达出来了。但不光是有情之人这个分别啊，作者其实是种种复杂的感情，呃——这个纠缠在一起，试

续表

图诗意地暗喻心情，失去恋人的痛苦心情。这些复杂的心情交织在一起呀，使得同学所说的情调的这个凄惨、哀婉，感情的绵密全部展现出来了。（LJ 老师略微停顿了一下）抓住这些要点就行了。那么——下一个问题应当是哪一个呢？应当是《声声慢》的问题，《永遇乐》的问题？是吗？好，还有个《念奴娇》的问题没有回答呢？先来《念奴娇》的问题。

S：……自古以来英雄配美人（学生哈哈地笑）……（方言，许多听不清楚）

T：呵，英雄美人，对吧，嗯。（学生鼓掌）自古以来英雄配美人，啊！美丽的女孩喜欢的是勇敢坚强、不畏强权的那些男子汉，是不是啊？嗯，所以这个小乔她当时啊就想着——要嫁给一个英雄啊，如愿以偿了。大乔也嫁给了一个英雄啊，你知道大乔嫁给谁了吗？

S：孙权。

T：嫁给孙权啦？不是吧？小乔嫁给谁了？

S：周瑜。

T：哎，小——，大乔其实是孙权的嫂子。（LJ 老师此处可能口误）

S：孙策。

T：哎——对极了！那么，同学们能不能看出"小乔初嫁了"情节之中还隐含着的意思，你们看出来了没有？他把两个含义说得很清楚的，我发现了第三个含义。那你们猜猜我的答案，你们也许要提一个问题。羡慕周瑜是由于周瑜年轻有为，而作者是年老了，半百了，但是却功业无成、壮志难酬。他，呃——在词当中就已经表达了这种意思。"大江东去，浪淘尽，千古风流人物，故垒西边，人道是，三国周郎赤壁……一时多少豪杰"啊，但是想想我自己怎么样呢？

S：可怜。

T：哎，太可怜了，遥想公瑾当年，小乔初嫁，雄姿英发，谈笑间，樯橹灰飞烟灭，多么好的英雄啊！但是我呢？"多情应笑我，早生华发"。哎，我的人生如梦哪！所以呢，作者表现出了一种对周瑜的羡慕，那么他说"小乔初嫁了"的情节到底有着怎样的含义呢？我们同学讨论的是周瑜年轻有才华，作者觉得他刚刚娶了小乔，哎，这个，你看他那个外貌多么的潇洒，多么的帅气啊，羽扇纶巾啊，风流倜傥，而且，这个——同学们都知道周瑜是精通音律、精通诗歌、精通文章的一个非常了不起的人才，他不光会带兵打仗，呃——这个冲锋陷阵杀敌啊，这个报国啊，他还有其他的一些文学艺术的才能啊，所以作者就感到他是非常的，潇洒啊，帅。用我们现在的话说是：帅呆了、酷毙了，对吧？（学生们小声地笑）那么，第二个原因就是用美人来衬托英雄。"自古英雄配美人"的这种说法我不是很赞成，但是用美人来衬托英雄的确古来有之，比如那个，我们所熟悉的项羽，项羽身边有个大美人，谁啊？

S：虞姬。

T：虞姬啊。所以呢，项羽在死之前写的那——诗啊，怎么写的？

S：虞姬、虞姬。

T：力拔山兮，我是一个英雄好汉哪，大力士的风采啊，力拔山兮，但是可惜啊，哎。这个英雄，怎么样？就要跟这个美人分开了，时不利兮骓不逝；骓不逝兮可奈何，虞兮虞兮奈若何！那么我们同学可以看到，我觉得"小乔初嫁了"的另外一个含义是什么呢？与孙权既是君臣又是姻亲啊。就是这个，其实是与他哥哥联姻，我们可以这样说是亲戚啊，又是君臣又是亲戚，所以这句也隐含了这样一个意思，那就是孙权对周瑜啊既信任又重用。怎么了？（LJ老师挥手的同时，投影光打在他脸上，前排一学生一惊，LJ老师借机小小幽默一把。）你以为我脸色变了？啊……就是这样，啊……没见过斑马还没见过我的脸啊。哎，就是这样。好的，下一个问题。是哪一个？《永遇乐》的？嗯，说。又怎么了？为什么要坐下去？（一个小组的学生听错了，误站了起来，又坐了下去，周围的学生呵呵地笑起来。看到确定后的发言人，LJ老师继续着。）噢，他们的啊！

S：作者以"佛狸祠下，一片神鸦社鼓"暗喻战争中南宋的衰落凄凉。

T：噢，南宋时期国家的衰落，金兵侵占了南宋的版图，对吧。

S：嗯。

T：嗯，这是关键，好，请坐。只要把这个回答哦……（LJ老师看到学生还有话要说）还有？那你补充吧。

S：抒发了作者对南宋统治者向敌人屈辱求和、苟且求安的卑鄙行为和不解放南京的痛恨。

T：哦，这个还跟那个呢——什么呢？岳飞所写的《满江红》当中的"怒发冲冠"的意思有点相似，是吗？

S：是。

T：好，请坐。的确，我也是这样认为的，作者的心情是沉重的，他表达了自己的隐忧，国家沦丧有着怎样的可能呢？

S：亡国奴！

T：对！我们的老百姓也许会成为亡国奴的。怎样才能不亡国呢？

S：奋起反抗……爱国。

T：啊，对！奋起反抗，就像巴勒斯坦的老百姓一样拿起石头跟以色列的飞机大炮相抗衡。我们的国土怎么让你们给占据了？怎么成了你们的国家？是吗？对，中国的抗日

续表

战争也是如此,终于用小米加步枪把日本帝国主义赶出了中国。同样,当时作者就想,金兵侵占了我们的国土,我们的大宋朝廷怎么就这样的软弱无能啊,国土沦丧已久,若不迅速地谋求恢复就会忘记自己的民族。当然,同学们现在要更正一个认识。以前的侵略者是外族,是外族侵略了中原民族,但是金人的版图仍然是我们中华民族不可分割的一部分,也就是说,祖国960万平方公里土地上的任何一个民族,任何一个公民他是哪里人?

S:中国人。

T:中国人,所以这个爱国随着时代的不同,随着朝代的更迭它的意思有所变化,所以我们每一个同学都应更加努力地拥护我们国家的每一项政策。同时要以一腔爱国热情,生活在这样一个由56个民族构成的大家庭里,这样才能建设一个和谐而又幸福的家园。好,下一个问题,(学生缓慢地站起来,LJ老师鼓励道)说啊。

(此时时间已过去30分钟,以下两个学生小组和LJ老师的互动与上述几组大致相似,故略去。在第36分钟,进入当堂训练环节。教师在幻灯片上列出了7道与本课诗词相关的练习题,由学生小组选择一道,经过1分钟小组讨论完成。LJ老师对每个小组的答案分别予以了简评和补充。在下课前的1分钟,LJ老师布置了课后作业,即完成《名师伴你行》上的15道题,除两个问答题外13个均为选择题,次日上课由小组长负责检查。LJ老师认为,学生用15分钟就可以轻松完成。在55分钟后,本次上课结束。)

注:T代表教师语言,S代表学生语言。括号内的内容为笔者站在局外人立场上的描述。

2. 弗兰德斯互动分析

对这节课的教学过程进行弗兰德斯互动分析,结果如下。

(1) 矩阵表

对教师行为每三秒观察一次,记下一个言语动作,并将前后两个动作特征相连后作为一个组合编码进行记录。此矩阵表的横行记作 x,纵列记作 y,矩阵内的数字代表组合编码"x-y"出现的次数(见表6-3)。

表6-3　　　　　　　LJ老师的弗兰德斯互动矩阵表

x\y	01	02	03	04	05	06	07	08	09	10
01	19	01	00	00	02	03	00	00	00	04
02	02	02	02	00	05	00	00	00	00	00
03	00	00	02	01	08	00	00	00	00	00
04	00	02	01	18	01	04	00	05	02	14
05	04	04	02	08	239	10	00	03	04	26
06	02	00	00	08	10	03	00	02	02	05
07	00	00	00	00	00	00	01	01	00	00
08	00	02	03	01	06	03	01	52	00	01
09	00	00	00	02	03	01	00	01	29	01
10	02	00	01	09	27	07	00	05	00	10

（2）课堂结构表

矩阵的第1—7列为教师言语动作，第8—9列为学生言语动作，第10列为沉寂或混乱状态。由于本节课超时，以及同时有教师和学生动作发生等原因，笔者采用某一方言语占总次数的比率进行评价。根据矩阵表可以列出课堂结构表（见表6-4）。从表6-4中可以看出，教师言语仍是这节课最主要的部分，占总时间的72.1%，即43.2分钟。学生言语活动时间占17.7%，约10.6分钟。

表6-4　　　　　　　LJ老师的课堂结构表

类别 项目	时间		比率	
	计算方法	时间（分钟）	计算方法	比率（%）
教师言语	1-7列次数×3秒/次	43.2	1-7列次数/总次数	72.1
学生言语	8-9列次数×3秒/次	10.6	8-9列次数/总次数	17.7
沉寂或混乱	10列次数×3秒/次	6.1	10列次数/总次数	10.2

（3）教师对课堂的控制类别分析表

表6-5　　　　　　LJ老师的课堂控制类别分析表

类别 项目	间接影响 （编码1-4）	直接影响 （编码5-7）
编码次数（次）	98	334
直接控制率（%）	—	77.3
间接控制率（%）	22.7	—

直接影响的编码次数占到总次数的77.3%，间接影响的编码次数占到总次数的22.7%。这表明教师的课堂控制以直接影响为主，间接影响为辅。

（4）教师对学生的强化类别分析表

表6-6　　　　　　LJ老师的课堂强化类别分析表

类别 项目	积极强化 （编码1-3）	消极强化 编码（6-7）
编码次数（次）	52	33
积极强化率（%）	60.4	—
消极强化率（%）	—	39.6

积极强化次数占总次数的60.4%，消极强化仅占总次数的39.6%，表明教师的强化以积极强化为主。

弗兰德斯互动分析结果表明，LJ老师的课堂结构以教师言语为主，但学生言语时间接近20%，相比传统课堂教学凸显了学生在学习中的主体地位。教师的课堂控制虽然以直接方式为主，但也重视间接影响。教师语言对学生的强化起到了积极作用。相对传统课堂上教师的一讲到底，LJ老师的这节课值得肯定。

3. 教师效能分析

表6-7　　　　　　　　　　教师效能比较

	教学策略效率	课堂管理效率	学生参与效率	教师效能总分
回族教师总体	30.53	31.55	26.97	89.05
LJ老师	31	25	29	85

通过对LJ老师的教师效能与回族教师效能的比较发现（见表6-7），LJ老师的教师效能在总体中居于较高水平，特别体现在他具有较高的课堂管理效率上，这与前述评价中学生认为LJ老师是"权威"类型的结果一致。在本节课上，他采用的教学策略比较成功。他调整了传统诗词教学一句一句地讲解，讲完后再背诵的一般思路，改为以先背诵自学为先导的方式。他谈到：

我前两三周一直烦恼的一件事情就是，在洋思模式之下，我原来一课时的内容就要用三课时而且还不一定能讲完。因为一个问题由我讲的话，我三下五除二就讲清楚了，而让学生讨论的话，他们一时半会儿还讨论不出来，有时还讨论错了，讨论错了又不能讲。就像猜谜语一样，猜了半天，错了，你还是要猜，老师作为一个出谜语的人你还不能说出答案，所以浪费了许许多多的时间。因此我就想：我如何把它的进度跟我们的实际结合起来？所以我就想出来了这样一种办法，也就是我把一周后或两周后要讲的课，先用一节课讲完。我给你开个头，然后我再布置你们该干什么，到时候我们要干什么，我把这个方向定下来之后，让你们自学，也就是我把课堂上的自学挪到课前。

一周前我把这个单元用了一节课搞定。这时学生傻了，一节课上一个单元，咋回事？我说，这些唐诗宋词，我读一遍你们读一遍，只要没有错误了就过。其实一首诗就用了一分钟左右的时间，过了之后，由自己背，自己理解，我开始上古文。一周之后，检查背诵，全都过了。而且基本上理解了，因为有《名师伴你行》和好多教辅资料，他们相互一传看，自学的目的就达到了。所以，课堂上会由抢到问题的那一组回答完了以后，还有别的组的同学要求做补充的情形。

从理解的角度说的话，同学们想："背会了，我怎么不理解呢？"这样的话学生的积极性就调动起来了，哪怕是最差最差的学生，他也想，"我背会了，为什么不理解呢？"这样就会主动去学。所以，我的那节课有一个前提条件，就是学生在此之前已经把七首词都背会了，而且有了一定的理解。

在学生具备了这些自学基础后，LJ 老师采用小组讨论和合作探究的学习形式就相对有效多了。在其后的课堂教学中，LJ 老师将课堂还给了学生，组织了三轮讨论，而他自己只是负责出题、点题、点拨等引导性工作。每一轮探究都提供了多个选题，学生小组可以根据自己的兴趣选择相应题目，再通过讨论进行学习。每一轮讨论中各小组不能重复选题。

LJ 老师的教学技能还表现在多媒体教学能力上。这节课的幻灯片模板古朴清新，很符合这篇课文的意境。字幕色彩协调，重点内容都采用了加粗或标红的方式。他要提的问题采用"自定义动画"逐次展示在幻灯片上，这种方式吸引学生将其注意力聚焦于幻灯片的变化上。

在课堂管理方面，LJ 老师教学应变经验很丰富。对上课初因多媒体故障所造成的混乱，他很快就暗示课代表领读背诵课文，使教室的嗡嗡声马上转为朗朗的背书声。在出现学生回答问题偏离教学设计现象时，他能马上拓展知识正面回应学生的困惑。在学生回答不对或不完全时，他不是直接从正面指出，而是从侧面暗示再进一步思考。他的语言风趣幽默，在提问时其语句带有一定的鼓励性，让学生感到友好和放松。对课堂发言时出现短暂吵闹的局面，他也能及时控制，使各组学生依然有序参与，师生互动广泛有效。他还能用学生生活中的新鲜词吸引学生的注意力，如"帅呆了，酷毙了"，等等。此外，LJ教师多次采用鼓励机制的教学策略，对学生的观点加以深入引导，既提升了学生主动学习与思考的积极性，又增强了学生的自信心。对于后进班级的学生，他说道：

> 要调动普通班学生的积极性，我觉得首先要尊重学生。尊重学生不光是给学生一个笑脸，关键是要相信学生能够学好。并且一开始就不能要求他们与尖子班的学生一比高低……我的想法是慢慢地、循序渐进地给他们一些任务，这样他们也找到自信了，拥有了一种向上的动力。
>
> 学生总是这样，越是得到老师的肯定，他就越卖力，就越想表现自己；越是受到打击，越是得不到老师重视的学生，慢慢地就消极了。

在学生参与方面，LJ老师采取了鼓励和引导每一位学生参与课堂学习的策略。这种方法通过合作学习的方式使每一位学生都能够更集中精力于学习活动。他还采用抢答作为学生参与和竞争的主要手段，在一定程度上节约了教学时间。

> 我鼓励学生回答，尤其是那些不常回答问题的学生，当他有回答问题的意向时，一个动作，一个表情都会告诉我他要回答问题，我一旦发现马上就叫他来回答。在传统的那种教学模式下，不可避免地会出现那些积极配合老师，喜欢学这门课的学生总是抢先回答问题的现象。而现在这个模式，中学生想说也得说，不想说也得说。

对于有些懒得参与讨论的学生，LJ老师采取了小组分工合作的策略。他说道：

每一个小组选一个主持人，今天你是主持人明天他是主持人，后天他的下一位是记录人。记录人要负责记录讨论的情况，即记录讨论的问题和大家的意见，也就是说，让全组的人都动起来，我是主持人，我让你说话你不说不行。他是记录人，你说完了他接着说。这样记录人把大家的观点记录下来了，回答问题由第一发言人先来，第一发言人回答完第一个问题以后由第二发言人回答第二个问题。也就是说，强制性地让学生动脑子动口，这样整个课堂就活跃了。

其实在主持的时候，同学们都有一种成就感，我就是这8个人当中的领导，这里我说了算。所以这8个人今天你是主持人，我是记录人，他是第一发言人，他是第二发言人……这样排下去。到了第二天又轮换，这样大家永远是活的。如果这个小组出现问题的话，我就可以问小组长。例如那天在课堂上我让小组长汇报一下他们组的背诵情况，他只说过关还是没有过关。所以，这种方法也是在相互督促。

在促进学生参与方面，LJ 老师还采取了竞争参与的策略，以更好地调动学生的积极性。他谈到：

我在努力地搞一种效果，就是要调动所有学生集中注意力讨论同一个问题，而且要尽可能地节约别人的时间。讨论这个问题，"同学们，哪个小组抢先要回答"，其实我是用这种竞争机制催促学生赶紧得出答案。细细想想，我是为那些已经找到答案，不需要再浪费时间的人腾时间，那个学生已经抢先回答了，其实是讨论已经中止了，不需要再讨论了。只要全班有一个学生抢先说出答案，再有一个学生补充答案，补到点子上，我就觉得达到效果了，即这个任务完成了，"兵教兵"，那个学生已经教了全班学生解决这个问题，我何必再去重复呢？所以呢，其实竞争机制只是一个表象，实质是节约时间。

4. 教师专业承诺分析

表6-8　　　　　　　　教师专业承诺比较

	学校组织	教学专业	学生	教师专业承诺总分
回族教师总体	13.82	12.58	18.18	44.58
LJ老师	15	13	14	42

将教师专业承诺各维度与回族教师总体进行比较（见表6-8），可以得知LJ老师的教学专业、教师专业承诺总分和一般老师差异并不大，在学生维度的得分低于平均成绩，而在对学校的承诺上得分高于总体平均。

LJ老师对学校有着一种特殊的责任感和亲切感。这可能与他从E中学毕业又回到E中学的个人经历有关。他曾在州领导参加的调研会上公开批评不公平的招生政策①，抗议这是"对E中学的不公平待遇"。在访谈中，LJ老师多次提到对老校长的深厚感情和对以往学校成就的怀念。从实习生了解到的同事评价上看，LJ老师在学校有很好的人缘。同事评价他"教学水平挺高的""课上得好"。即便现任的校长也把他当作老朋友对待。他还提到：

　　我就觉得我们E中的老师有一个传统，就是心往一处想，劲往一处使，即使是校长的更新换代，治校方略的改变，整个

---

① 以前，学生中考可以自由报考高中。E中即便招不到一流学生，也能招到相对较好的学生。但该地实行的新招生政策规定，E中和另一所重点中学（L校）属于第一批次录取。中考报名时，学生的第一志愿只能在第一批次高中里选择一个，如果第一志愿录取不上，直接调配到第二批次的中学。这就意味着，学得比较好的学生都会尽量报考更好的L校；而一旦考不上，E中也无法录取这些相对比较优秀的二流学生。所以，现在的E中只能录取到三流学生。E中老师对此政策都非常不满。

学校还是很团结的。

LJ 老师在大学时期并不喜欢自己的专业，而是在工作以后因为教学需要才开始认真学习语文的，由此逐渐"喜欢上了语文"。他是这样形容这段过程的：

> 说实话，我在初高中对语文一点兴趣都没有，我最喜欢的是数理化，但是高考毕业以后，我被西北师大的中文系录取，录取原因是我的语文成绩是 87 分，最高。我不知道这 87 分是由于我的作文写得好还是阅卷老师手下留情了。当录取通知书来了以后我也傻眼了：我压根儿不爱学语文的一个学生怎么就成了一名中文系的学生？但是没办法，就一直这样阴差阳错地学。等到毕业参加工作了以后，我的语文水平还是很糟糕，就是我刚才说过的那位校长，他给了我两个毕业班，还要我必须带好。从那时起，我才学习语文，所以我是参加工作以后才背诵那些名篇，才学习唐诗宋词的一些知识。从那时起我就喜欢上了语文。我最喜欢看的是魏书生的书，他是一位很有名的教育家。他的教育理念使我耳目一新，我就觉得这个人不得了，我就从他的那上面学。我在我们学校里还做了一次试验，即作文三步修改法，我自己做试验，自己推广，所有语文老师照着学，这件事得到了学校领导的支持。

LJ 老师在教学之外也理解和关心学生。班上学生评价他"讲课很吸引人""整天笑呵呵的""和蔼可亲"。实习生说，LJ 老师是一位非常虔诚的穆斯林，他理解和支持同学们的信仰，对于因为主麻日做礼拜（星期五午后）而迟到的同学，他非常理解而且从不责怪。在学校的电子留言板上，有这样的学生感言："我是 E 中毕业生。许多年了一直在外地打拼。我特别想念我的许多老师，尤其是 LJ 老师，他人好，同学们对他的评价都好得很。他对我们语文能力的强化训练和做人、信仰等方面给了极大的引导,他对每个学生都是一副微笑的面孔,真让人难忘,我从心里很感谢他。"LJ 老师在这一维度的得分低可能是他对自己做得不够好的谦虚评定。例如,当问到"有同学在讨论中说一些与任务无关的话题时,你的心里是怎么想的?"他说:"我就想我的安排不到位,我自己安排有疏漏。……首先鞭子应打到自己头上,就是我错了。"

5. 教师专业发展分析

表6-9　　　　　　　　　　教师专业发展比较

	学习	转化	道德发展	资格证明	教师专业发展总分
回族教师总体	25.66	6.61	26.95	11.32	70.53
LJ 老师	25	4	28	8	65

将 LJ 老师教师专业发展各维度得分与回族教师总体进行对比,发现 LJ 老师在道德发展维度高于平均水平,而在转化和资格证明维度得分较低。在和笔者的交谈中可以明显感觉到,LJ 老师虽然没有参加过新课程的培训,但对新课程的理念了解得很多,也有自己独特的见解。LJ 老师谦虚地认为自己"以前是一个勤学的人"。事实上,他现在仍然善于学习和思考。

开学前两周,校长宣布我们要实行洋思模式的时候,我想我教了二十几年的书,我还没有听说过什么叫"洋思模式"。我就连夜查了一下,一查就明白还有这么一种教学模式。

我进入洋思中学的网站,然后观看他们老师的上课视频。我觉得他们的有些课让我上,我上得未必比他们的差,其实他们的有些课是很一般的。但是人家的理念很新,把学习的主动权交给学生,这个我觉得很好。我看其他学科的视频较多,例如数学的、生物的、化学的。我看语文的视频很少。

从他对新教学模式的观点中可以感受到，LJ 老师已经比较熟悉洋思教学模式的理念和过程。导学问题的来源大部分是围绕参考资料上的教学重点和难点。这些问题的难度比较合理，没有出现学生完全不会答的问题，个别简单问卷几乎全班都会回答。LJ 老师善于联系教材，积极拓展课堂知识。他对教学所涉及的课文外的七首相关古代诗词，都能脱口而出，一气吟成。每一处的答案都用"参考答案"的术语给予提示。在学生回答不够完善时，他没有给予否定，而是婉转地拓展，继续引导学生进行更深入的思考。LJ 老师不仅重视知识的教学，还注重考试技巧的培养，引导学生如何答题，如何抓住得分点。他还将价值观教育（爱国主义、尊重别人、穆斯林的价值观教育）渗透于知识学习中，培养学生正确的生活方式和价值判断。例如，如何理解"自古英雄配美人"，引导学生辩证地看待"岳飞是不是民族英雄"的问题，强调"别人发言时，你不能说话，这是对别人的基本尊重"，他结合《中学生守则》指出，大家"不应该抽烟、喝酒"。LJ 老师还善于反思和学习。课后，他主动要求把录制的视频也给他拷贝一份，他"自己再研究研究"。

在变革面前，LJ 老师能够反思和改变自己。

> 领导一再要求让学生讨论，不要老师开口的时候，我就觉得想不通，对多少年来我的这种个性，这种教学风格一下子就否定了，情感上无法接受。但是慢慢地我转过弯来之后，我最近上课还是有点样子的。……我用半个学期进行了解，也就是说适应期是半个学期。

LJ 老师对教师职业的感情比较深。他还将信仰和自己的职业相结合，他觉得：

> 人生当中最重要的就是信仰。其实信仰中有一些关于学习的规定，比如："学习要从摇篮到坟墓""谁踏上了求学的道

路，谁就踏上了通往天堂的康庄大道"……就像《古兰经》所说，"难道有知识的人和没有知识的人一样吗？""难道眼睛明亮的人和瞎子一样吗？"

综上所述，LJ老师的互动特征以服从—合作为主，是一位学生心目中的"好老师"。他的领导行为和学生自主行为都较多，他的提问既重视培养单个同学，也重视团队合作。在这节课上，共有两位女生和12位男生单独回答问题。他的幽默语言表现出对学生的友好行为。

他对学生的不满和严格通常表现在学习以外的环节上，如课代表没有组织学生背诵，学生回答问题时没有遵守秩序等。从听课实录上看，虽然LJ的教学不符合学校要求的"教师上课最多只能讲15分钟"的改革硬目标，但学生活动时间已占到教学时间的近30%，这是传统课堂上少见的。在这节课上，学生言语思维不再是传统课堂上判断"对错"的简单思考，而变得相对深入复杂。教师教学以直接影响为主，也有不少间接影响，但对学生起到了积极强化的作用。在教师效能、专业承诺、教师专业发展方面，LJ老师的个别维度分值高于回族教师的平均水平，但三个量表的总分都略低于总体平均分。这可能与他近两年来"情绪不佳"有关系，但这也从侧面反映出E中学教师的这几项特征普遍较突出。事实上，E中学作为地级市重点中学，教师素质也的确高于其他中学。对此，一位女教师在谈及招生政策时提到：

和其他学校的老师相比，我们学校的老师大多数是本科毕业的。而且领导也抓得很紧，老师们付出得也很多，但是我们学校学生的底子薄得很，在招生的时候我们的平均成绩要比另一所重点中学的低100多分，但是在高考的时候，我们的平均分比它的只低两三分。

不过在这节课上,"教师问、学生答"是师生言语互动的全部,而"学生问、教师答"的情形几乎没有。对于理科,学生可能会在自习课或者下课后向老师问问题,而语文课则很少有主动提问的情形。是否可以在课堂上给予学生更多主动发问的机会,值得进一步研究。此外,LJ 老师也存在"口头禅"过多的情况,如"这个""那个""哦"等。

(三) 教学改革对 E 中学师生互动的影响

1. 教学方式的影响突出

E 中学的师生互动现象明显多于其他民族学校的课堂。究其原因,教学模式改革的影响最为突出。新教学模式从教师、学生和课堂环境三个方面入手,增加了师生互动的机会和深度。新模式"逼"老师思考如何组织学生的学习过程,"逼"学生自己学,参与到小组中学,还直接改变了课堂的桌椅摆放方式。

从教师的角度看,新教学模式限制了教师讲授的时间①,改变了教师的地位和角色。讲授时间虽少了,但教学任务没有变。所以教师的工作必须更关注学生,"学生怎么想的?学生怎么学的?怎么才能更好地帮助他们学?"而在传统课堂上,教师更在意"自己怎么教才好"这个问题。在新模式下,教师的角色由课堂的"主演"变成了"导演",教学是否有效要看教师能否组织学生"演好"。教师只有关注怎样导学的问题,才能让学生更好地自学。教师也更重视锻炼学生的表达能力和合作能力。学生良好的表达能力能提高整个小组讨论的效率,发言人的清晰表达可以节约大家的时间,提高整堂课的效率。小组内的有效合作实现了"兵教兵",后进成员的问题尽可能在组内得到解决。可以看出,新模式要求教师有更高的教学效能,同时也要求他们有较高的专业发展水平。毕

---

① 学校硬性要求教师讲授不得超过 15 分钟,但很多老师还不能适应。在学校的频繁检查下,教师都在逐步减少讲授时间。

竟，做个"好导演"比"好演员"困难得多。

　　从学生的角度看，新的教学模式增加了学生思考、讨论和倾听的时间，间接提高了师生互动的质量。首先，学生被分为7个小组后，学生之间的交流机会明显增多。每一小组都有专门的角色分配，如主持人、记录人、第一发言人、第二发言人等。不论是否愿意，每个学生都要轮流承担小组的不同角色，参与小组的共同学习行为。小组分工明确，合作讨论既达到了"集思广益"的效果，更锻炼了学生的团队合作能力。教师也可以全面认识更多学生的特点，有针对性地组织互动。其次，无论好学生还是差学生，大多数时候只有在获得"发言人"的角色后才能公开发言，所以各类学生与教师互动的机会趋向均等。这间接体现了课堂教学公平。不过，这种看似公平的做法是否也阻碍了优秀学生的个性发挥，对此还应进一步研究。最后，最重要的是释放了学生的个性，培养了他们的综合能力。学生获得了比传统课堂教学明显增多的自主活动机会，更愿意倾听别人的观点，也更愿意表达自己的看法。在小组内，学生可以大胆表达自己的观点，组内同伴的近距离表达也更容易引起他的思考。学生的发言不再是个人观点，而是小组的共同意见，所以他不用担心说错了会被老师和其他同学取笑。这也使得教师能够从师生互动中获知学生的真实想法，而非以前的"教师一提问，学生就发慌"，或者学生怕出丑而"照着书本念答案"。

　　就课堂环境来看，在新教学模式下，座位安排改变了"秧田式"格局，而是"八人一组"的矩形分布，教室前后都有黑板。这种课堂环境变化有利于师生互动。传统课堂只存在教师与学生个体互动、与学生群体互动（全班学生）两种形式，在新模式下显著地增加了与学生小组的互动。与小组的互动比与个体的互动参与面更广，又比与全班互动更有针对性。新的座位安排改变了传统课堂以学生个体为活动单元的特点，而将学生个体活动置于小组活动内，增加了学生之间的情感交流，生成了多向的情感交流网络，丰富了班级文化环境。

2. 教师和学生眼中的变革

在 E 中学，学校领导层正强有力地推动着快速变革，迫使教师加速"放权""赋权"，以期在短时间内较多地改变传统课堂教学中教师"一讲到底"的弊端。但这场急速的自上而下的变革"来得突然"，从提出、讨论到实施不到两个月时间。许多老师开学初才第一次听说"洋思教学模式"这个术语，才知道学校要进行教学改革，而学生在报到时仅仅知道"教室座位要变"。

（1）教师被动参与变革

对高二年级的 21 名理科教师和 17 名文科教师进行的问卷调查表明①，主动参与的仅 12 人，而大多数教师是被动参与（10 人）和随大流（16 人），他们毫无准备也很不适应，是"被逼着改"。大多数教师认为"洋思教学模式"是好的（23 人），但也有不少人认为"洋思教学模式"不好（15 人）。

访谈发现，许多教师认为"洋思教学模式"虽好，但在 E 中学实施还未到"天时地利人和"的时候。他们的观点可以概括为：第一，E 中学是一所民族中学，生源相对较差，学生在自主学习方面的能力比较差；第二，学生从小学到现在一直受传统教育模式的影响，恐怕在高二实行"洋思教学模式"会影响高考；第三，高二年级组的教师大多数只知道"洋思教学模式"的核心是"先学后教，当堂训练"，基本上没有系统地接受过新模式的训练，都是在摸索中前进，因而很难达到预想的教学效果；第四，新模式在实施过程中应该因学科而异进行"本土化"，而非所有的学科都实施该模式。

新模式的改革让教师们的工作更辛苦了。50% 的教师认为，新模式下的"备课时间比以前增加了"。当问到"您觉得这种模式实行以后工作量上有什么变化"时，LJ 老师谈到：

---

① 实习期间，笔者另外开展了两项教育小调查，分别了解了教师和学生对"洋思教学模式"的看法。此处及下文引用数据均来自这两项调查。

工作量加大。以前我凭着自己的经验，可以说是复制我以前的东西，讲《六国论》，我早已经滚瓜烂熟了，第一段讲什么，第二段讲什么我都知道，所以我不备课也可以上课。现在不行……

另一位女教师这样说道：

……我就觉得洋思模式累一点，原因是老师要考虑在讨论中出现的众多答案，而不是以前的一种标准答案。答案是千奇百怪的，而且你要对这些千奇百怪的答案进行正确的疏导，这一点很难。不像以前的老师说，这是个什么问题，答案又是什么。在以前的情况下，学生完全是被动接受，主动思考的很少。所以以前老师会轻松一些……

在推进改革的同时，E 中学对教师的管理更严格了。学校在校门入口处新安装了视频考勤机。在推进这项教学改革的同时严格考勤，引发了教师们的许多不满。从其他一些教师的访谈中可以感觉到，教师的幸福感不如改革前。如果他们的专业承诺水平下降，那么教学工作可能会回到"老一套"上。

（2）学生尚处于适应过程中

对高二年级文、理各两个班（各科分一个重点班和一个普通班）的 128 名学生进行的问卷调查发现，71% 的学生认为这种教学模式"很好"或"比较好"，22.7% 的学生认为不好。认为不好的原因主要是"老师讲课内容太少"。2.3% 的学生很适应新模式，53.9% 的学生比较适应，17.2% 的学生不适应，还有 26.6% 的学生表示说不清。一些学生认为有的科目不适合采用"洋思教学模式"，也有人认为文科更适合用这种模式。还有很多学生担心：

我觉得新方法是好，可我们从小就适应了那种应试方式，现在很不适应这种新方法。我害怕考试考不好。

在讨论环节，23.4%的学生讨论得很激烈，67.2%的学生感觉讨论得一般，9.4%的学生没有讨论或讨论无关的内容。这一结论让教师感到比较欣慰，因为之前有教师担心放开讨论会让很多学生说闲话。

认为实行"洋思教学模式"后，自己的综合能力提高很大的学生占5.4%，提高较大的占52.30%，但认为没有提高的也占到42.30%。这表明教师还需要继续努力，以提高这些学生的成就感。

E中学实行这种模式仅仅两个多月时间，在短时间内还很难就其对学生发展的影响进行全面评价。来自教师和学生两方面的观点表明，他们对教学模式的改变都有些准备不足，由此引发了很多问题。最突出的问题是学生和老师都感觉不适应，而这种不适应的核心是对考试成绩的担忧。教师对学生学业成绩会怎样变化很担心，因为这是评价教师工作的最重要指标，学生也同样担心自己因不适应而考不好。

（四）清真寺经堂教育和阿语学校的师生互动

探求回族文化对教学现象的影响，除了要关注现代学校教育制度的现状外，还应该考察历史上的回族传统教育现象。历史上，回族教育经历了传统的家庭教育、手工业的师徒传授、经堂教育和新式学校教育四种主要的形式。[1] 目前，新式学校教育是我国回族青少年接受知识文化教育的最主要形式。而经堂教育由于担负着培养宗教活动继承人的任务，仍然是回族自发的最重要和最主要的教育形式。此外，近年来新成立的公办和民办的阿拉伯语职业学校也较

---

[1] 白寿彝：《回族人物志（清代卷）》，宁夏人民出版社1992年版，第2页。

多。它以培养阿拉伯语、波斯语专业人才为主要目标,其课程设置主要有普通文化课和语言类专业课两种,一般不设置专门的宗教课程。但阿拉伯语的学习本身离不开伊斯兰教,它的课程仍然涉及许多宗教背景或民族文化方面的知识。所以,这类学校和以普通高中为代表的学校教育仍然有很大的区别。

1. 清真寺经堂教育下的师生互动

经堂教育是指在清真寺内,由开学阿訇招收穆斯林子弟,学习伊斯兰经典,传授伊斯兰教义、教法等基本宗教知识,培养宗教接班人和穆斯林专门人才的特殊教育制度。① 最早由回族阿訇胡登洲于明朝万历年间倡导兴起,清朝中期以后影响逐渐扩大。目前,经堂教育在全国回族聚集区域的很多清真寺都存在着。受一系列特殊的历史事件的影响,临夏地区(也称河州)避免了清末战乱的毁坏,保存了回族信仰的三大教派和四大门宦,成为中国回族文化保存最原汁原味的地区之一。也因此河州自清朝同治以后成为全国经堂教育的中心。②

为了解经堂教育及其文化内涵,笔者参观了三座清真寺和一座拱北,并深入拜访了其中一座历史悠久的清真寺——W寺。

W寺位于临夏的回族居民区,初建于明朝洪武年间,后于民国期间被军队烧毁。之后两次重建,在"文化大革命"中又被拆毁,20世纪80年代后期再次重建。重建后的W寺为传统的中式建筑风格。大门为牌坊式的中式木拱构造,两侧为临夏特有的青色砖雕。进入大门后,五层高的六角唤礼楼立于眼前,墨绿色的琉璃瓦塔顶在阳光照耀下亮丽夺目。W寺中心是气势恢宏的礼拜大殿,大殿以北的两栋小二层楼是学员居住和生活的地方。大殿南侧是礼拜前沐浴的场所,东南侧是一座专门用于经文教学的三层单面小楼。

---

① 高占福:《伊斯兰经堂教育与回族社会的关系》,《伊斯兰文化研究》,宁夏人民出版社1998年版,第103页。
② 李兴华:《河州伊斯兰教研究》,《回族研究》2006年第1期。

第六章 各民族教师互动行为的个案比较

W寺的学员来自全国各地，以信仰伊斯兰教的回族、东乡族男性为主，年龄在14—24岁。近年来招收学员的文化素质较高，基本上都是初中毕业以上文化水平。学员在毕业后，成绩优异者一般会获得寺里和社会知名人士的各种资助，可以前往巴基斯坦、马来西亚和中东的沙特阿拉伯、伊朗等国留学。也有一部分学员会在家乡或周围的清真寺做阿訇，还有一部分学员会在国内从事翻译工作。该寺开学阿訇AH精通阿拉伯语，曾五次前往沙特阿拉伯朝觐访问，走遍了伊朗的大部分地区，还在著名的埃及爱资哈尔大学留过学。

W寺学员的学习生活辛苦而繁忙。每天早上5点钟起床，洗完小净后大约五点半开始上第一节课，到6点结束。晨拜以后，从7点多到10点半共上三节课。中午全体休息，睡大约一个小时的午觉。下午从两点半到4点，共上两节课。之后做昏礼礼拜，吃晚饭。饭后学员们可以稍做自由活动。到宵礼完毕后上电脑课，一般分班轮流上课。再之后是自习课，学员需要把从早到晚所讲的这些课反复复习。一般11点钟睡觉。

W寺的课程分为基础课和专业课两大类。前者主要学习阿拉伯语的字母（以《古兰经》、圣训字母为主）、词法、句法和语法。例如，如何借词，如何解句，如何翻译。后者主要有真主学、圣训学、法学、阿语哲学等。① 一般在学员学会翻译后开始进入讲经阶段。AH介绍说：

> 讲经主要以《古兰经》为唯一经典，其他的经卷都是为《古兰经》作注释。像《经注学》，它是为《古兰经》作经注的，从浅到深，从低到高。还有我们的《圣训学》，它是对我们的六大部圣训作解释的。还有我们的教法学，教法学里边还有宗

---

① 通常包括语法、修辞学、逻辑学、教义学或认主学、经注学和圣训等方面的13本教材，即俗称之"13本经"。

教学等很多内容。还有我们的信仰学,其实我们的学科有很多。

W寺教师的教学方式"以讲为主"。AH介绍说:"因为学生对阿语、波斯语的理解不是太深。所以在课堂上老师先讲,再考试。"也因此老师的提问很多。AH谈到:"在我们上课的时候如果有一些重要的问题,首先向他们提出来让他们回答,如果他们回答对了更好,如果回答不对,我们就进行讲解,这样的话他们会记得更深刻一点。"在教学方法方面,老师没有经过专门的教学技能训练。当问道:"您在留学的时候有没有学过关于教育学的东西?比如说教学方法之类的。"AH回答:"我们没有专门学这方面的知识,但是我们参加过这方面的研究。"由于时间不巧,笔者未能够进入课堂听课。

在激发学生的学习动机方面,AH表示:"我们平常给他们上思想道德课,以此来激发他们的学习积极性。"

虽然课堂以教师讲授为主,但笔者发现,课后学习中的生生互动现象非常多。下午第四节课后的教室、楼道、院子里,很多学生两人、三人或四人自由组合,互相探讨学习。先由一位学生读一段,翻译一遍,其他学生指出不正确的地方,再换一位学生读下一段,翻译一遍,其他人帮着点评,如此循环。一位满拉(学员)告诉笔者,他们每天课后都是这样复习功课的,有时候上课也这样。

学员们上课的教室和一般中小学相似。教室前边为黑板,中间的座位都是秧田式排列,后边是学生祈祷的张贴栏(类似学习园地),上面写着"信仰之光"的大标题,教室四面墙上挂着一些《古兰经》或圣训的摘录。有的教室还挂有学生画的水彩画。他们平时都在教室里上自习,课本平常都摆放在桌上。

可以看出,传统经堂教育的第一阶段以语言学习为主。这种学习主要通过听、说、读、写训练进行,其本身就要求有更多的师生互动。在经堂教育的第二阶段,专业课程学习的重点是关注学生对经文及其注解是否理解。因为是对宗教内容的学习,所以主张"掌握基本原则,反对拘泥于细微之处争执不下,由于对经文的不同理解会导致分裂"①。因此第二阶段的师生互动相对第一阶段要少。师生互动的具体形式则以教师为主体,互动焦点在于学员的翻译是否符合经文原意,翻译得好不好,等等。

总体来看,经堂教育中的师生表现出较多形式上的互动,而缺少对学生心智全面发展的深层互动。虽然经堂教育也促进了学生的思维发展,但是同现代教育相比较,它对提高学生综合素质的局限性更大。为此,许多学者在肯定回族经堂教育历史贡献的同时,也提出了必须改革的方向,如"改经堂教育制度为现代阿文中等专业学校"等。②

2. 现代新兴办学形式下的师生互动

乙地外国语学校是一所成立于 20 世纪 80 年代的,具有民族特色的全日制寄宿制民办中等职业学校。学校实行董事会领导下的校长负责制。董事会曾先后投资近千万元,扩建学校,改善教学设施,更新教学设备。学校分男校和女校两个校区。学校学制为四年,分为两个阶段。第一阶段为基础阶段,第二阶段为专业阶段。课程设有汉语、历史、政治、法制、体育、阿拉伯语、电教和计算机等。目前,该校有教职员工约 130 人,学生约 1500 人,共有 30 多个教学班。学生来自全国各地,经过统一考试录取。学生年龄大体相当于普通高中学生。笔者通过 LJ 老师的介绍访问了男校,又委托两位参加实习的女生访问了女校。③

男校位于乙地西北部的一条大街上。校门正上方挂着当地知名人士题写的中文和阿文校名,右侧则挂着传统的白底黑字的大

---

① 南文渊:《伊斯兰教与西北穆斯林社会生活》,青海人民出版社 1994 年版,第 189 页。

② 哈雏岐:《论经堂教育的必由之路》,朱崇礼:《伊斯兰文化研究》,宁夏人民出版社 1998 年版,第 103 页。

③ 男校容许女性进入,但女校一般不容许男性进入。为此笔者委托了两位女生进行访谈和拍照。

木牌校名。进校后首先映入眼帘的是一块由红砖和红色琉璃瓦构造的大幅屏风,正面书写着"教育要面向现代化,面向世界,面向未来"。背面写着中阿文格言:"人生的终点,不是死亡,而是与知识绝缘的那一刻;人生的起点,不是诞生,而是与知识结缘的那一刻。学习,真的,能让我们再年轻一次。——雨果"屏风后是一些常见的健身器材和两个乒乓球案。往里走,是约三个篮球场大小的操场。操场南侧围墙上有六块黑板,画着教师节、开斋节等各种主题的中阿文黑板报。操场西北侧是六层高的教学楼。教学楼下的橱窗里张贴着学校组织机构、光荣榜、学生就业去向等各种宣传海报。紧邻教学楼的是一栋三层高的综合大楼,三楼是学术报告厅,二楼是图书馆,一楼是学生活动大厅。学生活动大厅铺有木地板和印有学校名称的蓝地毯,这里是师生做礼拜的专用场所,大约可以容纳300人。

笔者在学校教务主任的临时安排下,听了一节高二年级的历史课。一位留学回来的中年男教师讲了自编教材上的一段阿拉伯历史。他先用阿拉伯语读一段课文,然后用汉语讲解意思。授课过程中他还穿插讲了一些阿拉伯历史故事。在讲到"同吃乳的兄妹不能结婚"时,教师特别强调"现代科学也证明了……"在整个教学过程中,教师点名提问了两位学生,请他们读一段课文并翻译,教师对学生的回答给予了肯定和鼓励,有时也会纠正发音和翻译。在教学过程中,教师的互动行为明显以领导—合作方式为主。从对学生翻译结果"逐字逐句"的纠正中可以觉察到这位教师亦是严格的。从教师和蔼的语气和微笑中可以感受到他的友好/帮助和理解行为。

女校位于乙地西部城郊的一条小巷深处,是一处新修建的现代化建筑群。校园内部空间宽敞,绿化整洁漂亮。校园中央是四块草坪,草坪四周是配备了先进设施的综合教学楼、住宿楼、图书馆、食堂和学生活动中心。女校的礼拜堂略显简单,只铺了一层地毯,没有别的装饰。女校有教职员工50多人,其中7人为留学生,教师上课有学校通勤车接送。目前学校有 4 个年级，共 13 个教学班，400 多名学生。女校的老师和学生都头戴纱巾，有的学生穿着黑色长衫。

在女校里，笔者听了一位女教师的历史课。她非常高兴地接受了笔者的听课要求，在上课之前还组织学生们鼓掌欢迎。在教学过程中，教师先将主要内容用阿拉伯语写在黑板上，然后逐个阐述讲解，期间还引用了一些《古兰经》的内容。整节课的教学内容基本上是普通高职教材之外的，教学方式完全以讲授、讲解为主，教师没有提问，也没有组织学生活动，因此看起来更像是一堂宣讲课。

同一般高中学校相比，阿语学校教师和学生的关系非常融洽。当笔者问道："你们感觉老师厉害吗？"一位来自新疆的学生说道："一点也不，我们跟老师是亲兄弟！"面对笔者的诧异，他用手指向教室墙壁上挂的一幅阿拉伯语书法。一位来自山东淄博的学生解释说，那上面写的是"天下的穆斯林都是兄弟"。

笔者以为，该学校融洽的师生关系可能来自两方面的影响。一是这所阿语学校教师素质较高，许多教师都有留学背景。来自青海西宁和宁夏中卫的两位学生向笔者介绍他们的老师时，都充满了崇拜："他们的阿拉伯语很好""……当过好多国际大会的翻译"。二是绝大部分学生都是自愿来这里上学的，学习意愿普遍比较强。学生提到，他们享受每人每学年 1500 元的国家助学金，而学校每学期食宿费用全部只收取 2000 元。毕业生就业前景非常好，大部分专门从事对外翻译工作，收入非常可观，另有少部分毕业生会得到资助出去留学。所以来此就读的汉族学生也开始增多。当问及为什么不去寺里读经的时候，许多学生认为，"寺里不重视文化课"，"可能汉语就学得不好了"，"以后的出路窄"。

回族在传统上对知识就非常重视。在笔者拜访的普通高中、阿语学校和清真寺，许多人都谈到《古兰经》和圣训对教育的重视。例如，《古兰经》提到："你说：有知识的与无知识的相等吗？惟有理智的人能觉悟。"（39：9）"真主将你们中的信道者升级，并将你们中有学问的人提升若干级。"(58：11)"只有真主和学问精通的人，才知道经义的究竟。"(3：7)但从回族教育史的角度看，这种对知识的重视主要是对伊斯兰宗教知识的重视。掌握这些宗教知识的人——阿訇在回族群众中有着极高的威望，而从事科学文化教育的教师并没有受到应有的尊重。这也可能是当前回族基础教育相对落后的一个重要原因。

二 藏族教师个案研究

H中学建于20世纪80年代，近年来先后通过两次扩建，完善了学校的各种硬件配套设施。目前，H中学有专门的操场、实验楼和学生宿舍楼，所有教室内部都安装了多媒体教学设备，所有建筑外墙均为传统的"黄墙红窗"式藏族风格。H中学与一所著名的藏传佛教寺院群落仅一墙之隔。站在校园里，就可以清楚地看到不远处的寺庙和佛塔。每天清晨都能看到隔壁寺院燃烧柏树枝后的青烟。

H中学大部分学生来自较偏远的农牧区，住宿生比例占到60%以上，所以该校实施一周上六天课，一个月放一次假的"月假"制。住校生的生活条件相对牧区要好，食宿由国家统一补贴。以午饭为例，一份猪肉白菜炒粉条，再加一份米饭或两个大花卷，共3.5元。H中学的校服是传统的斜领藏袍。笔者观察到，H中学的男生约一半都穿着运动外套或羽绒棉袄，另一半则穿着传统藏袍。而绝大多数女生的装束很相似，大都梳着一根较长的麻花辫垂在背后，穿着羽绒服、牛仔裤和运动鞋。H中学学生戴眼镜的极少，一个班也就2—3人。

H中学90%以上的教师都是本地人。该校的教师待遇处于当地中等偏上的水平。在学校补助一半资金的政策下，每位老师都购买了属于自己的笔记本电脑。H中学的教师学历水平相对较低，大部分教师的本科学历都是在大专的基础上通过函授进修获得的。通过访谈发现，该校不少教师所教的学科与自己的专业并不相同。

H 中学的大部分班级以藏语为教学语言，加授汉语科目。由于近年来"民考汉"的优惠政策被取消，该校只保留了 4 个班级试验"以汉语为主，加授藏语科目"的教学形式。据教师们介绍，H 中学每年低于专科录取线的毕业生仅 4—5 人，"只要愿意的话，90%以上的学生都能进入大学学习"。该校 2010 年的本科上线率接近 50%，位列全州民语类学校高考第一名。

在新学期开学初，笔者来到 H 中学，共听了 5 位教师讲授的汉语课。最后选择了 ZZ 老师作为个案，但因为工作和时间的关系，ZZ 老师只接受了一次非常简短的访谈。

（一）ZZ 老师的互动特征

ZZ 老师是一位藏族"70 后"女教师。她从小在本地县城长大，后来到外地上学后又回到本地工作。她原来是大专学历，担任学校的一些后勤行政工作。2003 年经过进修培训取得本科学历之后，她才开始教授汉语文课。ZZ 老师普通话非常标准，笔者和她的交流过程非常顺畅。当笔者说明听课意向后，她略有些紧张和不好意思，说"我讲得不好，不是学这个专业的""要不你们去听别的老师的课吧"。当笔者说明只是随便听听，而且已经听过了语文组一多半老师的课程时，她表示了欢迎。

表 6-10　　ZZ 老师的自评与藏族教师均值的比较

	领导 (DC)	友好/ 帮助 (CD)	理解 (CS)	学生 自主 (SC)	犹豫 (SO)	不满 (OS)	惩戒 (OD)	严格 (DO)
藏族教师总体	28.00	26.08	30.20	23.60	19.72	15.64	18.16	26.44
教师自评	28	35	32	33	30	12	22	30

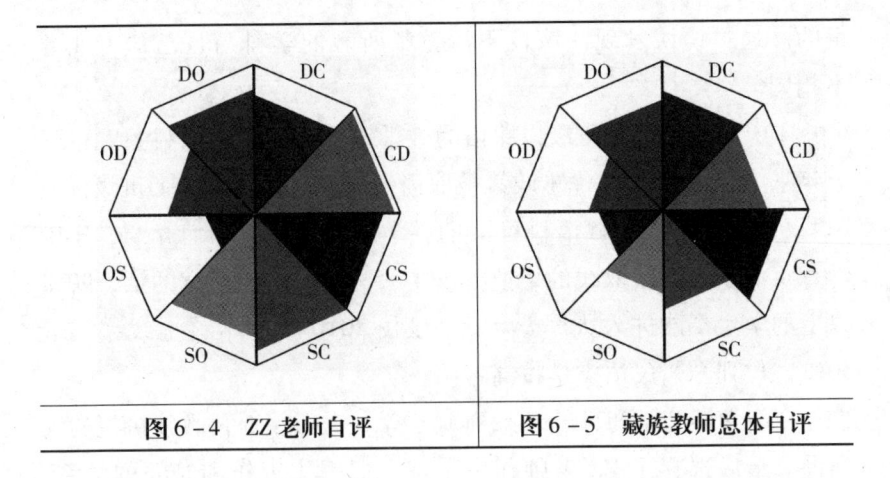

图6-4　ZZ老师自评　　　　图6-5　藏族教师总体自评

将 ZZ 老师互动各维度的得分与藏族教师总体进行比较（见表 6-10），可以看出 ZZ 老师的友好/帮助、学生自主、犹豫、惩戒、严格维度得分较总体平均值高。她的影响力值为 0.34，亲密性值为 30.74，互动特征点位于第一象限并接近横轴的正半轴。其互动特征的合作行为非常突出。从师生互动图来看，ZZ 老师的互动类型介于"不确定/容忍型"和"容忍型"之间，与藏族教师的总体平均情况有所差异。

（二）ZZ 老师的课堂教学观察与分析

这节课主要学习了一篇散文《笑》。教学过程可以分为两部分。老师首先提出了四个问题，然后让全班学生朗读课文并思考问题。在读完课文后，教师将作者简介和重点字词的解释抄写于黑板上，并要求学生抄写到书上。抄写完毕后，教师再次重复前面提出的问题，并给学生留出时间思考。20 多分钟后，教师开始逐段讲解课文的写法和一部分字词句的含义。在第二个教学环节，师生互动明显增多，但学生回答问题以教师点名提问为主。在临下课时，ZZ 老师布置了作业。

总体来看，ZZ 老师的课堂教学特征和她的自我评价基本一致。她和整个班级的对话互动较多，与学生个体的对话互动较少,与学生小组没有互动。教师的友好/帮助、学生自主、理解行为比较明显。在教学过程中她会走到发言者身旁鼓励"声音放大一些",在学生听不明白时,她及时用藏语进行翻译解释。在讲完一段课文或注解后,她几乎都会询问学生——"明白了吗?""会了吗?"她对学生的正确回答及时予以肯定或鼓励。在整个教学过程中她的面部表情和肢体动作都比较丰富,表露出了满意、惊讶、疑问等神情。ZZ教师给予学生自主学习的时间接近20分钟。但在学生自学期间,她并没有走到学生中间给予具体指导,而是来回翻阅自己的课本。当没有人回答问题时,她没有予以提示,而只是增加了等待时间。这似乎反映出她的一些不确定行为。这节课的整个教学过程一直都很安静,没有学生随意说话或讨论。

1. 教师效能的影响

表6-11　　　　　　　　教师效能比较

	教学策略效率	课堂管理效率	学生参与效率	教师效能总分
藏族教师总体	28.12	30.08	25.48	83.68
ZZ老师	26	30	30	86

将ZZ老师的教师效能各维度数值与藏族教师总体进行比较,结果如表6-11所示。依据教师自评数据,结合对语文组四位老师的课堂观察来看,ZZ老师的教学处于一般水平。她的普通话非常标准,语言表达也比较简练清晰,但她的教学方法单一,仅表现为讲演法和讲解法。ZZ老师"对不对""会不会"的提问过多。这种渗透着传统教学思维的提问将学生的回答置于二元选择中,在严格和沉闷的课堂气氛下,学生有想法也很少回答。在整个教学过程中,当讲到重要内容时,她会写到黑板上并要求学生抄在书上,还特别强调别写在笔记本上。据ZZ老师介绍,这也

是她摸索出的一种好的学习方法，有时候学生写在笔记本上会丢掉。班里的学生告诉笔者："这个老师并不厉害，但不如上学期那个老师讲得好。"

从课堂管理来看，ZZ老师的管理可能过于严格，课堂气氛显得沉闷。上课铃还未响起，ZZ老师就已经开始正式教学了。当没人发言时，她用藏语开玩笑地说："你们为什么不敢说话了呢，是因为有人听课吗？其实他们也是学生。"但学生只是自己偷偷笑，并没有笑出声来。

从学生参与机会来看，ZZ老师的提问较多，但整节课很少有学生主动举手，几乎每次都是教师点名，学生回答，这似乎表明学生与她互动的意愿是较弱的。

2. 教师专业承诺的影响

表6-12　　　　　　　　教师专业承诺比较

	学校组织	教学专业	学生	教师专业承诺总分
藏族教师总体	13.20	12.04	18.28	43.52
ZZ老师	15	15	20	50

将ZZ老师的教师专业承诺各维度与藏族教师总体进行对比，结果如表6-12所示。ZZ老师的专业承诺水平相对较高，特别是对学校和教学专业，这意味着她对工作单位和教学专业可能有着相对较深的感情。教务处一位老师谈到："老师们都对学校挺有感情的。因为这里培养了全县90%的人才。"语文组的老师也谈到，"学校这两年的福利待遇还是比较好的"，"老师们也都很珍惜这一份工作"。也有教师反映："如果我们在社会上和人打个招呼，人家知道我是老师的话就会放弃交往。"还有教师认为："一些干部根本就不把老师放在眼里。"

另外，学生基础较差使得教师的教学投入特别多。语文组的老师认为："由于学生大部分来自牧区，生活自理能力和自我约束能力特别差。另外，若严格按照学业标准，能真正进入这个学校初一大门的只有1/10，而且将近2/10的学生有没有达到小学三年级的水平还是个问题。"生源基础薄弱意味着教师必须投入更多的时间、精力帮助学生。有教师谈到，学生底子差"使得我们把所有的东西都要给他们一遍一遍地讲，一遍一遍地说"。BZY老师认为：

> 教师这个职业与其他职责不同的一点是，我们掌握着一个孩子的命运，如果我们工作有疏忽的话，就害了一个人的一生，跟行政单位不一样，行政单位造成的损失是暂时的，而我们造成的是永远的。所以，有时候逼着自己小心、再小心。

3. 教师专业发展的影响

表 6-13　　　　　　　　教师专业发展比较

	学习	转化	道德发展	资格证明	教师专业发展总分
藏族教师总体	23.84	6.60	25.56	11.08	67.08
ZZ 老师	24	8	23	12	67

将 ZZ 老师的教师专业发展各维度与藏族教师总体进行比较，可知 ZZ 老师的专业发展程度处于平均水平（见表6-13）。在和其他老师的访谈中，他们认为"学习的能力也很关键"。但对于文化因素的影响，老师们表示很难说清楚。对此问题还有待进一步了解。

4. 弗兰德斯互动分析

（1）矩阵表

对 ZZ 老师的教学过程进行弗兰德斯互动分析，得到矩阵表6-14。

表 6-14　　　　　ZZ 老师的弗兰德斯互动矩阵表

x\y	01	02	03	04	05	06	07	08	09	10
01	00	00	00	00	00	00	00	00	00	00
02	00	01	00	00	00	00	00	00	00	01
03	00	00	01	00	04	00	00	00	00	01
04	00	00	00	04	04	00	00	04	00	12
05	00	00	02	07	128	05	00	01	01	10
06	00	00	00	02	03	02	00	01	00	06
07	00	00	00	00	00	01	00	00	00	00
08	00	01	01	00	02	00	73	00	00	05
09	00	00	00	00	01	00	00	00	00	00
10	00	00	02	11	11	06	01	03	00	281

（2）课堂结构表

根据矩阵表计算出的课堂结构如表 6-15 所示。

表 6-15　　　　　ZZ 老师的课堂结构表

类别 项目	时间		比率	
	计算方法	时间（分钟）	计算方法	比率（%）
教师言语	1-7 列次数 ×3 秒/次	20	1-7 列次数/总次数	33.3
学生言语	8-9 列次数 ×3 秒/次	8.3	8-9 列次数/总次数	13.9
沉寂或混乱	10 列次数 ×3 秒/次	30.6	10 列次数/总次数	52.8

从表 6-15 中可以看出，教师言语占这节课总时间的 33.3%，约 20 分钟，学生言语活动时间仅占 13.9%，约 8.3 分钟。经课堂观察发现，这节课的大多数时候师生均处于沉寂状态。

(3) 教师对课堂的控制类别分析表

表6-16　　　　ZZ老师的课堂控制类别分析表

类别 项目	间接影响 （编码1-4）	直接影响 （编码5-7）
编码次数（次）	32	168
直接控制率（%）	—	84
间接控制率（%）	16	—

对 ZZ 老师的课堂控制类别进行统计（见表 6-16），直接影响的编码次数占到了总次数的 84%，表明教师的课堂控制以直接影响为主，间接影响为辅。根据前述文献研究，这种情形下的学生参与机会较少。

(4) 教师对学生的强化类别分析表

表6-17　　　　ZZ老师的课堂强化类别分析表

类别 项目	积极强化 （编码1-3）	消极强化 编码（6-7）
编码次数（次）	8	15
积极强化率（%）	34.8	—
消极强化率（%）	—	65.2

对 ZZ 老师的课堂强化类别进行统计（见表 6-17），积极强化次数占总次数的 34.8%，而消极强化达到了 65.2%，这表明教师的强化以消极强化为主。

弗兰德斯互动分析结果表明，这节课的课堂结构以师生的沉寂行为为主。在有限的教学对话时间内，教师的言语占了绝大部分时间，学生参与机会很少。另外，教师的课堂控制以绝对的直接方式为主，对学生的间接影响很小。教师语言对学生的强化也以消极强化为主。从实际的课堂观察来看，这节课的教学有效性值得怀疑。

（三）传统佛教寺庙教学中的师生互动

藏族笃信藏传佛教，藏区舍寺庙外别无学校。寺院中的佛学教育是藏区最传统和最主要的教育形式。与回族经堂教育不同的是，藏传佛教寺庙教育所承担的社会功能更多。在拉卜楞寺，教育内容除佛学外，还包括天文历法和医学教育，其文化艺术教育也独具特色，如组织藏戏、法舞演出和各种宗教活动。因此寺庙教学的形式间接培养了绘画、堆绣以及造型艺术（木雕、酥油花）等方面的人才。

为了探访这种传统教育形式，笔者拜访了属藏传佛教格鲁派六大寺院之一的拉卜楞寺。该寺是甘肃、青海、四川一带藏区最有影响力的寺院教育中心。寺庙始建于清朝康熙年间，后经300余年的不断扩建，共建成了六大学院，48座佛殿，500多座僧院，其总占地面积1000余亩。目前，共有100多位活佛和1000多名僧人在这里居住学习。

因为多个学院不对外开放，所以笔者只拜访了拉卜楞寺最大的学院——显宗学院（闻思学院）。入读该院的学僧要经历13个学级①，学习5部经论，一般最少15年才能毕业。在考察中，笔者见到学僧的年龄差异很大，既有十二三岁的少年，也有很多四五十岁的中年人。僧人不必缴学费，但食宿需要自理，也有人会得到信众的施舍和老师的资助。在笔者访问的季节里，喇嘛们每天早上6点起床，7点开始学习，直到晚上7点结束。到夏季后，他们起得更早，傍晚还需要自学背经。

藏传佛学的教学方法非常独特，主要以师授、背诵和辩论为主。在师授环节，一般由学生到老师住所去听老师讲解经文、上课。既有学生单独背诵，也有集体诵经学习。辩论有在不同级别学

---

① 相当于学习阶段。这一学习过程有严格限制，不可越级学习。

生间展开的，也有在师生之间展开的。据一位喇嘛介绍，上课前先要背会经文，然后由老师讲，大家听，不懂可以随时问，有不同观点还可以辩论。当问到显宗学院两位喇嘛"和学校的教学相比，你们这里是怎样的教学方式"时，他们非常自豪地回答："那根本是不一样的！"

在显宗学院，笔者观察了以下两个教学环节。

1. 午课——大经堂的课堂教学

大经堂是显宗学院的经院，是拉卜楞寺最大的建筑。它的核心建筑是正殿，能容纳近千名僧人集会、学习诵经。正殿前面的庭院是学僧辩经和考取学位的地方。正殿内光线比较昏暗，基本看不清文字，僧人在正殿的整个学习过程中不携带书本或经文。在上午十一点半到下午一点半的午课时间，所有僧人都集中于正殿内一起学习。笔者在殿外观察发现，这一教学过程大约有三种形式：第一，经师讲授。大经师来回诵经讲解，其他人听。第二，自学背诵。每隔一段时间，大经师会停下来，喇嘛们便坐下各自小声背诵。第三，僧人默记。僧人们都静坐背诵，此时大殿内寂静无声。

在午课中间，经院提供两次经茶（酥油茶）和一次餐食（酥油米饭），僧人们都在大殿内食用。

2. 辩经

辩论是藏传佛教一种重要的学习方法。佛教本是擅长辩论的宗教。在历史上，佛教在当权者的支持下，通过辩论的方式战胜了苯教，成为西藏的主体文化。[1] 目前拉卜楞寺教学中的辩论分为三种：在讲经院举行的小型辩论，在每年农历四月由活佛主持的大会上辩论，每年七月法会或重大喜庆节日在大经堂举办的会上辩论。[2] 据一位喇嘛介绍，一个月大约有15天要开展辩论。在这15天中，每天早上和下午都会有辩经环节。

---

[1] 扎洛：《藏传佛教文化圈》，青海人民出版社1997年版，第29页。
[2] 罗发西等编：《拉卜楞寺概况》，甘肃民族出版社1987年版，第27页。

笔者看到了这样的辩经场景：在由大块石板铺砌的小广场上，僧人们10人一组，呈半圆形或U形围坐。一会儿，七八名发问者脱下鸡冠帽和披篷，站起身走到两位依然端坐的应答者面前，先双手合力击掌，并大声提出问题。应答者抬头注视发问者回答问题，据理力争其论。有的是一人问一人答，也有多人问一人回答的情形。

总体来看，藏传佛教寺庙的教育教学推崇强记背诵和立宗论辩。在这种独特的教学方式下的师生互动，保证了宗教经典能够得到不断传承且其内容不会被改变，有关智慧的学说得到了深化研究，也间接促进了文化知识的传播，但它没有促进学科分化和社会专业分工，其教学效率和教育的规模效应相对现代教育要低得多，而且不利于社会生产力的发展。不过，这种以"辩论"为主的学习方式却是其他民族教育中少见的。从今天的视角来看，这种辩论对人类的学习活动有着特别的借鉴意义。

（四）民族文化对藏族师生互动的影响

在ZZ教师个案中，她表示很难说清楚传统文化对她教学行为的影响，说她了解有关教育问题的藏族谚语或格言。为此，笔者主要通过对其他教师的访谈来了解这一问题。

第一，藏族文化中的教师行为是严格的。在藏族传统的寺庙教育中，经文必须反复背诵，不允许有任何文字的差错。经师的要求通常很严格。有文献记载：学僧若"春秋季两次背诵不及格者，要挨打，还要在脖子上挂茶桶，令其站立或磕头，以示惩罚"[①]。在实地访谈中，喇嘛们也提到"自己会害怕老师"，但他们没有听说过这些惩罚措施。

通过对其他教师的访谈发现，藏族教师的严格行为与他们中小学所受到的教育有一定的关系。ZHM老师谈到："我以前上学时觉

[①] 罗发西等编：《拉卜楞寺概况》，甘肃民族出版社1987年版，第27页。

得老师很严肃的,学生不听也得听,听也得听,这 45 分钟,你不能动弹,要保质保量,他在那里滔滔不绝。如果学生窃窃私语或传纸条,那都是犯了大的错误。"

藏族教师的要求比同校其他教师的要求更严格。回族老师 LX 认为他的要求也很严格,以前有时也会打学生,但为了避免民族冲突,总是会和学生处理好关系。相比较而言,他觉得学生"害怕的是藏族老师"。LX 老师认为:"藏语课他们上啥,我们也看不出来。但他们的教学方式还是陈旧的,而我们在汉语课上经常采用新的教学方法,比如多媒体、讨论等这类。"另一位语文组老师也指出:"老师讲、学生听的满堂灌现象在藏语言课上显得尤为明显。"

第二,藏族传统文化重视教师地位。藏传佛教的"喇嘛"一词原本就是"上师"的意思。在拉卜楞寺,一位喇嘛介绍说:"藏族历史上有一个王朝的法律规定必须要尊敬老师。"(笔者未找到该条文)从小在牧区长大的藏族老师 ZHM 谈到:"在牧区父母亲和老师一样重要。他们说父母下来就是老师,就是这种情况。在我上学的时候,除了家长以外,需要听其话的人就是老师。"

第三,藏族教师的友好行为与其艰苦的自然环境有很大关系。个案所在学校的大部分学生住在较为偏远的牧区,海拔较高,气候寒冷,交通非常不便。藏族教师认为,牧区来的学生适应学校生活的过程较长,需要教师给予很多关心和帮助。相比而言,本书研究中的其他民族学生多生活在农区,其生活环境与学校生活的差异相对小得多。

第四,外来文化提高了藏族教师的教学效能,对教师的互动行为产生了积极影响。对 ZZ 老师个案教学的分析,对语文组教师的集体访谈,从中都可以发现教学效能,特别是教学方式仍然是影响教师互动行为的直接因素。无论藏族还是该校的其他民族教师,大家都觉得新的教学方法对师生互动的影响很大。汉语文组的老师们认为,相比过去的教学,目前的师生互动明显多了。

LX老师指出:"以前是'老师讲、学生听'这样的满堂灌模式,这种现象在藏语言课上尤为明显。现在不一样了,不管是问答式、讨论式,还是参与式,在课堂教学中都广泛地出现。""课堂上也大量使用电教设备,这在以前只是想想的事情。"在课堂教学的其他方面,他们觉得"我们和其他地方没什么太大的区别""基本上一样的"。

对于教学效能提高的原因,老师们提到最多的是教学硬件环境的改善和作为外来文化的新课改教师培训。个案所在的这所藏族中学的老师均参加过新课程改革的培训。ZXY老师对新课程的理念表示非常赞同:

  我七八年前听过一节外国支教老师的英语课。那节课特别随意,有些人听着,有些人闹着。我当时想,这个老师根本不在上课,是闹着玩的。但学生们喜欢那个老师。近几年来,我才觉得那个老师讲得有效果,那个老师根本不是高高在上的,对学生一点也不严格,他们一起玩,一起跳,一节课里把好多事情都干完了。现在实施新课程,我们很赞同那种教学模式。

  现在我们上课,有些事情只是在脸色上表示一下就行了,不需要太强调。那样也不好,既打断讲课思路,对学生也不好。再说了,那些事情也不是什么大事情。

第五,随着近年来对民族文化的关注和保护,传统文化中的精粹再次受到人们的重视。在和藏族教师谈到"辩经"这一传统教学方法时,他们都认为,"辩论"是一种非常好的教学方法。他们也正尝试应用这种学习方法。新编写的藏语文课教材专门增加了辩论的章节。H中学藏语文老师也进行了"辩论学习"的尝试。他们利用周六的课外活动时间,把大家聚在一起,分成几个组,模仿寺庙的辩经形式进行辩论,以此提高学生的藏语能力。一位老师指出:"通过辩论,探讨问题,能对问题有更好的理解。"ZHM老师也特别推崇辩经的学习方法：

> 他们的那种辩论就是把所有的经、所有的智慧都储存在大脑里了。像我们的话都在笔记本上，要了解知识的话就打开笔记本，这是习惯性的。他们的喇嘛在讲课的时候，学生根本没有拿笔记本，讲课没有黑板，只能说一两句话。其实我们现在看的话，条件这么好，应该要改善改善。但这是习惯性的，如果长期这样听的话，他也就把这些东西慢慢储存在大脑里了。但是我们如果不记笔记的话，他讲了啥，我们一点儿也记不清楚。

不过，也有老师认为，辩经的学习方法并不适合现代中学。因为"你要辩论的话，就要有足够的论据。这种方法在小学、初中里根本行不通，大学里才有可能"。另外，"学校里的课是有时间限制的，你不能光弄哲学，还有很多课，而寺庙里的课可以概括地说就是一门课，包括了哲学、医学等所有内容"。

三 维吾尔族教师个案研究

维吾尔族主要生活在新疆天山以南的绿洲地带。这里是东西方文化陆地交流的必经枢纽，也因为接近欧亚大陆的中心腹地，历史上一直是各种文明交汇和争相控制的地区。这一地区"绿洲和沙漠戈壁相间分布"的自然地理格局使这里曾同时存在许多城邦型王国，如于阗、龟兹、且末等。在这里居住的维吾尔族也先后信仰过萨满教、摩尼教、景教、祆教和佛教，使用过古突厥文、回鹘文、古维吾尔文、察合台文等多种文字。在10世纪后维吾尔族逐渐信仰伊斯兰教，使用阿拉伯字母拼写的维吾尔文。也因此维吾尔族文化在其主体文化的基础上，吸收了大量的伊斯兰文化、汉文化、希腊文化和印度文化，整合而成了一种独具一格的文化体系。①

在这种独特文化影响下的人际互动行为与其他民族亦有所区别。在教育教学情境下，前述数据比较已发现了维吾尔族师生互动与其他民族的显著差异，这里主要通过观察教师具体教学中所表现出来的一些特点，并借助访谈寻找其中的原因。与此同时，鉴于在民族地区大力发展双语教学已成为我国民族教育的一项基本政策，此处的研究具体到维吾尔语和汉语两门教学科目上。

双语教学一般是指涉及两种语言的教学。在我国民族地区，双语教学具体指民族语文与汉语文的学习以及教学语言的选择。② 在笔者所调查的维吾尔族中学，绝大部分班级使用维吾尔语授课，兼学汉语文。有个别学校的高中班级正在试验"以汉语文为主，加授维吾尔语文"的模式。但无论怎样，本族语言（维吾尔语）和通用语言（汉语）的学习内容分属于不同文化，那么这种文化也会影响到教学双方的互动行为。因此，研究汉语学习背景下的师生互动和维吾尔语学习背景下的师生互动行为，可以从中探讨其所受到的文化因素的影响。

问卷调查数据来自两所维吾尔族中学（K校、L校）和一所民汉合校的高中（M校）③，学生和他们评价的教师均为维吾尔族。教师个案选自民汉合校的M校。听课班级的大部分学生填答过学生问卷。面对笔者的新面孔，他们非常活跃和热情。从听课前一天进入教室起，"你从哪里来""你是做什么的""你是老师吗"等问题便包围了过来。有学生主动借给我听课的教材，帮我搬椅子，有的请我给他们上汉语课，还有人盛情邀请我参加他们"诺鲁孜节"的学生活动。在和他们近一周的对话交流中，笔者被维吾尔族学生

---

① 田向阳、李青丽：《新疆喀什地区古代维吾尔文献述评》，《图书馆理论与实践》2007年第3期。

② 王鉴、李介：《双语教学的语言心理学研讨》，《西北师大学报》（社会科学版）1996年第5期。

③ 指在同一所学校既有民语班也有汉语班，同时使用民语和汉语开展教学。

的热情和好客所感染。

（一）维吾尔语课和汉语课师生互动比较
1. 被试与信度、效度检验
（1）被试

本书研究调查了三所学校的维吾尔族中学生，共有495人填答了问卷，其中男生227人、女生268人。三所学校中有一所高中为民汉合校，本书研究选取了该校维吾尔语班的学生（详见表6-18）。

表6-18　　　　维吾尔族学生教学科目、年级交叉表

教学科目	年级				合计
	7	8	10	11	
汉语文	41	36	119	80	276
维吾尔语文	40	42	97	40	219
合计	81	78	216	120	495

（2）信度分析

QTI量表信度（Cronbach's α，下同）为0.789，各维度信度系数分别为0.761、0.779、0.817、0.468、0.439、0.789、0.336、0.601。对CES量表的项目分析表明，b17、b19、b26三道题与同维度内各题的相关系数很弱。这可能和b19、b26被设置为反向题有关。而b17题使很多维吾尔族学生产生了"这是违反课堂纪律""不应该这样"的看法，并没有测量到学生的"协作"因素。所以删去这三道测题。修改后CES量表的总信度为0.847，各维度信度系数分别为0.422、0.731、0.878、0.572。MSLQ量表信度为0.934，各维度信度系数分别为0.765、0.812、0.577、0.742、0.901、0.762。

（3）效度分析

各量表的验证性因子分析（CFA）结果表明，本书研究具有较好的效度（见表6-19）。

表6-19　　　　　　　验证性因子分析（CFA）

	χ^2	df	χ^2/df	NNFI（TLI）	RFI	IFI	CFI	RMSEA
QTI问卷	3949.63	1052	3.75	0.94	0.92	0.95	0.95	0.070
CES问卷	1202.81	293	4.11	0.96	0.95	0.97	0.97	0.068
MSLQ问卷	3615.65	1160	3.12	0.96	0.95	0.96	0.96	0.059

2. 结果分析

（1）师生互动特征

表6-20　　　　　维吾尔族学生对教师互动行为的评价

		领导（DC）	友好/帮助（CD）	理解（CS）	学生自主（SC）	犹豫（SO）	不满（OS）	惩戒（OD）	严格（DO）	影响力（DS）	亲密性（CO）
汉语教师	M	28.12	26.84	28.32	19.45	15.97	12.39	23.44	23.44	16.51	25.68
	SD	6.16	6.82	6.01	5.20	4.45	5.84	5.47	5.47	13.22	17.87
维吾尔语教师	M	24.89	24.12	25.26	18.75	17.11	14.30	22.00	22.00	11.86	15.68
	SD	5.64	5.95	6.27	4.47	4.45	6.45	4.55	4.55	10.19	17.62

对维吾尔族学生的调查发现（见表6-20），汉语文教师在领导、友好、理解维度极显著地高于维吾尔语文教师（$p<0.001$），T检验值分别为$t(493)=6.012$，$t(493)=4.727$，$t(493)=5.531$；汉语文教师在严格维度非常显著地高于维吾尔语文教师（$p<0.001$），T检验值分别为$t(493)=3.190$；在惩戒维度极显著地低于维吾尔语文教师（$p<0.001$），$t(493)=-4.671$；在犹豫、不满维度非常显著地低于维吾尔语文教师（$p<0.001$），T检验值

分别为 $t(493) = -2.826$,$t(493) = -3.442$。

(2) 课堂环境特征

表6-21　　　　维吾尔族学生对课堂环境的评价

教学科目		协作性	秩序与学生参与	教师参与	教师支持	课堂环境总分
汉语文	M	11.87	23.73	37.08	25.78	97.05
	SD	2.28	4.38	6.60	4.01	14.00
维吾尔语文	M	11.14	22.41	34.53	24.48	91.69
	SD	2.16	4.17	6.53	4.06	13.23

调查发现（见表6-21），汉语课堂的协作性、教师参与、教师支持、课堂环境总分等维度均极显著地高于维吾尔语课堂（$p<0.001$），T检验值分别为 $t(493)=3.655$,$t(493)=4.302$,$t(493)=3.549$,$t(493)=4.328$；在秩序与学生参与维度得分非常显著地高于维吾尔语课堂（$p<0.01$），$t(493)=3.406$。

(3) 学习动机与策略特征

表6-22　　　维吾尔族学生学习两种科目时学习动机特征比较

教学科目		自我效能	内在价值	外在价值	考试焦虑	策略应用	同伴学习	学习动机总分
汉语文	M	27.64	35.97	15.93	12.73	75.26	27.45	194.99
	SD	4.31	5.80	2.83	3.56	11.79	4.80	25.85
维吾尔语文	M	26.47	35.58	15.81	12.75	73.87	26.93	191.42
	SD	3.98	5.01	2.67	3.71	9.71	3.85	22.27

调查发现（见表6-22），学生学习汉语文的自我效能非常显著地高于维吾尔语文科目（$p<0.01$），$t(493)=3.108$。

（4）学生学业成绩与师生互动、课堂环境和学习动机等的相关性

表6-23　　问卷各维度与学业成绩的关系

问卷	维度	学业成绩	
		汉语文	维吾尔语文
QTI问卷	领导（DC）	.000	.063
	友好/帮助（CD）	.111	.082
	理解（CS）	.123	-.029
	学生自主（SC）	.318**	.114
	犹豫（SO）	-.103	-.150*
	不满（OS）	-.250**	-.162*
	惩戒（OD）	-.311**	-.034
	严格（DO）	.058	-.006
	影响力总分	-.052	.106
	亲密性总分	.251**	.111
CES问卷	协作性	.032	.168*
	秩序与学生参与	.004	.155*
	教师参与	.054	-.030
	教师支持	-.008	-.042
	课堂环境总分	.015	.060
MSLQ问卷 学习动机	自我效能	.088	.135
	内在价值	.060	.147*
	外在价值	.080	.092
	考试焦虑	-.076	-.050
MSLQ问卷 学习策略	策略应用	.050	.057
	同伴学习	.048	.096
	学习动机总分	.058	.103

说明：**表示显著性水平 $p<0.01$，*表示显著性水平 $p<0.05$。

将学生问卷各维度得分与调查学生汉语文和维吾尔语文成绩进行相关分析（见表6-23），发现维吾尔族学生的汉语文成绩与"学生自主""亲密性"呈现出显著的中度正相关（$p<0.01$），而与教师的"不满""惩戒"呈现出显著的负相关（$p<0.01$）。他们的维吾尔语文成绩与协作性、秩序与学生参与、内在价值呈现出显著的正相关（$p<0.05$），与教师的"犹豫""不满"呈现出显著的负相关（$p<0.05$），这似乎表明学生更重视学好维吾尔语本身的价值。

3. 小结

调查发现，汉语文老师表现出的领导、友好/帮助、理解、严格行为高于维吾尔语文老师，而惩戒、犹豫、不满行为则低于维吾尔语文老师。在课堂学习环境方面，汉语文课程的课堂学习环境总分以及学生的协作性、课堂秩序与学生参与、教师参与、得到的教师支持均高于维吾尔语文课程。在学习动机特征方面，学生学习汉语文的自我效能高于维吾尔语文。此外，维吾尔族学生的汉语文成绩与"学生自主"呈现出显著正相关，与教师的不满、惩戒行为呈现出显著的负相关。其维吾尔语文成绩与协作性、秩序与学生参与、内在价值呈现出显著的正相关，与教师的犹豫、惩戒呈现出显著的负相关。

（二）ETB（汉语教师）和 HET（维吾尔语教师）的个案比较

两位老师分别是填答过问卷的高二年级（1）班的维吾尔语文和汉语文教师。在上课前，笔者在教室外向老师简单地说明了听课意向（希望能参与课堂"观察学生的学习行为"），并赠送了小礼品。他们稍作推辞后表示欢迎我听课。

1. 教师简介

ETB 老师是一位20世纪80年代毕业的大学生。他出生在一个相对偏远县的农村，从小一直在维吾尔语学校学习，直到上大学后才开始学习汉语。ETB 教师80年代后期被分配到这里工作，一直教授汉语文课程，至今已有25年的教龄。ETB老师非常和蔼，工作时总戴着一副大眼镜。笔者和他聊天时他总是十分亲切。

HET老师是一位在本地城市长大的维吾尔族"70后"教师。他出生在一个传统的维吾尔族家庭，父亲在外经商，母亲一直在家照顾他的姐弟。他和一个姐姐在大学毕业后都找到了稳定的工作，他的两个弟弟在内地以传统餐饮——"卖羊肉串"为业，生活过得也很不错。HET老师的小学、中学都在本地的维吾尔语学校就读。他就读的那所高中是本地最好的维吾尔语学校。他是从高中才开始学习汉语的。后来从中央民族大学的维吾尔文学专业本科毕业后，他回到家乡，先找到了这份教师工作，然后参加了新疆师范大学的教师资格培训，成为一名正式的维吾尔语教师。目前他的教龄已经超过10年。初次和HET老师交谈，感觉他似乎很内向，不苟言笑，但在多次交流后发现，他汉语说得非常流利，也非常健谈，他还十分热心地帮我找了许多文献资料。

2. 师生互动特征

表6-24　教师自评、学生评价以及与维吾尔族教师的均值比较

	领导（DC）	友好/帮助（CD）	理解（CS）	学生自主（SC）	犹豫（SO）	不满（OS）	惩戒（OD）	严格（DO）
维吾尔族教师总体	29.04	27.67	30.84	23.49	20.26	13.74	18.77	28.86
ETB教师自评	14	11	20	11	17	8	16	9
HET教师自评	28	31	32	22	19	10	21	27
学生评价（HET）	24.04	19.66	23.67	17.10	16.93	16.17	23.20	22.29

将ETB老师和HET老师的互动各维度得分与维吾尔族教师总

体及来自学生的评价（见表6-24）进行对比发现，ETB老师自评的各维度得分都较低，他的影响力值为-4.98，亲密性值为6.06，互动特征点位于第四象限，即略微偏向以支配—服从为主。HET老师在友好/帮助、理解、惩戒三个维度高于维吾尔族教师总体，而在不满维度则明显低于维吾尔族教师总体。他的影响力值为16.68，亲密性值为30.96，互动特征点位于第一象限，即以支配—合作为主。

ETB老师的互动类型介于"不确定型/容忍型"和"苦差事型"之间（见图6-6）。由于抽样问题，本书研究没有得到学生对ETB老师的有效评价。HET老师的自评和学生知觉到的行为特征有些差异。从教师自评互动图（见图6-7）来看，他接近于"权威"类型，严格特征较强。来自学生评价的互动图（见图6-8）显示，HET老师介于"压抑型"和"苦差事型"之间。

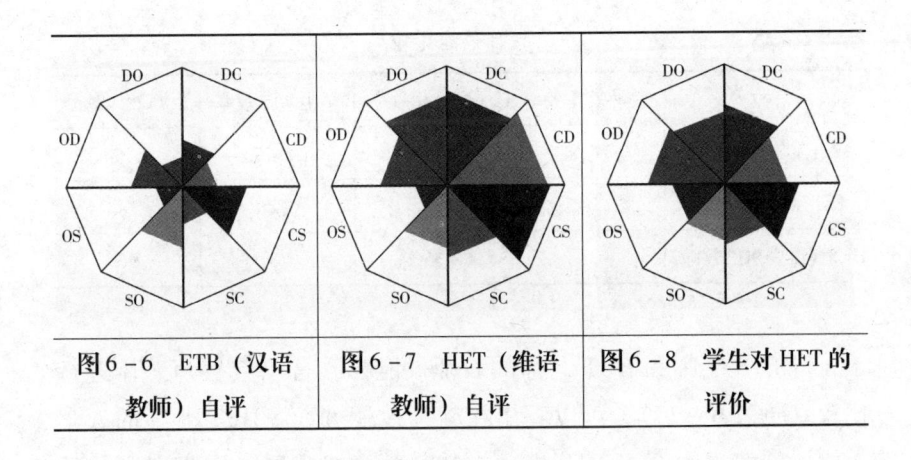

图6-6 ETB（汉语教师）自评	图6-7 HET（维语教师）自评	图6-8 学生对HET的评价

3. 课堂教学观察与分析

汉语课学习了一篇关于全球化的说明文。ETB老师先引导学生复习字词，然后邀请多位学生逐段朗读课文，在学生读完每段后教师会加以讲解，也会点名让学生发表其看法。当学生不太明白时，他会用维吾尔语再解释一遍。下课铃声响后,老师布置了作业。整节课有15位学生获得单独发言的机会。ETB老师的面部表情和肢体语言比较丰富,学生齐声回答问题的次数明显较多。老师对学生之间的小声交谈并没有加以严格制止。

维吾尔语课学习了一篇维吾尔语小说。教师先简要介绍了课文内容,然后请几位学生分段朗读课文,之后教师提出了一些问题,9位学生先后发表了他们的看法。在读课文阶段,学生举手的很多,但在后来的发表看法环节,主动发言的学生略少一些,而老师点名让某位学生回答的情形较多。虽然听不懂授课内容,但笔者感受到的课堂气氛有些沉闷。整堂课上HET老师很少微笑,在其他时候他的面部表情也是比较严肃的。学生非常认真,没有人小声说话或做别的事。与汉语课的轻松、活跃相比,维吾尔语课看起来要严肃得多。

(1)教师效能影响

表6-25　　　　　　　　教师效能比较

	教学策略效率	课堂管理效率	学生参与效率	教师效能总分
维吾尔族教师总体	27.61	29.39	26.77	83.77
ETB(汉语老师)	24	28	22	74
HET(维吾尔语教师)	33	35	28	96

将ETB老师和HET老师的教师效能与维吾尔族教师总体进行比较(见表6-25),可以看出在教师效能方面,HET老师的教学效能评价大幅度高于ETB老师。从教学策略来看,HET老师的互动调动了学生的深入思考,绝大部分学生在回答问题时都不看书,书上也找不到答案。而ETB老师强调"'说'的教学方法",主张"多说多练",避免成为"哑巴汉语",但对他提出的问题,学生都是低着头念书(或参考书)回答。ETB老师的提问似乎更多的是一

种形式上的师生互动，而 HET 老师则更深入。另外，ETB 老师的方言较重，口头禅现象也很多，如"啊""那""那么""就是""当然"等。他语言表达上的重复现象也较多，显得十分啰唆并缺乏逻辑。

从学生参与来看，HET 老师的教学明显吸引了更多学生的主动参与，学生认为，"HET 老师知道得特别多""课讲得挺好的"。相对而言，ETB 老师的教学缺乏激情，与学生的情感交流较少，学生的参与也很少。学生认为，ETB 老师不如以前那位老师讲得好，他的汉语很不标准，比其他汉语老师讲得差。

从课堂管理来看，HET 老师的管理相对严格。学生反映他比汉语文老师"厉害"，"总是很严肃的"。课后，笔者询问 HET 老师："感觉学生表现如何？"他说道："对他们发言不满意，积极发言的人太少了。"HET 老师认为："学生喜欢年轻的、爱笑的、管得比较松的老师。"当笔者告诉 HET 老师，学生认为他很厉害时，他不好意思地呵呵一笑，"看来我应该注意了"。相比较而言，ETB 老师认为他的课程就是要让学生活跃起来，"多多说话"。所以，汉语课气氛显得更轻松和活跃一些。此外，两位老师几乎从不体罚学生。当问他："你会打学生吗？"HET 老师说道："现在哪里还敢打学生啊？一打家长就告到教育局了，几个月的工资就没有了。"

（2）教师专业承诺的影响

表 6-26　　　　　　教师专业承诺比较

	学校组织	教学专业	学生	教师专业承诺总分
维吾尔族教师总体	13.28	12.12	19.84	45.25
HET 老师	14	8	19	41
ETB 老师	11	7	15	33

将 HET 老师和 ETB 老师的专业承诺与维吾尔族教师总体进行比较（见表 6-26），发现这两位教师的教师专业承诺得分低于平均水平，这主要与他们对教学工作的认同下降有关。受所在地区教育体制改革的影响，M 中学近两年的招生分数很低。HET 老师认为，"现在招进来的学生的素质比以前差多了。"ETB 老师指出："学习不好的根本就不学。""有的家长只是希望他们能高中毕业。""按照新课程讲，学生根本接受不了。他们基础太差，很多内容用汉语讲他们不明白，必须要用维吾尔语再翻译一遍。"生源上的巨大反差是他们对教学工作产生厌倦的最大原因。与此同时，该校的很多老师认为："其实，我们这所差学校的老师反而更敬业。"这两位老师非常珍惜这份工作，他们都很喜欢学生。HET 把学生的照片放在了他的网络博客里，ETB 老师认为"和学生聊天是一种乐趣"。

（3）教师专业发展的影响

表 6-27　　　　　　　　教师专业发展比较

	学习	转化	道德发展	资格证明	教师专业发展总分
维吾尔族教师总体	25.91	8.37	29.23	12.46	75.96
HET 老师	26	9	31	13	79
ETB 老师	24	8	28	12	72

数据表明（见表 6-27），HET 老师和 ETB 老师的教师专业发展得分并不高，但都接近总体平均水平。这可能与他们在这两年内参与了教育行政部门、学校的频繁培训有一定关系。

（4）弗兰德斯互动分析

对 ETB 老师的语文课进行弗兰德斯互动分析，得到矩阵表 6-28。

表6-28　　　　　　　ETB老师的弗兰德斯互动矩阵表

x\y	01	02	03	04	05	06	07	08	09	10
01	00	00	00	00	00	00	00	00	00	00
02	00	00	00	01	00	00	00	00	00	00
03	00	00	00	00	00	00	00	00	00	00
04	00	00	00	03	07	00	00	10	00	11
05	00	00	00	11	132	01	00	12	02	37
06	00	00	00	01	01	00	00	00	00	02
07	00	00	00	00	00	00	00	00	00	00
08	00	01	00	00	18	01	00	61	00	12
09	00	00	00	00	00	01	00	01	00	00
10	00	00	00	15	35	02	00	09	00	212

依据上述矩阵，计算出ETB老师的课堂结构如表6-29所示。

表6-29　　　　　　　ETB老师的课堂结构表

类别\项目	时间		比率	
	计算方法	时间（分钟）	计算方法	比率（%）
教师言语	1-7列次数×3秒/次	23	1-7列次数/总次数	38.4
学生言语	8-9列次数×3秒/次	9.5	8-9列次数/总次数	15.9
沉寂或混乱	10列次数×3秒/次	27	10列次数/总次数	45.7

从表6-29中可以看出，沉寂或混乱占了课堂的近一半时间（混乱占了大部分），学生言语相对较少，教师言语仍然是这节课最主要的部分，共占了课堂总时间的38.4%，即23分钟。而学生言语活动时间仅占15.9%，约9.5分钟。

依据矩阵，计算出ETB教师对课堂的控制类别情况（见表6-30）。

表6-30　　　　ETB老师的课堂控制类别分析

类别 项目	间接影响 （编码1-4）	直接影响 （编码5-7）
编码次数（次）	32	198
直接控制率（%）	—	86
间接控制率（%）	13	—

直接影响的编码次数占到了总次数的86%，表明教师的课堂控制以直接影响为主，间接影响为辅。根据课堂观察，学生的言语活动较多，但与课堂教学有关的却很少，由此反而造成了课堂的混乱。另外，虽然是汉语课，但笔者周围的学生依然全部用维吾尔语交谈。

依据矩阵，计算出ETB老师对学生的强化类别（见表6-31）。

表6-31　　　　ETB老师的课堂强化类别分析

类别 项目	积极强化 （编码1-3）	消极强化 编码（6-7）
编码次数（次）	1	4
积极强化率（%）	20	—
消极强化率（%）	—	80

从分析结果来看，ETB老师实施的教学强化非常少，教学的目的性并不突出。他实施的积极强化影响次数仅占总次数的20%。

弗兰德斯互动分析结果表明，这节课的课堂结构略显混乱，学生的有效参与相对很少，而教师仍然占据着课堂学习的主体地位。教师的课堂控制虽然以直接方式为主，但对学生的强化作用非常微弱。相对维吾尔语文课的沉闷而言，ETB老师的这节课气氛活跃，但并没有取得他所期望的"多说多练"的效果，而是走向了"看似热闹，实际略显混乱"的低效课堂。

四　民族文化对维吾尔族师生互动行为的影响

（一）学科对教师互动行为的影响

这两门学科教师的互动行为差异一方面可能与学科性质有关。对维吾尔族学生而言，汉语学习相当于第二语言学习，教学本身要求有更多的师生互动行为（如听说对话、纠正发音等），其学习难度高于母语（维吾尔语）学习，相应地要求教师提供更多的学习帮助。另一方面，两门学科的课程与教学一直按照不同的模式进行。民族地区的汉语教学一直按照内地模式进行，教材也由内地出版社编写。与内地汉语教学的差别仅有两点：一是课程难度略有降低；二是在教学中，教师对于学生不明白的内容会使用维吾尔语加以翻译解释。ETB老师认为："汉语课的教学越来越像内地的了。"与此不同的是，维吾尔语教学的教材、教师培训、教学改革研究等均由自治区教育主管部门负责完成，在长期摸索中已形成了符合自身特点的一套体系。因而，维吾尔语教师的互动行为相对较少受到内地模式的影响。

（二）师生互动行为的影响因素

从教师个案的课堂观察来看，教师的互动行为与教师效能有着密切关系。教学专业承诺水平对他们的工作态度存在着一些影响，但对具体教学行为的直接影响较少。教师专业发展对其互动行为的影响还需进一步研究。

从学生角度来看，由于汉语文的学习相对较难，学生之间的合作和帮助也相对较多。例如笔者观察到，在汉语课堂上，如果没有听明白汉语教师所说的意思，学生马上会用母语问别的同学是什么意思。而在维吾尔语课上，学生很少不明白老师的意思，即便有不会答的问题，他们也会先自己思考。并且维吾尔语课的问题多是发散性问题，一般没有唯一答案，只有回答得好与不好。另外，调查发现，学生学习汉语的自我效能感较强，期望汉语教师给予较多的自主空间。这可能与学生较强的民族意识有关。在访谈中，有汉族教师提到，"少数民族学生有很强的民族自尊心和优越感"，"他们以这里存在近八千年的文明而感到自豪"，"他们认为自己的学习能力比较强"。

（三）民族文化对维吾尔族师生互动的影响

维吾尔族在传统上重视教育，崇尚知识，倡导严格的教育。维吾尔族在接受伊斯兰教信仰后，受到了阿拉伯文化和波斯文化的深刻影响，非常重视求知。维吾尔族民众文学著作《真理的入门》写到："有知识就能找到幸福之途。""没有知识将一无所得。"流传很广的维吾尔族长诗《福乐智慧》用了很多话语表达对知识和学者的敬重，还借"月圆对儿子贤明留下的遗嘱"这样一个故事，表达了家长要严格教育子女的思想。它这样写到："1219. 父亲对儿子严加管教，他会给父母带来福运；1220. 若是儿子得不到严教，莫指望他成材，会成废品。1221. 有儿子的父亲若有头脑，应该对儿子严加教训。""1226. 父亲若对儿女严加教育，儿女长大了会欣喜不尽。"①

维吾尔族教师赞成严格的教育。一方面，这可能与他们中小学所受过的严格教育有关。如 HET 老师觉得："我管得比较严，还是管得严一点对学生有好处。我上学的时候，我们班主任总是很严的，不听话的话会随便打、骂我们的。我们很害怕老师，学习也挺好的。现在我的学生都大学毕业了，找到了很好的工作，过着很好的日子。"另一方面，伊斯兰教规定了信众的生活方式，这种严格的规定影响了教师的行为。WXY 老师谈到："现在的娃娃应该管严一些。应该让孩子们有一点信仰，知道什么事可以做，什么事不

---

① 优素福·哈斯·哈吉甫：《福乐智慧》（汉文版），民族出版社 1986 年版，第 165 页。

好,不能做。信仰能严格规范他们的行为。"

此外,传统文化下的学习过程受到了现代学校教育的影响。在过去,维吾尔族的音乐舞蹈艺术基本上是在家庭文化环境中传承的,但现代学校教育占了学生的大量时间,削弱了家庭文化环境传承维吾尔民族文化的重要地位。HET 老师提到:"以前我放学后姐姐会在家里教我唱歌跳舞。我的爸爸妈妈也常带我们去亲戚朋友那里玩,也可以学着跳舞。但现在我姐姐的孩子只能去舞蹈班报名学跳舞了。因为没有哥哥姐姐陪他玩了,大孩子们一天到晚都在学校忙着上学、考试。"

同在一间办公室里的 KS 老师不满地谈到:

> 现在的孩子太辛苦了,连个玩的时间都没有了。我的姑娘中午回来都要做作业。应该多给他们些时间,让他们好好玩。打篮球、踢足球,或者回家里跟大人去干活,可以学着做做铁器、剪果树,或者做做买卖。哪怕打打架也好嘛!现在的孩子太胆小了,一点也不勇敢,他们以后还怎么保卫国家?

五 汉族教师个案研究

C 中学是一所在汉族地区的普通高中。学校有一幢教学楼、一栋实验楼、一座图书馆、两栋宿舍楼和一个难以容下全校 4000 多名学生的小操场。学生每天早上 6 点 15 分起床做早操,随后吃早餐,开始早读、早自习,一直到中午 12 点下课吃饭。在短暂的午休后,下午 2 点上课直到晚上 6 点下课吃饭,随后 7 点 20 分开始上三节自习课,每节课中间休息 15 分钟。晚上 10 点半学校熄灯。学生略有夸张地形容他们的生活,"考试的频率和星期天出现的次数是一样的","在操场上运动的几乎都是下定了决心考体育的"。

C 中学所有教师周六都要上课,高三教师周日上午也要上课。最繁忙和辛苦的可能是班主任了。他们每天的生活从早上 6 点半监督学生早操开始,一直到晚上学生入睡才能回家,所以班主任老师回家睡觉时往往都是午夜12点。一位工作刚两年的老师郁闷地谈到:"我工作这两年,虽然早早就来了,可我觉得每天直到9点多以后了,才感觉大脑从迷迷糊糊中醒过来。"还有一位老师调侃说:"学校的领导把女教师当男教师用,把男教师当牲口用。"其实,学校的领导自己也不轻松。一位校长形容说:"高考给校长们带来的不仅仅是教学管理压力,甚至是恐惧! 升学率上不去,领导、家长、老师谁都看不起你。"虽然已开始使用高中新课程,但老师们觉得学校的课程除了教材变化很大外,其他的似乎都很难改变,因为"高考的性质没变"。

在C中学期间,笔者共听了高二年级组6位老师讲授的汉语课。考虑到之前有学生样本的评价数据,最后选择了MY老师作为个案。

(一) MY老师的互动特征

MY,女,汉族,从小在南方长大,大学毕业后来到这里工作。后来她一边工作一边参加自学考试,获得了本科学历。她一直教授语文课程,教龄已有15年。MY老师个头不高,相对本地的女教师要矮一些,但气质很好,说话做事十分干练。MY老师觉得,除了气候比较干旱以外,她挺适应这里的生活。

表6-32　MY老师自评、学生评价以及与汉族教师的均值比较

	领导 (DC)	友好/帮助 (CD)	理解 (CS)	学生自主 (SC)	犹豫 (SO)	不满 (OS)	惩戒 (OD)	严格 (DO)
汉族教师总体	29.07	29.03	31.07	24.93	16.84	15.36	16.93	26.92
教师自评	34	31	34	24	9	6	10	25
学生评价	30.27	30.08	31.93	21.49	11.41	9.92	12.89	22.42

将 MY 老师的互动各维度得分与所教学生对其的评价以及汉族教师总体自评进行比较可以发现，MY 老师的领导、理解行为分值较总体平均值高，而犹豫、不满、惩戒得分较低（见表 6-32）。她的影响力值为 24.30，亲密性值为 54.20，互动特征点位于第一象限，其互动特征的"支配—合作"行为非常突出。从师生互动图来看，MY 老师的互动类型和"权威型"非常相似（见图 6-9，6-10）。学生对 MY 老师的评价也是这一类型。

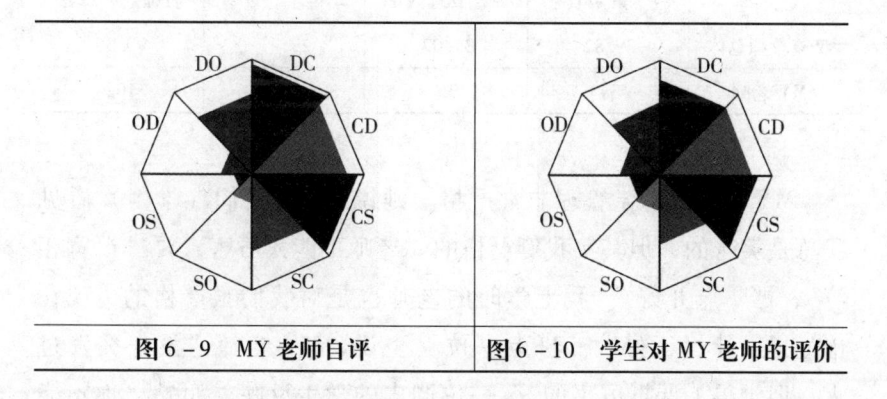

图 6-9 MY 老师自评　　图 6-10 学生对 MY 老师的评价

（二）MY 老师的课堂教学观察与分析

这节课主要学习鲁迅的小说《药》，教学的重点在于明晰小说创作的线索，体会其深刻寓意，借鉴学习小说的创作手法。MY 老师的教学分为三个环节，首先通讲全文的主要情节，然后引导学生提炼出了小说的明线和暗线两条线索，之后再逐段分析小说人物形象和写作手法。

1. 教学效能的影响

对 MY 老师的教师效能与汉族教师总体比较可知，MY 老师在教师效能的各个方面均高于汉族平均水平（见表 6-33）。从非言语互动方面来看，MY 老师的表情和肢体动作很丰富，尤其是手势动作自如多变。在提出思考问题时，她的动作有些像电视节目主持人，表情充满悬念，眼神、手势动作吸引了参与者的好奇心。在学生举手回答问题时,她用眼神鼓励学生站起来大胆发言。在言语互动的大部分时间里,她都以朋友般的口吻和轻松的语调来调节气氛。和学生对话时,她表现得谈吐大方,声音响亮,语言比较流畅,语速快慢结合,表达抑扬顿挫。讲到激情处,她能够口若悬河、滔滔不绝。说到动情处,亦能语调柔缓,以情动人。

表6-33　　　　　　　　　　教师效能比较

	教学策略效率	课堂管理效率	学生参与效率	教师效能总分
汉族教师总体	29.82	31.07	29.47	90.36
MY老师	34	35	33	102

MY老师的课堂管理非常严格。她说道:"他们(学生)看见我总是笑着的,但其实我挺严格的。老师不能太厉害,要'严宽相济',严一点儿好。"我上学时的老师也是对我们很严格的,现在也觉得没什么不好啊。班上一位女生说,MY老师"没怎么发过火,但觉得上课挺厉害的。"一位调皮的学生反映,如果"你不能按时交上作业或者犯了什么错,她会罚你写检查"。

就学生参与来看,这节课的教学过程完全由MY老师主导,学生参与讨论和发言的机会相对很少。对此她表示,"这节课知识点比较重要,高考常常会涉及的",所以"必须一次性抓住时间彻底讲透","重点讲完后的下一节课会增加讨论的"。

2. 教师专业承诺的影响

表6-34　　　　　　　　　　教师专业承诺比较

	学校组织	教学专业	学生	教师专业承诺总分
汉族教师总体	15.91	13.81	19.90	49.62
MY老师	15	17	24	56

MY老师的教师专业承诺水平也高于平均水平（见表6-34）。她觉得自己"喜欢学生，也挺喜欢这个工作"，"自己挺适合当老师的。虽然累一点，但也挺有意思的"。虽然MY老师上课比较严肃，但课后她经常和学生聊天，和学生保持着类似亲密朋友的关系。

3. 弗兰德斯互动分析

（1）矩阵表

对MY老师的教学过程进行弗兰德斯互动分析，得到矩阵表6-35。

表6-35　　　　MY老师的弗兰德斯互动矩阵表

X / Y	01	02	03	04	05	06	07	08	09	10
01	00	00	00	00	00	00	00	00	00	00
02	00	00	00	00	00	00	00	00	00	00
03	00	00	00	02	06	01	00	03	00	00
04	00	00	03	05	17	00	00	09	00	07
05	00	00	02	22	201	02	00	21	01	18
06	00	00	00	01	06	00	00	01	00	02
07	00	00	00	00	00	00	00	00	00	00
08	00	00	00	05	21	01	00	46	00	06
09	00	00	00	00	01	00	00	00	01	00
10	00	00	01	06	15	06	00	05	00	149

（2）课堂结构表

根据矩阵表计算出的MY老师课堂结构如表6-36所示。

表6-36　　　　　　　MY老师的课堂结构表

类别	时间		比率	
项目	计算方法	时间（分钟）	计算方法	比率（%）
教师言语	1-7列次数×3秒/次	33	1-7列次数/总次数	55.1
学生言语	8-9列次数×3秒/次	8.7	8-9列次数/总次数	14.5
沉寂或混乱	10列次数×3秒/次	18.2	10列次数/总次数	30.4

从表6-36中可以看出，教师言语是这节课最主要的部分，占课堂教学总时间的55.1%，即33分钟。学生言语活动时间占14.5%，约8.7分钟。

（3）教师对课堂的控制类别分析表

表6-37　　　　　MY老师的课堂控制类别分析表

类别	间接影响	直接影响
项目	（编码1-4）	（编码5-7）
编码次数（次）	53	277
直接控制率（%）	—	83.9
间接控制率（%）	16.1	—

对MY老师的课堂控制类别进行统计（见表6-37），直接影响的编码次数占到了总次数的83.9%，表明教师的课堂控制以直接影响为主，间接影响为辅。

（4）教师对学生的强化类别分析表

对MY老师的课堂强化类别进行统计可知（见表6-38），在MY老师对学生的强化中，积极强化次数占总次数的54.5%，略高于45.5%的消极强化率，这表明教师的教学起到了一定的积极作用。

表6-38　　　　　MY老师的课堂强化类别分析表

类别 项目	积极强化 （编码1-3）	消极强化 编码（6-7）
编码次数（次）	12	10
积极强化率（%）	54.5	—
消极强化率（%）	—	45.5

弗兰德斯互动分析结果表明，这一节课的课堂结构以教师言语为主，学生参与相对较少，不到10%。教师的课堂控制虽然以直接方式为主，但也有一定的间接影响。教师言语对学生起到了积极的强化作用。若仅从这几方面来判断，MY老师的课只能得一般分。但从课堂的观察来看，MY老师的讲解深深地吸引了学生，课后学生表示他们对今天的课程很满意。

（三）民族文化对汉族互动行为的影响

谈到民族文化对教学方式的影响，MY老师首先强调汉族传统文化非常重视教育。她强调："事实上，教育是最便捷的能改变自己命运的途径了。所以，大家常说要'一心只读圣贤书，两耳不闻窗外事'，'书中自有黄金屋'等等。其次，汉族家庭也普遍重视孩子读书。古代的'孟母三迁'、'铁棒也能磨成针'的故事都是在说这个。"她认为："现在每个家庭的孩子生得少了，家长对孩子的教育寄予的期望特别大。都希望这个孩子能好好上学，以后能有出息。"同办公室的另一位老师举例说："前几年只有城里的家长会不时地给老师送礼，托付老师多照顾自己的孩子。这两年连那些在农村的家长也开始捎带一些农副产品给老师，也是希望老师多管管他们的孩子。"最后，学生重视学习的行为也让老师的互动投入较高。访谈发现，除了学校重视教学工作外，学生自身学习特别刻苦。MY老师举例说，C校"每个班差不多一半的学生中午都不午休，吃过饭就直接到教室做作业。"他们还经常主动找老师请教问题，所以，"我们不好好上课怎么行"。

第七章 各民族师生互动特征的讨论

一 个案教师比较

（一）个案教师的基本情况比较

四位个案教师都出生于完全的本地民族文化环境中，工作都是从事汉语文教学。他们的办公环境也很相似，都是3—5人一间宽敞明亮的办公室，窗前桌后均有花草点缀，而办公桌上堆满了作业本。虽然工作很辛苦，但四位教师都很珍惜这份工作。用他们的话说，"收入虽然赶不上公务员，但比普通居民要好一些"。除了汉族个案教师明确表示其喜欢这个职业外，其他三位教师则有着许多不满意，但也有一些无奈。维吾尔族个案教师感慨道："干了这些年，现在除了做老师什么也不会了。"

四位教师目前均为本科学历，均教授汉语文课程。除回族和维吾尔族教师直接获得本科学历外，汉族和藏族教师均是大专毕业后进修取得本科学历的。从个案所在学校的情况看，汉族和回族学校教师的学历水平最高（90%均为本科），维吾尔族学校次之（约80%），而藏族学校教师的学历水平最低（包括进修后获得本科的总数不到70%）。藏族个案教师所学专业与所教专业不一致。类似"所教非所学"的情况在该藏族中学很普遍，但在其他民族学校的教师中很少存在。这可能与藏族地区整体的教育水平较低有关，也可能与这里生活环境较为艰苦，一般的本科毕业生不愿意来此工作有关。

四所学校都已经实行绩效工资制,但绩效工资的实施办法是将每位教师应发全额工资的 30% 取出,然后根据教师的不同业绩量化后发放。包括个案教师在内的各民族教师都对这种工资模式不满意。四位老师几乎一致认为,这种模式"让老师们吃了亏,而领导占了便宜(领导的考核总是优秀,所以拿到了更多的工资)"。

从个案所在学校的民族文化氛围来看,藏族学校的民族文化特征最为鲜明。在建筑装饰风格上,藏族学校是传统的"黄墙红窗"风格,教学楼的入口为传统的瓦檐构造。回族学校的建筑风格带有一些伊斯兰装饰风格,色彩搭配以清真寺常见的绿色和白色为主色调。所调查的各汉族学校和维吾尔族学校都是很相似的现代建筑,看不到一点传统建筑的风格。考察地区的民族学校都是在中华人民共和国成立以后建立的,只有一所汉族学校由历史上的孔庙发展而来,至今学校仍然立有孔子行教像。另外,回族教学楼的走廊上挂着很多幅关于学校历史、杰出校友、名人字画的老照片,而其他民族的走廊上只挂着一些爱国、勤奋等励志格言。在藏族学校和维吾尔族学校,这些名人名言被翻译成了民族语言,但没有一幅本民族人物的图片,也没有本民族的谚语、格言。

此外,藏族学校学生的校服采用民族传统服饰,在传统的圆领白衬衣外配以色彩艳丽的藏袍。而其他民族都是国内常见的运动衣,在衣服的背部印有学校的汉语拼音。

(二) 个案教师的互动行为比较

1. 弗兰德斯互动比较

将四个民族个案教师的课堂结构表进行比较,可以看出各民族个案教师的课堂均以教师言语为主,学生言语的时间有一定的差异(见表 7-1)。回族个案教师的课堂上学生言语时间最多,这可能与他们采用了小组合作教学模式有关。在藏族和维吾尔族教师的课堂上,沉寂或混乱的时间达到了课时的一半左右,这表明这两节课是低效的。

表7-1　　　　各民族个案教师的课堂结构比较

类别	回族个案		藏族个案		维吾尔族个案		汉族个案	
	时间（分）	比率（%）	时间（分）	比率（%）	时间（分）	比率（%）	时间（分）	比率（%）
教师言语	43.2	72.1	20	33.3	23	38.4	33	55.1
学生言语	10.6	17.7	8.3	13.9	9.5	15.9	8.7	14.5
沉寂或混乱	6.1	10.2	30.6	52.8	27	45.7	18.2	30.4

表7-2　　　　各民族个案教师的课堂控制类别比较

类别	间接控制		直接控制	
	编码次数（次）	控制率（%）	编码次数（次）	控制率（%）
回族个案	98	22.7	334	77.3
藏族个案	32	16	168	84
维吾尔族个案	32	13.9	198	86.1
汉族个案	53	16.1	277	83.9

将不同民族个案教师的课堂控制类别分析表进行对比发现，回族教师的间接控制率最低，维吾尔族教师的间接控制率最高（见表7-2）。汉族教师和藏族教师的控制率基本接近。根据弗兰德斯的研究，这表明回族学生的参与机会最多，而维吾尔族学生的参与机会最少。

表7-3　　　　各民族个案教师的课堂强化类别比较

类别	积极强化		消极强化	
	编码次数（次）	强化率（%）	编码次数（次）	强化率（%）
回族个案	52	60.4	33	39.6
藏族个案	8	34.8	15	65.2
维吾尔族个案	1	20	4	80
汉族个案	12	54.5	10	45.5

将个案教师的课堂强化影响进行比较,可知藏族和维吾尔族教师的积极强化率低于消极强化率,而回族和汉族教师的积极强化率高于消极强化率(见表7-3)。

虽然四位教师的互动行为都以直接影响为主,但回族教师给予学生的参与空间更多。而藏族师生的互动行为以沉寂为主,维吾尔族师生的互动行为以混乱为主。相较而言,回族和汉族课堂的师生互动更为有效一些。并且从总体上看,回族个案教师的互动行为明显优于其他民族教师,这与其课堂教学采用"洋思教学模式"有着非常大的关系。这似乎也反映出教学方式的转变对师生互动的影响非常突出。

2. 教师的互动行为比较

教师的"严格"行为与其受教育过程有着密切关系。除了维吾尔族汉语文教师外,个案所在学校的其他教师都提到他们上学时教师的要求很严格。个体社会化的学习经历让他们对教师角色赋予了严格的属性,并且几乎所有的老师都从自己受教育的过程出发,认为严格的教学行为有利于学生的发展。经深入访谈发现,大家几乎都认同这样的观点:"老师严一点,学生就不敢贪玩,才可能好好学习。""等他们以后找到好工作了,他们才会明白这样是为了他们好。"不过,各民族教师都表示自己没有当年教他们的那些老师严格。即便现在的学生更不听话了,他们也很少体罚学生。至于原因,他们都提到了新课程的要求,"现在领导要求我们和学生平等","你太厉害了,学生也不理解,他们不喜欢太厉害的老师"。

从访谈来看,各民族学生都喜欢教学能力高并且对他们友好的老师。回族学生喜欢"讲得好""脾气好""好说话"的老师,汉族学生最喜欢老师具有"幽默""爱开玩笑""亲和"等特质,藏族学生喜欢能"交朋友"的老师,维吾尔族学生喜欢"和蔼""讲得好"的老师。

从师生互动的形式来看,回族教师的授课存在师个互动、师组互动、师班互动三种形式,而其他教师的课堂仅有师个互动和师班互动两种形式。这与回族学校课堂环境发生的变化有关。回族学校的教学改革将学生以小组为单位组成了一个"学习共同体",而其他几位老师的课堂上并没有学生小组。可以看出,课堂环境对师组互动形式有着直接影响。

从师生互动对象来看,个案教师认为,他们都平等地对待每位学生,不会因为性别、成绩而产生差别。课堂观察也未发现与此有关的明显差异。不过,学科差异影响了教师的互动行为。例如,维吾尔族高中生学习汉语文课,回族满拉学习阿拉伯语的过程,要比母语学习有着更多的师生互动行为。

3. 教师效能影响了教师的互动行为

经个案比较还发现,教师效能对教师的互动行为有着直接影响。从对四位教师的课堂观察来看,教学效能较高的老师的互动特征更接近互动坐标图的第一象限,即控制和合作行为较多。教学策略和学生参与策略得分较高的老师,其课堂上的"沉寂"或"混乱"状态很少,互动行为的积极强化率更高。

此外,从各民族传统教育的变革来看,汉族和维吾尔族的教育形式基本上以现代学校教育为主。回族传统的经堂教育正在发生自下而上的变革。回族知识分子对新兴的阿拉伯语职业学校给予了很高的评价。阿语学校的课程内容、结构和教学方式都较传统的清真寺教学发生了明显改变。与之相比,藏族寺庙教育的课程、教学方式在近一个世纪以来并没有发生任何明显的改变。

(三) 个案研究与调查研究的关系比较

调查研究只是发现了各民族教师群体的各种差异,但要了解这种差异受到了文化因素的哪些影响,只能通过与教师的深入接触去探查。笔者选择的各民族个案教师均出生、成长、生活在本民族的文化环境中,他们在本民族教师中具有一定的代表性,对他们的研究可以从侧面反映民族文化对教师个人的影响。例如,藏族个案教师及其同事认为,牧区艰苦的自然环境使学生的学习和生活遇到的困难比较多，所以教师为学生提供的学习帮助更多。维吾尔族教师的互动投入少与他们较低的教师效能有关。汉族教师的互动投入较高与家长、社会对教育的重视有密切关系。通过访谈发现，大部分老师表示很难说清楚民族传统文化中的哪些内容影响到了他们的教学方式，这也许是由于他们长期生活在本民族文化中，即便存在许多不同于其他民族的地方，在他们看来也已经是"自然而然的事"了，正所谓"不识庐山真面目，只缘身在此山中"。

从费兰德斯互动分析的比较结论来看，回族和汉族教师的课堂教学明显优于藏族和维吾尔族教师，这与各民族教育的发展情况基本一致。回族教师的优势还可能是受到新的教学方式的影响。因为在问卷调查阶段，该校并未实施教学改革，而进行课堂观察期间该校正好实施"洋思教学模式"改革，新的教学方式极大地改变了个案教师的教学行为。从个案教师与其民族教师总体的互动特征比较来看，回族、藏族、维吾尔族（维吾尔语）、汉族教师的互动特征与总体样本基本接近，而维吾尔族（汉语）个案教师表现出的互动特征与总体样本差异极大，可能将维吾尔族（汉语）教师作为极端个案来理解更为恰当。从影响这些互动特征的教师因素来看，教师的教学效能与教师的互动行为的关系最为密切。尽管这种互动差异与教师素质、学生素质等很多因素有关，但通过访谈仍然可以明显感受到民族文化的具体影响。

当然，仅仅从单个教师的具体教学行为来看，回族、维吾尔族（汉语）教师表现出的互动特征与总体样本存在差异。这可能与各所学校教师的个体差异较大有关，如果在较大的群体范围内，这种文化因素影响下的差异会变得明显。另外，由于个案样本很难有效代表总体样本，个案研究并没有发现教师专业承诺、教师专业发展对教师互动行为的明显影响。

二 各民族教师互动行为的共同特征

(一) 各民族教师的互动类型基本相似

1. 领导、友好/帮助、理解、严格四种行为特征较突出

从 Leary 的人际交流模型的两维度来看，各族教师的亲密性特征明显强于影响力。其影响力和亲密性等人际互动模型都呈现出支配—合作特征强，而对抗与服从特征较弱的特点。由已有研究可知[1]，这种类型的教师应该比较受学生的欢迎。从具体八个维度来看，各族教师都表现出领导、友好/帮助、理解、严格四种行为突出的特点。同时，各民族教师的课堂管理策略比较相似。

国外有研究表明[2]，西方常见的教师互动行为只有前三种行为同时突出的类型（称之为"权威型"或"容忍/权威型"教师），并未报告严格行为同时突出的教师类型。这可能说明，我国教师所受到的文化影响存在某些与西方文化不同之处。本书研究所调查的教师都表现出了较强的"严格"行为，这应该是受到了四个民族某种共同观念的影响。

从当前的教育观念来看，以升学考试为目的的教育思想和教学行为仍然是各民族教育的最主要导向。所调查过的各民族高中都将高考上线学生的大红榜挂在了校门口或教学楼前最醒目的地方。访谈中许多教师都提到，无论是上级领导的考核目标，还是家长和社会媒体对学校的评价标准，都将焦点放在升学率上。如何让学生的学业成绩更高？Wubbels 等人的研究发现，领导、友好帮助、理解和严格四种行为对学生的学业成绩有着积极影响。在访谈中，几乎各民族的教师都认为严格要求对学生学业成绩的影响很大。

---

[1] 辛自强、林崇德：《教师互动问卷中文版的初步修订及应用》，《心理科学》2000 年第 4 期。

[2] Th. Wubbels, Mieke Brekelmans (2005), "Two Decades of Research on Teacher-student Relationships in Class," *International Journal of Educational Research* 43 (2005): 6-24.

第七章　各民族师生互动特征的讨论

从历史发展的角度来看，除汉族的现代学校教育起源于清末外，其他几个民族的现代教育最早出现在民国时期，但各民族面向大众的学校教育真正得到发展还是在中华人民共和国成立后。① 中华人民共和国成立后，全国实行高度统一的教育制度。各地所有学校的教学大纲、教材、教学参考书都由教育部统一编印，民族地区由教育部或民族自治地方组织"翻译或编译"全国通用教材。少数民族教师的培养采用和汉族教师相同的师范教育模式，学习完全相同的课程。在这样的发展模式下，各民族教师趋向于形成相似的教育教学理念。对教师效能的课堂管理维度的分析也表明，各民族教师的课堂管理策略接近一致。

从主流文化的角度看，儒家文化中"崇尚权威"的价值取向使教师成为教学的权威，学生成为教师的附属，"严格"成为教师的角色特征。虽然儒家学派的创始人孔子及其弟子曾建立了相互尊重、亲密坦诚、学术开明的师生关系②，但后来的儒学代表人物荀子"强调学生对教师的服从，主张'师云亦云'，甚至认为'言而不称师，谓之畔（叛）；教而不称师，谓之倍（背）。倍畔之人，明君不内（纳），朝士大夫遇诸涂不与言'"③。师生之间的等级差异使得教师的教学变得严格。古代的"教"字，字形的右半部分像人手持教鞭。《尚书·舜典》提到"朴作教刑"（以木条抽打作为学校的刑罚），言下之意即教师可以用体罚来督导学生。在传统的私塾里，"戒尺"是教师严格管理学生的象征，是体罚学生的专用工具。在现代影视媒体中，家长经常会在孩子去学校前告诉他"要

---

① 多吉才旺：《西藏教育的现状与发展》，http://tibet.cctv.com/special/xizang-fazhanluntan/20091028/104326.shtml。吴福环：《新疆少数民族教育之发展》，《新疆大学学报》（社会科学版）2000年第12期。买提热依木·沙依提：《喀什、和田地区维吾尔族儿童生活环境和双语学习调查报告》，《中国民族教育》1997年第2期。南文渊：《伊斯兰教与西北穆斯林社会生活》，青海人民出版社1994年版，第200页。

② 傅定涛：《试论孔门师生关系》，《湘潭师范学院学报》（社会科学版）2005年第4期。

③ 孙培青：《中国教育史》，华东师范大学出版社2000年版，第78页。

尊敬老师""听老师的话"。在课堂学习方面，强调学生要遵守课堂纪律，教师要维护课堂秩序。例如，在20世纪的八九十年代，对小学生上课的行为要求是"手背在身后"或"抱臂坐正"。可以说，儒家文化的影响使学生从小形成了"教师很厉害"的认识。与此同时，社会也赋予教师严格要求学生的责任。传统儿童启蒙读物《三字经》提到"教不严，师之惰"，意即若只是教育，但不严格要求则是做老师的失职。俗语"严师出高徒""不打不成器（材）"都反映了社会期望的好教师应该是严格的。

此外，作为主流文化的汉族文化对各少数民族教师的影响也较大。例如，汉族传统文化对学习汉语的少数民族教师也有较大影响。在维吾尔族的双语教学调查中，老师均为维吾尔族，但教授汉语文科目的老师所表现出的惩戒、犹豫、不满行为比维吾尔语文老师要少。

由此可见，各民族教师长期以来接受的教育理念相似，又同处于应试教育导向的学校教育环境中，不断受到主流文化的影响，必然引起四个民族的教师更突出的严格行为。

2. **不满、惩戒行为存在性别差异**

男生认为，教师对他们的"对抗"类行为更多，如不满、惩戒等。这与一些国外研究的结论一致。[①] 根据发展心理学的研究，中学阶段男生和女生的生理、性格差异更为明显。一般而言，男生更强调独立的人格和行为，这会与教师的管理期望产生明显反差，进而引发教师的不满等行为。对此，IJ老师还谈到："（到了高中以后）女生慢慢地变得文静起来了。据我观察，在高中男孩子的表现欲要远远强于女孩子。"

（二）各民族学生评价与教师自评均有较大差异

从影响力和亲密性总分维度看，学生评价和教师自评的差异很

[①] 王耘、王晓华：《小学生的师生关系特点与学生因素的关系研究》，《心理发展与教育》2002年第3期。

大。各个民族教师自评的影响力得分都远高于亲密性,但学生评价结果正好相反,老师的亲密性得分远高于影响力(见表5-3、表5—21)。这说明在师生互动中,教师认为实施了更多的控制学生的行为,而学生则认为教师实施了很多合作行为。也就是教师认为自己控制学生较多,与学生合作较少,但学生认为老师和自己的合作更多,对自己控制很少。造成这种差异的原因可能有两方面。

一方面,从教师角色来看,教师是一个组织者和管理者。教育是促进学生个体社会化的过程,总是包含必要的"规范""限制"和"引导"[①]。教学是一项群体参与活动,教学秩序是群体活动正常进行的保障。对课堂的控制能力是教师最关注的基本素质。所以教师会实施更多的控制行为,并对这种行为予以不断强化。而在学生的潜意识中,教师的控制能力是自然而然的,接受教师的这种控制行为是再正常不过的事。他们更关注"这位老师好不好相处","会不会对我很厉害",这正好是表现在亲密性维度的行为。由于这种关注的差异,学生还会将教师的控制能力理解为一种合作行为。例如,某教师为了解学生对知识的掌握情况,会询问学生是否知道某道题的答案,而学生则感觉这是老师关心自己的行为。

另一方面,教师影响力的实现以亲密性为途径(中介)。教学是师生共同完成的活动,影响力是教学过程中一个内在的、不易被察觉的特征。教师施加影响的途径是师生互动,而师生互动的基础和前提是教师和学生展开合作。所以,教师影响力的实现是通过和学生的合作完成的,合作的层次和水平决定了教师影响力的效能。可以说,影响力是以亲密性为中介进行转化实现的。因此,良好的师生互动应该以合作为主,渗透支配行为。这种转化也表明,广泛合作基础上的支配要比强力支配下的合作效果更好。教师要得到学生的欢迎,应该增加与学生的合作行为,而不是给学生更多的自主空间(也即减弱自己的影响力)。

---

① 十二院校联合主编:《教育学基础》,教育科学出版社2002年版,第4页。

三 各民族教师互动行为的差异

依照差异的显著性来看，各民族教师的自评表明他们的差异维度并不多（见表5-16），但从学生知觉到的教师行为来看，差异之处非常多（见表5-37）。这里可能有参与评判的教师样本数较少的影响[①]，但更可能是因为教师对自己教学行为的结果难以全部认识到。从教学过程来看，教学是教师组织一系列活动而使学生获得发展的过程。教师是心智发育相对成熟的个体，学生是生理、思维尚未发育健全，社会经验还不丰富的个体，教师教学行为的意图和学生知觉到的信息必然存在一定的差异。教学的主体是教师和学生，教师在师生互动中居于最重要的地位，学生的发展是教学的最重要目标。所以，本书研究结合学生评价和教师自评两方面的分析结果，从以下四个方面讨论各民族教师与学生互动的差异特征。

（一）汉族与少数民族地区课堂的差异

汉族学生虽然学习动机低于各少数民族，自我效能感也不如其他民族，但他们的学习活动得到的教师参与较多。汉族教师的互动投入比各少数民族多并且犹豫、惩戒行为更少，这种行为特征更有利于汉族学生的学习。这似乎也从侧面反映出，汉族学生的学业优势更多的是与教师的积极互动，而非他们本身的学习能力。教师的自评表明，汉族教师的教师效能要高于维吾尔族和藏族教师。来自教师专业承诺的测量结果也印证了这一点，汉族教师对教师职业的认同和感情归属明显高于各少数民族教师。

将汉族教师和各少数民族教师互动特征的差异概括起来，可以归为两个方面。

[①] 差异不显著并不表示不存在差异，也有可能在样本增加后会表现出差异。通常，大样本会使检验统计量变得敏感。

第七章 各民族师生互动特征的讨论

1. 汉族教师的互动投入要多于少数民族教师

这应该与汉族文化历来重视教育，重视教师地位有着密切关系。一方面，汉族重视学校教育。早在春秋时期，包括孔子在内的诸子百家兴办私学，开启了普通大众教育。西汉时期推行儒学教育，初步建立了学校教育的形式和制度。隋唐以后的科举制度完善了各级学校教育。明代开始建立了从京师到郡县甚至乡村的学校教育网络。① 另一方面，汉族重视教师的地位。古代很早就有"天、地、君、亲、师"的思想。②《礼记·学记》提出师道尊严，"凡学之道，严师为难。师严然后道尊，道尊然后民知敬学。"意即老师受到尊敬，他所传授的道理、知识、技能才能得到尊重。后来兴起的儒家文化更尊崇教师地位。儒家文化的代表孟子将君与师并称，荀子更是将老师提到与天地、祖宗并列的地位。③ 儒家文化不仅尊称孔子为"圣人"，还建立了专门祭祀孔子的庙宇（孔庙）。从古至今，在儒家文化中教师有专用的尊称——"先生"。在受儒家文化广泛影响的韩国、日本，称呼大学教授仍然要用专门的敬语。④ 由于这两方面的原因，学校和教师历来非常受汉族文化的重视。即便今天的汉族乡村，学校一般都是最漂亮的建筑，而教师也是令大多数人羡慕和尊敬的职业。汉族教师相对较高的社会地位对他们的互动投入有着积极影响。

与汉族教育相比，其他民族的学校教育一直发展缓慢，教师地位相对较低。这与宗教教育在各少数民族生活中所占据的重要地位有密切关系。明清以来，伊斯兰文化下的回族教育和维吾尔族教育，佛教影响下的藏族教育始终以宗教知识的教育为最主要内容。宗教人员兼任了教师的社会角色，受到了社会的广泛尊重。寺庙成为教学的主要

---

① 孙培青：《中国教育史》，华东师范大学出版社 2000 年版，第 243 页。
② 徐梓：《"天地君亲师"源流考》，《北京师范大学学报》2006 年第 2 期。
③ 孙培青：《中国教育史》，华东师范大学出版社 2000 年版，第 78 页。
④ 《各国课堂文化大不同》，新华网，http://news.xinhuanet.com/edu/2010-09/17/c_12580932.htm. 2010-09-17。

场所，得到了社会的供养。儿童在寺庙接受教育，有文化后受到人们的尊重。这种特殊的教育将全社会受教育的需要演变成了对宗教知识的需要，致使专门的学校教育始终难以得到发展。对学校教育的不重视使教师的社会地位相对较低，影响了他们的教学投入。

过去的藏区"舍寺院而无学校"。新疆的经堂教育"严重限制了民间及其他教育形式的发展，特别是限制了学校教育的发展，其结果导致了维吾尔族社会整体文化水平不高"[1]。至今在上述民族地区的很多地方，宗教场所仍然比学校有更重要的地位，传播科学文化知识的教师的影响力也远不如传播宗教知识的宗教人员。在临夏回族自治州的一些偏远地区，"念经"比"上学"更受学生家长的欢迎。在藏区的一些地方，送孩子去学经是整个家庭的荣耀。在新疆，农村地区农民的教育观念陈旧落后，受落后的风俗习惯、宗教和迷信思想的影响，对义务教育的重要意义认识不足，很多维吾尔族农民认为："祖祖辈辈没有上学都过来了，子女上学不但减少了家庭的劳动，还增加了一大笔开支，再加上当地的教育脱离实际，教育质量不高等多种原因导致了贫困地区维吾尔族农民对教育的积极性不高。"[2]

2. 汉族教师的"犹豫""惩戒"行为相对较少

教师的"犹豫"行为即教师在教学中表现出的不确定行为，它会让学生不明确教师要做什么。汉族教师的不确定行为较少，表明他们对教学行为相对自信。教师效能调查表明，汉族教师的效能均值要高于各少数民族（略高于回族）（见表5-24）。这可能与儒家文化赋予教师的权威地位有关，也可能是他们学历相对较高所带来的教学自信较多。

惩戒行为指教师对学生的惩罚和警诫。如果教师认为学生做得

---

[1] 任红：《新疆维吾尔族伊斯兰教经堂教育的历史及其影响》，《中国穆斯林》2009年第5期。

[2] 买提热依木·沙依提：《新疆维吾尔自治区南疆部分地区维吾尔族义务教育现状调查报告》，中央民族大学科研处民族发展研究中心。转引自 http://hi.baidu.com/%C8%F8%D2%C1%CC%D8/blog/item/a1848b9b59ffe6b1c8eaf41e.html。

第七章　各民族师生互动特征的讨论

不对，就可以采取"指责""训斥"的口头教导，或者"罚站""打板子"等体罚办法，以便让学生今后能引以为戒。中世纪欧洲的教会学校曾盛行体罚①，但近代以来，惩戒行为已成为各民族教育中教师辅助教学的行为。清代学者在描述经堂教育时提到"小儿不率教育，则以红柳木条笞其脚心"②。

汉族的惩戒行为相对较少，这可能与汉族的社会文化环境有关。首先，汉族的传统文化中有强烈的尊师思想，要求学生服从教师。例如"师为上，生为下；师为主，生为仆；师为尊，生为卑"。儒家学派的荀子很早就主张"师云亦云"。其次，在传统文化中，汉族教师重视惩戒行为。但当前的汉族社会普遍执行计划生育政策，独生子女比例持续扩大，而这一群体表现出的过度敏感、自尊心过强等心理问题不断增多，传统的惩戒方式显然不适用他们。C中学的汉族老师坦言，"有个讨厌学生，我心里只想捶他一顿，但实际上还真不敢打"，"万一有个三长两短，说不清啊"。最后，近年的大量研究也发现，惩戒对学生的心理发展可能会造成不良影响。一些学生被批评后的极端行为也让很多老师和家长反对包括体罚在内的惩戒方式，转而提倡委婉批评、引导和鼓励的方式。教育部门更是出台了多部相关法规，严查和严惩任何体罚学生的行为。③

少数民族教师惩戒行为偏多的原因可能来自三个方面。第一，少数民族教师自身的因素。在此次调查中，大专以下文化程度的少数民族教师所占比重均大幅度高于汉族地区。受教育层次不高限制了他们对惩戒问题的全面认识。少数民族教师社会地位和影响力也相对较低，这可能会使他们运用惩戒行为来提高教师的威信。第二，少数民族学生生活与学校教育有一定的距离。所调查的少数民族学生大多生

---

① 王天一、夏之莲、朱美玉：《外国教育史》，北京师范大学出版社1993年版，第80页。

② （清）萧雄：《西疆杂述诗》，商务印书馆1935年版，第31页。转引自任红《新疆维吾尔族伊斯兰教经堂教育的历史及其影响》，《中国穆斯林》2009年第5期。

③ 如教育部《学生伤害事故处理办法》第27条，《教师法》第37条，《民法通则》的部分司法解释，以及《治安管理处罚法》第43条第1款的规定。

活在农牧区，从小适应了自由和约束很少的环境，而现代学校教育的规范与他们的日常生活相差很大，传统文化（包括家庭教育）并没有告诉学生怎样为学校教育做好准备。加之学生文化基础相对薄弱，其日常表现与教师期望可能有一定的距离，不可避免地会引发教师较多的批评行为。第三，教育行政部门管理上亦存在不到位的情形。在所调查地区，教育部门最关注的是学校的管理问题，其次是升学率、入学率和辍学率，而对教师的具体教学行为并不关注。有一位老师苦恼地谈到："现在到我们这里检查的领导很多，但没有人过问具体的教学，他们关注更多的是学校里的思想政治状况和管理制度。老师们是偷着空搞教学。"也有调查表明，一些主管教育的领导因语言障碍而只能听汇报、看报告，难以直接听到普通教师的实话。[①]

教师言语惩罚的影响相对较小，但体罚可能会导致严重后果。在K中学教务处，笔者目睹了一位男教师用手击打学生肩膀，学生不断向后退躲避的情形。即便在笔者等四个外来人进入办公室后，这位教师的行为也没有停止。在E中学，学生向笔者反映校长曾经亲自上阵用脚"教育"学生，他们觉得"很可怕"。虽然笔者没有见到E中学老师的这种行为，但对这些现象的后果仍有不少担心。毕竟，体罚并非教育方式，而是一种以暴力方式解决师生人际冲突的手段。老师若以体罚作为一种"教育手段"，说明其在专业能力或性格和心理上存在着某种程度的欠缺。

（二）少数民族地区课堂的差异

1. 回族和藏族地区中学课堂的差异

回族教师和藏族教师的互动特征很相似，各个量表的行为特征数值都比较接近。其原因可能是所调查地的丙地文化受到乙地回族文化影响较大。一方面，乙、丙两地紧邻，公路交通距离仅约100

[①] 买提热依木·沙依提：《新疆维吾尔自治区南疆部分地区维吾尔族义务教育现状调查报告》，中央民族大学科研处民族发展研究中心。转引自 http://hi.baidu.com/%C8%F8%D2%C1%CC%D8/blog/item/a1848b9b59ffe6b1c8eaf41e.html。

公里。由于地理区位的影响,临夏是甘南高原最重要的进出交通要道。历史上两地居民贸易和人员往来非常频繁和密切。另一方面,藏族是以牧业生产为主的草原民族,生活空间相对封闭,对外联系很少。而临夏的回族以农业为主,兼从事大量商贸活动。近代以来,甘南的对外贸易活动一直由更擅长经商的临夏回族主导,这也使临夏成为藏区贸易的重要市场。也因此,甘南的回族和藏族混居现象很普遍,许多藏族群众说的汉语都带有浓重的临夏口音。

在所调查的藏族学校里,藏族教师说的汉语普遍带有明显的临夏口音,而回族教师比例虽然不到7%,但也都可以用藏语交流。对学生的调查也发现,回族学生和藏族学生的差异维度较小,但从两种文化的视角来看,应该存在较大差异。

所以,乙、丙两地在地域上的天然联系和文化交融使所调查的藏族样本的文化特征并不突出。若在远离临夏的地方选择样本,差异可能会更明显。

2. 回族和维吾尔族地区中学课堂的差异

回族和维吾尔族是我国西北地区主要的信仰伊斯兰教的少数民族。在长期的历史发展过程中,他们形成了深受伊斯兰教影响的灿烂文化。研究发现,回族教师的友好、理解、学生自主、严格行为较维吾尔族更突出。从学生评价来看,维吾尔族学生的学习动机强于回族,但维吾尔族教师的参与和支持却明显少于回族教师。教师的自评表明,维吾尔族教师的教学策略明显低于回族教师。维吾尔族教师更倾向于教师取向型的教学,更重视知识传授。结果似乎表明,维吾尔族教师的素质相对较低是造成差异的一个主要原因。有关研究也曾得出与此一致的结论。有学者指出,维吾尔族教师的素质不能满足维吾尔族基础教育发展的需要,教师素质低的主要原因是维吾尔族教师的师范教育和教师教育质量不高。[①]

[①] 孟凡丽、巴战龙:《新疆维吾尔族基础教育发展滞后的原因与对策研究》,《民族教育研究》2000年第3期;杨淑芹、吴敏:《新疆维吾尔族基础教育教师质量成因探析》,《乌鲁木齐成人教育学院学报》2006年第1期。

从民族文化的视角来看，这两个民族都信仰伊斯兰教。圣人穆罕默德并不识字，但他非常重视教育的重要作用。圣训提到，"求学，从摇篮到坟墓"，"学问虽远在中国，亦当求之"。圣训还提到，"进入清真寺教学或接受教育的人，犹如为真主而战的勇士。"① 可以看出，清真寺内的宗教教育在伊斯兰文化中居于至为重要的地位，这也是这两个民族清真寺经堂教育延续至今依然深受支持的重要原因。不过，回族和维吾尔族的居住地相距较远，生活空间相对独立②，语言文字不同，所处的文化圈的差异也十分明显。就教学的差异而言，最大的差异可能与回族教师受到汉族儒家文化的更多影响，对教育和教师教学相对更为重视有关。

回族基本通用汉语，使用汉字，仅在宗教活动中使用阿拉伯语。回族民众居住相对分散，在西北各地都有分布，与汉族"大杂居、小聚居"的特点使他们长期处在儒家文化的大环境里，与汉族文化生活空间并没有明显界限。在所调查的民族中学里汉族学生占20%—30%，汉族老师数量接近50%，回族和汉族师生没有明显的校际或班级间的分别。很多回族学生也在汉族占多数的普通中学学习。课堂环境研究表明，回族学生的课堂环境与汉族学生的几乎没有差异。在历史上，回族一直与儒家文化进行对话。"回族知识分子在对自身文化信仰进行理性反思的同时，努力把独特的伊斯兰文化与中国儒家文化进行对接，在两种终极目标相异的文化里，求得相同质素的比附与互证，并取得了很大成绩。"③ 儒家文化在回族文化中的重要地位，也决定了回族伊斯兰文化独具的特色。④ 由于语言文字相通，回族较好地适应了汉族文化的大环境。明清时期，

---

① 转引自李淑华《教育思想探析》，《江西教育学院学报》2000年第4期。
② 虽然新疆境内也有回族人口居住，但占回族总人口的比重相对较小。
③ 杨桂萍：《天道与人道：清末回族学者马德新对伊斯兰教与儒家文化的比较研究》，《回族研究》2002年第4期。
④ 哈正利：《回族与科举制》，《中南民族大学学报》（人文社会科学版）2003年第1期。

回族读书应举和参加武举选拔的人数日益增多①，入朝做官者也比较多。从当前的教师现状来看，汉族和回族教师的培养模式完全相同，在日常生活中接触频繁，主流文化中重视教育的思想与他们自己的文化相融合，这对回族的教育、教学观念产生了深刻的影响。

相比回族文化而言，维吾尔族文化受儒家文化的影响相对较小。这与维吾尔族所处的地理区位和文化的独特性有直接关系。维吾尔族主要生活在新疆的南疆地区，使用自己的语言——维吾尔语和基于阿拉伯字母的维吾尔文字。由于距离主流文化中心遥远，信息交流相对困难，加之语言文字的局限和宗教信仰的巨大差异，其传统文化受到儒家文化的影响相对回族而言要少。在所调查的南疆地区维吾尔族学校，学生全部为维吾尔族，教师也几乎都是维吾尔族。维吾尔族教师、学生接触的文化生活主要集中在本民族文化圈内。在笔者访问的两所学校（其中一所是地区重点中学），两位教务主任都只有在别的老师的翻译帮助下，才能和笔者进行简单的汉语交流。据他们介绍，维吾尔族的教师大多是从新疆境内的民族师范院校毕业的。可以说，许多维吾尔族教师的成长、发展始终在一种文化圈中，与主流文化交流和沟通的能力相对较低。这也许是维吾尔族学校教育发展一直较缓慢的一个重要原因。

3. 藏族和维吾尔族地区中学课堂的差异

藏族和维吾尔族都有自己的语言文字和宗教信仰，分别形成了两种风格非常独特的民族文化。在这两种文化情境下教师的互动行为表现出较多的差异，主要是藏族师生互动中的合作及其领导、友好、理解、学生自主、严格行为更多，这与藏族的课堂环境较好有直接关系，如藏族学生之间的合作，以及得到的教师帮助更多。研究还发现，维吾尔族学生的学习动机及其策略应用能力更强，维吾尔族教师更重视知识的传授和学生道德的发展。对此差异，笔者试

---

① 张亚群：《科举考试的文化整合功能》，《探索与争鸣》2007 年第 12 期；范景鹏：《"中土回人，性多拳勇"——查拳门》，硕士论文，兰州大学，2009 年。

从以下角度加以解释。

　　首先，两个民族生活在完全不同的自然环境中。藏族主要生活在自然条件严酷、交通不便的青藏高原地带，大多从事以牧业为主、农业为辅的生产活动。要战胜高原恶劣的自然条件求得生存，与他人的合作至关重要。在藏族的传统娱乐方式——锅庄舞中，大家围成一圈，手拉手边唱边跳。在整个活动中，每个人都是参与者，都在与他人合作。而维吾尔族主要生活在广阔平坦的绿洲地带，大多从事自给自足的农业种植生产活动。人与人之间的生产合作行为远没有藏族那么重要。维吾尔族的传统舞蹈更多地凸显了每一个人的自由和灵活表演。

　　其次，两者信仰的宗教对合作与竞争的观点不同。藏传佛教属大乘佛教，倡导与人为善，"人人皆可成佛"的平等思想。这种文化鼓励个人修行（努力），不鼓励相互之间的竞争，反而倡导合作。不同于佛教是出世的宗教，伊斯兰教是入世的宗教，甚至为信徒制定了一种生活方式。"重商、崇商的价值观是伊斯兰价值体系的显著特征之一"，"中国穆斯林一般都把经商当作'圣行'来看待"[①]。商业活动最显著的本质特征就是竞争，所以伊斯兰教在商业贸易中"鼓励平等竞争，提倡优胜劣汰"[②]。维吾尔族居住地带一直是东西方文明往来沟通的要道，商业贸易繁荣。这种竞争思想也通过这些商业活动深刻地影响着维吾尔族的日常生活。

　　最后，这两种宗教教育中的教学方式有很大差异。藏传佛教虽然在学习经文时也要求强记熟背，但教学和考试却更重视辩论方法，"师长以辩论方法授业、传道、解惑，因而学僧学习期满后，亦以立宗论理、接受质疑、循规答辩等一套既定模式在众人面前考试。"[③] 不同于藏传佛教教育中成百上千的佛经，伊斯兰教的经堂

---

① 胡蓉：《漫谈中国穆斯林的商贸礼俗》，《中国穆斯林》2001年第4期。
② 马明良：《伊斯兰教经济文化》，《西北民族研究》1996年第1期。
③ 马文慧：《宗教文化与青海地区信教群众的社会生活》，《青海民族学院学报》2001年第1期。

教育只以一本《古兰经》为绝对权威,加上很少的几本辅助经典。所以其教学方法主张"掌握基本原则,反对拘泥于细微之处争执不下,因为由于对经文的不同理解会导致分裂"[①]。

可以看出,藏族传统文化、宗教教育的方式中就有更多的合作或师生合作的行为,这与藏族教师表现出的互动投入较高有一定关系。而重商价值观所带来的竞争思想与维吾尔族学生之间的合作较少有关,竞争意识也对激发维吾尔族学生更强的学习动机有一定作用。

---

① 南文渊:《伊斯兰教与西北穆斯林社会生活》,青海人民出版社1994年版,第189页。

第八章 结论与展望

一 研究结论

(一) 各民族师生互动特征

1. 汉族的师生互动特征

汉族教师的影响力和亲密性行为相对于各少数民族教师要高,而具体的犹豫、惩戒行为相对较少。汉族教师的领导、友好行为对学生成绩有积极影响,而不满行为则有负向影响。这种互动特征与汉族教师的效能、专业承诺水平均高于其他民族有一定的正向关系,与教师专业发展的关系还有待进一步研究。虽然汉族学生的学习动机比各少数民族低,但汉族教师的互动行为对学生课堂学习环境产生了积极影响,有利于学生学业成绩的提高。

汉族教师的这种互动特征与其传统文化有密切关系。儒家文化重视教育,教师地位较高,使得教师对师生互动的投入较多。

2. 回族和藏族教师的互动特征

无论学生还是教师的评价结果都表明,回族教师和藏族教师的互动行为很相似。他们的学生自主、不满、严格等行为均强于维吾尔族、汉族学生。唯一突出的差别是藏族学生得到教师的学习帮助比回族多。此外,回族教师的不满和惩戒行为对回族学生的成绩有不利影响。

回族教师和藏族教师的互动差异较小,这与两个样本调查地过于近,藏族教师受回族教师的影响较大有关。今后应进一步开展相关研究。

对回族个案教师的研究表明，教师自身因素，特别是教师效能对师生互动的影响最为突出。对个案所在的回族学校的研究表明，教学方式对师生互动行为的影响最为直接和有效。对回族传统经堂教育及其变革后的职业教育的考察表明，传统经堂教育的基础学习阶段重视师生互动，但经文学习阶段的师生双向互动较少，而阿拉伯语职业教育中的师生互动与现代中等学校教育基本相似。

3. 维吾尔族教师的互动特征

维吾尔族教师的领导、友好/帮助、理解、严格行为均低于其他民族教师，这与维吾尔族教师的综合素质有直接关系。研究发现，维吾尔族教师更重视知识的传授，倾向于以教师为中心的教学；教师效能较低，学生得到的教师帮助较少。研究还发现，维吾尔族学生的学习动机、自我效能以及在学习中表现出的策略应用能力较强。与维吾尔族学生成绩最密切的是教师给予学生自主的行为，而不满、惩戒对学业成绩的不利影响较突出。在维吾尔族学生双语学习方面，学生学习汉语的自我效能感更强，得到的教师帮助更多，知觉到的教师行为以领导、友好、理解、严格为主。在维吾尔语学习中，学生对知识本身价值的重视、课堂秩序与学生的维吾尔语成绩密切相关。

维吾尔族教师的互动特征与其传统文化受外来文化影响较少有关，与传统经堂教育教学的方法也有一定的关系，与维吾尔族教师队伍整体素质的关系最为密切。

（二）各民族师生互动的共同特征

各民族教师的互动类型基本相似，均以"支配—合作"行为为主，表现为领导、友好/帮助、理解和严格四种行为均较突出，课堂管理策略相似；教师与男生互动中的偏重"对抗"类行为更多；各民族学生认为教师的亲密性特征突出，而教师则认为自己对学生的影响力更大。此外，教师效能对教师的互动行为有着直接的影响。

(三) 民族文化对各民族师生互动特征的影响

从四个民族所属的三个文化圈来看，民族文化对各民族师生互动特征具有一定的影响。儒家文化影响下的汉族教师与藏传佛教文化影响下的藏族教师、伊斯兰教文化影响下的回族教师和维吾尔族教师之间有着较大区别。受儒家思想影响的汉族文化更重视学校教育，重视教师地位，由此也引发了教师对师生互动的更多投入。而藏传佛教影响下的藏族文化，伊斯兰教影响下的回族文化、维吾尔族文化一贯重视宗教教育，传授科学文化知识的教师地位相对较低，教师对师生互动的投入相对较少。从同一文化圈下的少数民族教育来看，回族教育受到儒家文化的影响较多，教师在师生互动中的投入相对较多，而维吾尔族教师对教学的投入相对较少。从不同语言文化背景下的少数民族比较来看，藏传佛教文化影响下的师生合作性互动行为、学生之间的合作行为相对较多，而伊斯兰教影响下的维吾尔族学生的学习动机更强，但师生合作、学生合作相对较少。

二 研究展望

(一) 本书试图创新之处

第一，本书研究是对 Wubbels 等人师生互动理论较深入的应用性研究。本书从学生和教师两方面对教师的互动行为进行评价，这在国内尚未出现过。同时，本书将师生互动问卷（QTI）等六个国内外成熟使用的量表翻译成维吾尔语，并通过调查加以修改完善，为相关少数民族教育研究提供了新的研究工具。

第二，对西北主要少数民族地区民族中学的师生互动现象进行比较分析，并就各民族文化对这种互动的影响进行探讨，将促进对维族、回族、藏族民族文化的更深入认识。

第三，对相关少数民族课堂教学中的"特殊性"进行研究，能够促进民族地区课堂教学的变革，促进民族地区的教育发展。

第四，本书研究开发的"互动分析软件"可以准确、快速地对弗兰德斯互动分析记录表进行数据整理，直接得出互动数据矩阵、控制率、强化率等指标。

(二) 研究存在的不足

1. 测量工具还需进一步改进

从此次研究结果看，教师问卷具有较好的信度、效度，而对学生问卷，特别是对师生互动问卷还需要进一步修订、完善。在民族地区，由于教育教学质量的不均衡，不同地区、不同中小学之间学生的文化水平有较大差异。特别是在双语语境下，他们对非传统生活中的一些术语、概念和事物（或者描述）的理解能力差异更大。

当然，问卷的修订最好能直接将英文问卷翻译为民族语言，但从事这方面研究的人员较少。还应该进一步结合对教师和学生的访谈，尽可能提前通过预调查修订问卷，最好能重测信度。

通过本书研究，笔者认为，应该修订的学生问卷内容如下：第一，修改QTI问卷的语言表述。QTI个别题目语言表述过于书面化，一些少数民族低年级初中生和高年级小学生理解略显困难。如"领导者""消磨时间""指指点点""犹豫不决"等。第二，改CES问卷中的反向题为正向题。民族地区的许多小学生和初中生的文化水平相对较低，在习惯于相关问题的正向测量方式后，并不能很好地察觉到反向题目的差异，很多时候会在未完全明白的情况下填答。第三，增加学生互动量表。目前还没有专门测量学生与教师互动意向或行为的量表。虽然让学生评价师生互动中的教师行为也可以从侧面反映出学生参与互动的一些意向，但毕竟不够全面和准确。第四，增加学生特征变量，如学生户籍地、家庭环境特征、性格内向或外向等。从相关文献来看，这些特征对学生的互动意愿和行为有着较大影响。

2. 对研究推论应有所限制

(1) 样本构成的特殊性

量化研究自身受抽样样本的影响较大,所以其研究结论及其推论本身受到一定的限制。第一,此次研究的样本构成并不是完全随机样本,难以代表教师或学生的总体。第二,教师样本大部分为各校语文、民族语文和数学三科的所有教师和一部分其他各科的教师,这也反映了所有教师的共同差异。第三,少数民族教师的样本较少。藏族教师样本选择并不理想,样本数量过少,代表性不佳。研究者曾试图再次组织调查和访谈,但受到时间和当地学校工作安排的影响,均未能成行。因此,有关的研究结论及推论还有待其他研究的进一步支持。

(2) 统计方法的差异

由于研究者自身能力的限制,对各种复杂假设条件未必能加以足够把握,这可能会导致相关统计方法的误用,进而使研究结果出现一些偏差。例如,此次研究在进行多重比较时,两次用到 LSD 法。采用 LSD 法计算简单,也易于理解,但在差异显著时,犯错的概率也偏大,而当实验的组数较多时,不准确性就会增加。在对统计要求甚为严格的医学研究中,这类偏差也经常出现。[①]

从国外经验来看,对于跨文化的多元比较研究如果采用多元线性模型(HLM)分析会更好一些,但目前国内教育界对这种方法的应用还非常少。

(3) 文化背景的差异

文化环境的不同可能影响到教师、学生对问卷问题的理解,而且笔者的文化背景也会影响对教师的互动行为的解释。这是研究本身难以避免的,所以今后还应该继续做进一步研究工作,并结合其他学者的研究成果完善研究推论。

---

① 胡良平:《正确运用统计学是强国之道》,《科学时报》,http://www.sciencenet.cn/htmlnews/20077121533313206173462.html? id=173462. 2007-2-26。

(三) 进一步研究的方向

后续研究应该从以下三个方面展开。

首先，尽量完善师生互动的测量工具。对QTI量表应做进一步完善，使之简洁易懂，能供小学高年级学生评价其任课教师。毕竟，小学生与教师的互动受教学内容影响相对较少，其形式更为多样，互动内容也更为丰富。

其次，重视民族艺术课程教学研究。民族艺术是民族文化最为璀璨的瑰宝。它不仅是传承民族文化的载体，还是不断促进民族文化新生的动力，是世界各国各民族基础教育中最活泼绚烂的科目。我国义务教育新课程标准强调："应将我国各民族优秀的传统音乐作为音乐课重要的教学内容，通过学习民族音乐，使学生了解和热爱祖国的音乐文化，增强民族意识和爱国主义情操。"[①] 在西北地区，回族的"花儿"、藏族的草原歌舞、维吾尔族音乐舞蹈等都是最富感染力的艺术财富。在民族地区的中小学，孩子们的天性也在自己民族艺术的旋律中得到了彻底绽放。从调查了解的初步情况看，高中的艺术课程和许多地区一样，受到了学科课程的挤压，但初中和小学的艺术课程相对要丰富得多。那么，在民族传统文化得到最集中展现的艺术课堂上，初中生、小学生和教师的互动程度如何呢？对此今后还有待进一步研究。

再次，继续开展对少数民族教师的研究，特别是完善对藏族教师的相关研究。藏族民众多生活在高山、高原地区，教育发展水平相对落后。因此，藏族教师的互动特征对整个藏族教育教学的质量具有特殊的意义。

最后，对其他民族开展深入的田野研究。特别是对维吾尔族和

[①] 教育部：《全日制义务教育音乐课程标准（实验稿）》，北京师范大学出版社2001年版，第2—3页。

藏族中小学的田野研究。藏族和维吾尔族有自己的语言文字，其传统文化灿烂独特，具有鲜明的民族文化特征。要真正解读教师与学生的互动行为，还需要深入这些行为发生的场域，通过较长时间的体验寻找文化的意蕴。

参考文献

白寿彝：《回族人物志》，宁夏人民出版社 1992 年版。
陈琦、刘儒德：《当代教育心理》，北京师范大学出版社 1997 年版。
陈向明：《质的研究方法与社会科学研究》，教育科学出版社 2000 年版。
詹栋梁：《教育伦理学导论》，五南图书出版股份有限公司 1997 年版。
范国睿：《教育生态学》，人民教育出版社 2000 年版。
冯增俊、万明钢：《教育人类学》，人民教育出版社 2005 年版。
高博铨：《教学论理念与实施》，五南图书出版股份有限公司 2007 年版。
高占福：《伊斯兰经堂教育与回族社会的关系》，朱崇礼：《伊斯兰文化研究》，宁夏人民出版社 1998 年版。
顾明远：《教育大词典》，上海教育出版社 1990 年版。
哈雏岐：《论经堂教育的必由之路》，朱崇礼：《伊斯兰文化研究》，宁夏人民出版社 1998 年版。
侯杰泰、温忠鳞、成子娟：《结构方程模型及其应用》，教育科学出版社 2004 年版。
侯俊生：《西方社会学理论教程》，南开大学出版社 2006 年版。
教育部：《全日制义务教育音乐课程标准（实验稿）》，北京师范大学出版社 2001 年版。
李秉德：《教学论》，人民教育出版社 1991 年版。
李秉德：《教育科学研究方法》，人民教育出版社 1991 年版。

联合国教科文组织：《教育——财富蕴藏其中》，联合国教科文组织总部中文科译，教育科学出版社1996年版。

刘丽红、张云杰：《中学生师生互动意向及其影响因素研究》，《第十二届全国心理学学术大会论文摘要集》，2009年。

鲁洁：《教育社会学》，人民教育出版社1992年版。

南文渊：《伊斯兰教与西北穆斯林社会生活》，青海人民出版社1994年版。

彭凯平、王依兰：《跨文化沟通心理学》，北京师范大学出版社2009年版。

邱皓政、林碧芳：《结构方程模型的原理与应用》，中国轻工业出版社2009年版。

施良方、崔允漷：《教学理论：课堂教学的原理、策略与研究》，华东师范大学出版社1999年版。

施良方：《学习论》，人民教育出版社2001年版。

十二院校联合主编：《教育学基础》，教育科学出版社2002年版。

孙培青：《中国教育史》，华东师范大学出版社2000年版。

王策三：《教学论稿》，人民教育出版社1985年版。

王嘉毅、吕国光：《西北少数民族基础教育发展现状与对策研究》，民族出版社2006年版。

王鉴、万明钢：《多元文化教育比较研究》，民族出版社2006年版。

王鉴：《课堂研究概论》，人民教育出版社2007年版。

王天一、夏之莲、朱美玉：《外国教育史（第二版）》，北京师范大学出版社1993年版。

吴康宁：《教育社会学》，人民教育出版社1998年版。

吴康宁：《课堂教学社会学》，南京师范大学出版社1999年版。

西北师范大学西北少数民族教育发展研究中心：《少数民族教育研究论集》，西北师范大学西北少数民族教育发展研究中心，2000年。

谢启晃：《藏族传统文化辞典》，甘肃人民出版社1993年版。

谢立中：《西方社会学名著提要》，江西人民出版社1999年版。

参考文献

优素福·哈斯·哈吉甫：《福乐智慧》（汉文版），民族出版社1986年版。

杨心德：《中学课堂教学管理心理》，杭州大学出版社1993年版。

张春兴：《教育心理学》，浙江教育出版社2008年版。

章人英：《社会学词典》，上海辞书出版社1992年版。

钟启泉、崔允漷、张华：《为了中华民族的复兴 为了每位学生的发展 基础教育课程改革纲要（试行）解读》，华东师范大学出版社2001年版。

钟启泉：《课程的逻辑》，华东师范大学出版社2008年版。

朱敬先：《教学心理学》，五南图书出版股份有限公司1995年版。

佐斌：《师生互动论——课堂师生互动的心理学研究》，华中师范大学出版社2002年版。

[德] 马克斯·韦伯：《社会学的基本概念》，顾忠华译，广西师范大学出版社2005年版。

[加] 迈克尔·富兰：《变革的力量——深度变革》，中央教育科学研究所、加拿大多伦多国际学院译，教育科学出版社2004年版。

[捷克] T. A. 夸美纽斯：《大教学论》，傅任敢译，北京教育科学出版社1999年版。

[美] 艾尔芭比：《社会研究方法》，邱泽奇译，华夏出版社2000年版。

[美] 杜威：《民主主义与教育》，王承绪译，人民教育出版社2001年版。

[美] 古德、布罗菲：《透视课堂》，陶志琼等译，中国轻工业出版社2002年版。

[美] 克利福德·格尔茨：《文化的解释》，韩莉译，译林出版社1999年版。

[美] 露丝·本尼迪克特：《文化模式》，王炜等译，生活·读书·新知三联书店1988年版。

[美] 诺曼·K. 邓金：《解释性交往行动主义：个人经历的叙事、

倾听与理解》，周勇译，重庆大学出版社2004年版。

［美］乔治·H. 米德：《心灵、自我与社会》，赵月瑟译，上海译文出版社1992年版。

［美］泰勒：《课程与教学的基本原理》（英汉对照版），罗康、张阅译，中国轻工业出版社2008年版。

［美］托马斯·费兹科、约翰·麦克卢尔：《教育心理学——课堂决策的整合之路》，吴庆麟等译，上海人民出版社2008年版。

［美］小威廉姆斯·E. 多尔：《后现代主义课程观》，王红宇译，教育科学出版社2002年版。

［美］詹姆斯·麦克莱伦：《教育哲学》，宋少云、陈平译，生活·读书·新知三联书店1988年版。

［美］詹姆斯·皮科克：《人类学透镜》，汪丽华译，北京大学出版社2009年版。

［苏］苏霍姆林斯基：《给教师的建议》，杜殿坤译，教育科学出版社2006年版。

［苏］凯洛夫主编：《教育学》，陈侠等译，北京人民教育出版社1957年版。

［苏］维果茨基：《教育论著选》，余震球译，人民教育出版社2005年版。

［英］彼得·史密斯、［加］彭迈克、［土耳其］齐丹·库查巴莎：《跨文化社会心理学》，严文华等译，人民邮电出版社2009年版。

［英］布鲁恩·特纳主编：《社会理论指南》，李康译，上海人民出版社2003年版。

［英］大卫·希尔费曼：《如何做质性研究》，李雪译，重庆大学出版社2009年版。

［英］戴维·霍普金斯：《教师课堂研究指南》，杨晓琼译，华东师范大学出版社2009年版。

［英］齐格蒙特·鲍曼：《共同体——在一个不确定的世界中寻找安全》，欧阳景根译，江苏人民出版社2003年版。

参考文献

陈枚：《师生交往矛盾的心理学分析》，《教育理论与实践》1992年第1期。

程晓樵等：《教师课堂交往行为的对象差异研究》，《教育评论》1995年第2期。

丛立新：《平等与主导：师生关系的两个视角》，《教育学报》2005年第1期。

傅定涛：《试论孔门师生关系》，《湘潭师范学院学报》（社会科学版）2005年第4期。

顾小清等：《支持教师专业发展的课堂分析技术新探索》，《电化教育研究》2004年第7期。

郭英：《跨文化心理学研究的历史、现状与趋势》，《四川师范大学学报》（社会科学版）1997年第4期。

郭志仪、毛慧晓：《中国五大藏区人口变动与迁移》，《人口与经济》2009年第1期。

哈正利：《回族与科举制》，《中南民族大学学报》（人文社会科学版）2003年第1期。

韩忠太、张秀芬：《学科互动：心理学与文化人类学》，《云南社会科学》2002年第3期。

侯立元、高光：《课堂师生互动不平等现象的成因与对策》，《教育学术月刊》2009年第10期。

胡蓉：《漫谈中国穆斯林的商贸礼俗》，《中国穆斯林》2001年第4期。

扈中平：《教育研究必须坚持科学人文主义的方法论》，《教育研究》2003年第3期。

黄明光：《试论我国民族教育特殊性的表现》，《广西师范大学学报》（哲学社会科学版）1999年第1期。

黄喜珊：《中文"教师效能感量表"的信、效度研究》，《心理发展与教育》2005年第1期。

金东海、任强、郭秀兰：《西北民族地区农村义务教育阶段学校教师资源配置效率现状调查》,《当代教育与文化》2010 年第 2 期。

康永久:《回归生活世界的教育学》,《教育研究》2008 年第 6 期。

亢晓梅:《师生课堂互动行为类型理论比较研究》,《比较教育研究》2001 年第 4 期。

李炳全:《文化心理学与跨文化心理学的比较与整合》,《心理科学进展》2006 年第 2 期。

李冲锋:《对话教学的环境创设》,《教育科学研究》2005 年第 8 期。

李德显:《师生互动分析》,《教育理论与实践》2004 年第 5 期。

李定仁等:《西北少数民族基础教育发展对策研究》,《社科纵横》1995 年第 6 期。

李红:《课堂教学中师生互动差异性分析》,《唐山师范学院学报》2003 年第 4 期。

李瑾瑜:《试论师生关系的若干因素》,《西北师大学报》(社会科学版) 1994 年第 2 期。

李森:《教学交往观的确立与基础教育课程改革》,《教育研究》2002 年第 9 期。

李淑华:《〈古兰经〉教育思想探析》,《江西教育学院学报》2000 年第 4 期。

李晓霞:《新疆民族混合家庭户的分布》,《西北人口》2009 年第 4 期。

李兴华:《河州伊斯兰教研究》,《回族研究》2006 年第 1 期。

李晔:《教师效能感及其对教学行为的影响》,《教育研究与实验》2000 年第 1 期。

李义安、勇健:《中小学教师职业承诺、教学效能与职业倦怠的关系模型》,《中国临床心理学杂志》2010 年第 3 期。

刘芳:《20 世纪符号互动论的新视野探析》,《国外社会科学》2001 年第 3 期。

刘芳:《谈课堂教学的"情境定义":一种符号互动论的分析》,

《外国中小学教育》2002年第3期。

刘尧、戴海燕:《课堂师生互动研究述评》,《教育科学研究》2010年第6期。

刘云杉:《师生互动中的权力关系》,《湖南师范大学教育科学学报》2008年第1期。

刘云杉等:《学生课堂言语交往的社会学研究》,《南京师范大学学报》(社会科学版)1995年第4期。

龙宝新、陈晓端:《有效教学的概念重构和理论思考》,《湖南师范大学教育科学学报》2005年第4期。

龙立荣等:《职业承诺的理论与测量》,《心理学动态》2000年第4期。

卢乃桂、钟亚妮:《国际视野中的教师专业发展》,《比较教育研究》2006年第2期。

陆根书、杨兆芳:《学习环境与学生发展研究述评》,《比较教育研究》2008年第7期。

罗润生、申继亮:《中学教师职业承诺的特点研究》,《宁波大学学报》(教育科学版)2001年第6期。

马吉宏:《论课堂师生互动的公平问题及其对策》,《内蒙古师范大学学报》(教育科学版)2007年第2期。

马杰:《中小学课堂师生互动不平等的成因及对策》,《现代教育科学》2009年第5期。

马明良:《伊斯兰教经济文化》,《西北民族研究》1996年第1期。

马威:《多元文化促使人类学研究转向》,《中国社会科学报》2011年总第133期。

马维娜:《大学师生互动结构类型的社会学分析》,《江苏高教》1999年第3期。

马文慧:《宗教文化与青海地区信教群众的社会生活》,《青海民族学院学报》2001年第1期。

买提热依木·沙依提:《喀什、和田地区维吾尔族儿童生活环境和双语学习调查报告》，《中国民族教育》1997年第2期。

毛晓光：《20世纪符号互动论的新视野探析》，《国外社会科学》2001年第3期。

孟凡丽、巴战龙：《新疆维吾尔族基础教育发展滞后的原因与对策研究》，《民族教育研究》2000年第3期。

南腊梅：《基于哈贝马斯交往行动理论的教学交往关系重建》，《当代教育与文化》2009年第5期。

宁虹等：《建立数量结构与意义理解的联系——弗兰德斯互动分析技术的改进运用》，《教育研究》2003年第5期。

庞丽娟等：《教师自我效能感：教师自主发展的重要内在动力机制》，《教师教育研究》2005年第7期。

裴淼：《从社会文化学视角探析课堂师生互动中的鹰架》，《教育研究与实验》2006年第6期。

任红：《新疆维吾尔族伊斯兰教经堂教育的历史及其影响》，《中国穆斯林》2009年第5期。

沈贵鹏：《师生互动的隐性心理教育价值》，《现代教育论丛》2003年第5期。

沈贵鹏等：《初中课堂口头言语互动研究》，《教育理论与实践》1994年第1期。

石艳：《隐性冲突：一种重要的师生互动形式》，《湖南师范大学教育科学学报》2004年第2期。

宋爱红、蔡永红：《教师组织承诺结构的验证性因素分析》，《心理发展与教育》2005年第2期。

孙旻仪、石文宜、王锺和：《学生背景及人格特质与师生互动关系之研究》，《辅导与谘商学报》2007年第2期。

孙启武：《教师互动行为研究述评》，《上海教育科研》2002年第9期。

万明钢、赵国军、王昕亮：《我国少数民族发展与教育心理研究述评》，《西北师大学报》（社会科学版）2005年第1期。

万明钢、赵国军、杨俊龙：《我国少数民族心理研究的文献计量分析 2000—2005》，《心理科学进展》2007 年第 1 期。

万明钢：《从"差异"走向"承认"的多元文化教育》，《教育研究》2008 年第 11 期。

万明钢：《跨文化心理学的兴起和发展对我国心理研究的启示》，《西北师大学报》（社会科学版）1989 年第 4 期。

王芳：《课堂师生互动差异的理性思考》，《江西教育科研》2003 年第 2 期。

王家瑾：《从教与学的互动看优化教学的设计与实践》，《教育研究》1997 年第 1 期。

王嘉毅、梁永平：《西北贫困地区农村基础教育发展现状调查与政策建议》，《北京大学教育评论》2007 年第 2 期。

王鉴、安富海：《论民族教育优先发展的科学内涵》，《西北师大学报》（社会科学版）2009 年第 5 期。

王鉴、李介：《双语教学的语言心理学研讨》，《西北师大学报》（社会科学版）1996 年第 5 期。

王鉴、张海：《我国少数民族地区人力资源现状的统计学分析》，《西北师大学报》（社会科学版）2010 年第 6 期。

王鉴：《国外多元文化教育比较研究的新进展》，《外国教育研究》2004 年第 3 期。

王鉴：《西北民族地区多元文化与教育问题研究》，《当代教育与文化》2009 年第 1 期。

王丽：《后现代主义课程观的特点及其对建构师生互动关系的启示》，《当代教育科学》2005 年第 5 期。

王希：《多元文化主义的起源、实践与局限性》，《美国研究》2000 年第 2 期。

王霞霞、张进辅：《国内外职业承诺研究述评》，《心理科学进展》2007 年第 3 期。

王耀廷：《谈师生互动过程的"晕轮效果"》，《河南师范大学学报》

（哲学社会科学版）1991 年第 1 期。

王耘、王晓华：《小学生的师生关系特点与学生因素的关系研究》，《心理发展与教育》2002 年第 3 期。

韦毅嘉：《教育领域中自我效能感的研究现状与展望》，《安康师专学报》2006 年第 2 期。

文萍：《基于建构主义的师生互动教学实践》，《广西师范大学学报》（哲学社会科学版）2003 年第 3 期。

吴福环：《新疆少数民族教育之发展》，《新疆大学学报》（社会科学版）2000 年第 12 期。

武锋、万莉莉：《1982—2005 年回族人口分布变动研究》，《西北人口》2009 年第 5 期。

夏正江：《迈向课堂学习共同体：内涵、依据与行动策略》，《全球教育展望》2008 年第 11 期。

谢红仔：《情感互动是师生互动的实质》，《教育导刊》2003 年第 Z1 期。

谢利民：《论有效课堂教学的教师素质》，《课程·教材·教法》2009 年第 5 期。

辛自强、林崇德：《教师互动问卷中文版的初步修订及应用》，《心理科学》2000 年第 4 期。

徐富明、朱从书：《中小学教师职业承诺的现状与特点研究》，《教育探索》2005 年第 3 期。

徐义闻、张国良、马治国：《课堂师生互动：将教师职业道德融入其中》，《辽宁师范大学学报》（社会科学版）2007 年第 1 期。

徐梓：《"天地君亲师"源流考》，《北京师范大学学报》2006 年第 2 期。

严玉萍：《试论有效教师的个性品质》，《教育探索》2008 年第 7 期。

杨桂萍：《天道与人道：清末回族学者马德新对伊斯兰教与儒家文化的比较研究》，《回族研究》2002 年第 4 期。

杨淑芹、吴敏：《新疆维吾尔族基础教育教师质量成因探析》，《乌鲁木齐成人教育学院学报》2006年第1期。

杨小微：《教学互动与学生德性成长》，《教育科学研究》2006年第4期。

尧国靖、黄希庭：《跨文化心理学的性质》，《西华师范大学学报》（哲学社会科学版）2006年第1期。

姚利民：《国外有效教学研究述评》，《外国中小学教育》2005年第8期。

叶浩生：《多元文化论与跨文化心理学的发展》，《心理科学进展》2004年第1期。

叶澜：《让课堂焕发出生命活力》，《教育研究》1997年第9期。

叶澜：《重建课堂教学价值观》，《教育研究》2002年第5期。

叶子、庞丽娟：《试论师生互动模式形成的基本过程》，《教育研究》2009年第2期。

阴山燕、张大均、余林：《我国中学师生关系研究述评》，《宁波大学学报》（教育科学版）2008年第2期。

俞国良、辛涛、申继亮：《教师教学效能感：结构与影响因素的研究》，《心理学报》1995年第2期。

岳伟、王坤庆：《主体间性：当代主体教育的价值追求》，《华东师范大学学报》（教育科学版）2004年第2期。

张彬、邹红娟：《在师生互动中建立新型的师生关系》，《中国高教研究》2002年第10期。

张诗亚：《多元文化与民族教育价值取向问题》，《西北师大学报》（社会科学版）2005年第6期。

张文军：《后现代课程研究的新航线》，《浙江大学学报》（人文社会科学版）2008年第3期。

张亚群：《科举考试的文化整合功能》，《探索与争鸣》2007年第12期。

赵翠兰：《中小学课堂师生互动的误区及其反思》，《当代教育科学》2007年第21期。

郑金洲：《重构课堂》，《华东师范大学学报》2001年第9期。

钟启泉：《"有效教学"研究的价值》，《教育研究》2007年第6期。

钟启泉：《对话与文本：教学规范转型》，《教育研究》2001年第3期。

朱晓斌、王静丽：《中学教师自我效能、集体效能和工作倦怠关系》，《宁波大学学报》（教育科学版）2009年第2期。

祖晓梅：《汉语课堂的师生互动模式与第二语言习得》，《语言教学与研究》2009年第1期。

范景鹏：《"中土回人，性多拳勇"——查拳门》，硕士学位论文，兰州大学，2009年。

李泽林：《普通高中课堂变革研究》，博士学位论文，西北师范大学，2010年。

廖坤慧：《教师提问策略对课堂师生互动的影响》，硕士学位论文，四川大学，2006年。

刘世瑞：《中小学教师职业承诺问卷的编制及适用研究》，硕士学位论文，湖南师范大学，2005年。

王芳：《小学师生互动的差异性研究》，硕士学位论文，安徽师范大学，2003年。

肖蕾：《从性别平等的视角看师生互动——基于开元小学的实地研究》，硕士学位论文，南京师范大学，2007年。

占丰菊：《课堂教学中教师互动性决策的初步研究》，硕士学位论文，华东师范大学，2004年。

柴林：《2008—2009年南疆三地州人力资源开发研究》，新疆哲学社会科学网，http：//www.xjass.com/zt/lps/2010－11/01/content_172843.htm.2010－11－01。

多吉才旺：《西藏教育的现状与发展》，央视网，http：//tibet.cctv.com/special/xizangfazhanluntan/20091028/104326.shtml.2009－10－28。

《国务院关于当前发展学前教育的若干意见》，中国政府网，http：//

www. gov. cn/zwgk/2010 – 11/24/content_ 1752377. htm. 2010 – 11 – 24。

哈经雄:《宗教与民族教育》,中国民族宗教网,http://www. mzb. com. cn/html/report/13311 – 1. htm. 2006 – 09 – 06。

胡良平:《正确运用统计学是强国之道》,科学网,http://www. sciencenet. cn/htmlnews/2007712153313206173462. html? id = 173462. 2007 – 2 – 26。

《两基"攻坚"》,国家民委网站,http://www. seac. gov. cn/gjmw/zt/2009 – 09 – 23/1253498562645285. htm. 2009 – 09 – 23。

买提热依木·沙依提:《新疆维吾尔自治区南疆部分地区维吾尔族义务教育现状调查报告》,http://hi. baidu. com/% C8% F8% D2% C1% CC% D8/blog/item/a1848b9b59ffe6b1c8eaf41e. html。

《努尔·白克力指出将新疆双语教学推进到底》,新华网,http://www. xj. xinhuanet. com/2006 – 12/16/content_ 8802615. htm. 2006 – 12 – 16。

《新疆"双语"教学工作"八问"》,天山网,http://www. tianshannet. com. cn/quqing/content/2007 – 03/07/content_ 1723977. htm. 2007 – 03 – 07。

《专家指出:人口素质低仍困扰西北地区发展》,新华网,http://news. xinhuanet. com/newscenter/2005 – 08/07/content_ 3321013. htm. 2005 – 08 – 07。

Aldridge, J. M. & Fraser, B. J. (2000). A Cross-cultural Study of Classroom Learning Environments in Australia and Taiwan. *Learning Environment Research: An International Journal*, 3.

Fraser, B. J. & Abell, S. K. (2007). *Handbook of Research on Science Education*, Routledge.

Brok, P. den, Fisher, D., Brekelmans, M., Wubbels, Th. & Rickards, T. (2006). Secondary Teachers' Interpersonal Behaviour in Singapore, Brunei and Australia: A Cross-national Comparison. *Asia Pacific Journal of Education*, 26 (1).

Chua S. L., Wong, A. F. L. & Chen, V. D. -T. (2006). "Validation of the 'Chinese Language Classroom Learning Environment Inventory' for Investigating the Nature of Chinese Language Classrooms. *Issues in Educational Research*, 16 (2).

Den Brok, P. J. & Levy, J. (2005). "Teacher-student Relationships in Multicultural Classes: Reviewing the Past, Preparing the Future." *International Journal of Educational Research*, 43 (1-2).

Dorman, J. (2002). "Classroom Environment Research: Progress and Possibilities." *Queensland Journal of Educational Research*, 18 (2).

Flanders, N. A. "Intent, Action and Feedback: A Preparation for Teaching." *Journal of Teacher Education*, 1963.

Fraser, B. J. & Wubbels, Th. (1995). "Classroom Learning Environments." In B. J. Fraser & H. J. Walberg (eds.), *Improving Science Education*. Chicago: NSSE.

Fraser, B. J. (2002). "Learning Environments Research: Yesterday, Today and Tomorrow." In S. C. Goh & M. S. Khine (eds.). *Studies in Educational Learning Environments: An International Perspective*, 1-25, Singapore: World Scientific Publishing.

Lee, J. C. K., Zhang, Z. H., Yin. H. B. (2010). "Using Multidimensional Rasch Analysis to Validate the Chinese Version of the Motivated Strategies for Learning Questionnaire (MSLQ-CV)." *European Journal of Psychology of Education*, 25.

Lee, J. C. K., Lee, L. M. F., & Wong, H. W. (2003). "Development of a Classroom Environment Scale in Hong Kong." *Educational Research and Evaluation*, 9.

Megan Tschannen-Moran, Anita Woolfolk Hoy. "Teacher Efficacy: Capturing an Elusive Construct." *Teaching and Teacher Education* 17 (2001).

Megan Tschannen-Moran, Anita Woolfolk Hoy. "Teacher Efficacy: Capturing an Elusive Construct." *Teaching and Teacher Education* 17 (2001).

Park, Insim (2005). "Teacher Commitment and Its Effects on Student Achievement in American High Schools." *Educational Research and Evaluation*, 11: 5.

Perry J. den Brok, Jack Levy, Rely Rodriguez, Th. Wubbels (2002). "Perceptions of Asian-American and Hispanic-American Teachers and Their Students on Teacher Interpersonal Communication Style." *Teaching and Teacher Education.*

Pintrich, P. R., Smith, D., Garcia, T., & McKeachie, W. J. (1992). "A Manual for the Use of the Motivated Strategies for Learning Questionnaire (MSLQ)." Washington, DC: Office of Educational Research and Improvement. //http://ilo.uva.nl.

Rao, N., & Sachs, J. (1999). "Confirmatory Factor Analysis of the Chinese Version of the Motivated Strategies for Learning Questionnaire." *Educational and Psychological, Measurement.*

Th. Wubbels, M. Brekelmans, P. den Brok, An Interpersonal Perspective on Classroom Management in Secondary Classrooms in the Netherlands, 1169.

Th. Wubbels, J. Levy, *Do You Know What You Look Like? Interpersonal Relationships in Education.* Routledge, 1993.

Th. Wubbels, Mieke Brekelmans (2005). "Two Decades of Research on Teacher-student Relationships in Class." *International Journal of Educational Research*, 43 (2005).

Veen, V. & Sleegers, K. "Professional Orientations of Secondary School Teachers towards Their Work." *Teaching and Teacher Education*, 2001, 17 (2).